掌握韩语

Master KOREAN

3下

中级

　　국내외에서 한국어 학습에 대한 열기는 과거 그 어느 때와 비교할 수 없을 정도로 뜨거워지고 있다. 학습자의 변인도 다양해졌고 이들을 대상으로 하는 한국어 교육 기관과 교육 과정도 다양해지고 있다. 상명대학교 국제언어문화교육원은 이러한 변화에 발맞추어 국내외 한국어 학습자의 다양한 욕구를 충족시키고자 한국어 교재를 개발하여 발간하게 되었다.

　　'Master KOREAN'이라는 이름으로 개발되는 한국어 교재는 모두 1~6급의 6단계로 구성되며 각 단계를 마칠 경우 한국어능력시험(TOPIK)의 해당 등급에 도전할 수 있도록 교육의 목표가 설정되어 있다.

　　이러한 교재 개발의 계획 하에서 이번에 선을 보이는 'Master KOREAN 3-下'는 한국어 3급 전반을 마친 중급 단계 학습자를 위하여 집필되었다. 이 책은 일반 목적의 한국어 학습자가 한국어로 의사소통할 수 있는 능력을 키우는 데에 목표를 두고 있다. 한국어의 기본 구조와 표현을 익히고, 다양한 활동을 통해 연습을 하고, 의사소통 상황에서 요구되는 한국 문화를 학습함으로써 이러한 목표에 도달할 수 있을 것이다.

　　이 책은 한국어 교재 개발의 원리를 바탕으로 한국어에 대한 지식뿐만 아니라 한국어 사용 기술을 학습할 수 있도록 하는 데 중점을 두었다. 그리고 한국에 관심이 있는 외국인에게 유용한 한국 문화를 제공함으로써 효과적인 한국어 학습이 가능하도록 구성하였다. 특히 한국어 교육 현장에서 다년간 축적한 경험과 실증적인 데이터를 효율적으로 활용한 데다가 한국어 학습자를 위한 학습 전략을 반영하였기 때문에 이 책을 통해 한국어를 쉽고 재미있게 학습할 수 있을 것이다. 여기에 한국어 교육 기관뿐만 아니라 독학으로 학습하는 개인 학습자를 위한 상세한 설명과 연습 문제를 포함하였다.

　　또한, 'Master KOREAN'은 의사소통 중심 교수법의 원리와 방법을 적용하여 학습자가 재미있게 학습할 수 있도록 다양한 과제를 제시하였고 학습자의 이해를 돕기 위한 다채로운 시각 자료와 음성 자료를 함께 제시하여 학습의 편의성을 도모하고 있다.

　　국내외에서 한국어 교육에 대한 열기가 크게 일고 있는 이 시점에 다년간 축적된 한국어 교육 경험을 바탕으로 체계적으로 개발된 'Master KOREAN'이 국내외 한국어 학습자의 욕구를 충족시킬 수 있기를 기대해 본다.

2016년 10월

상명대학교 국제언어문화교육원장

조항록

近年来，随着国内外韩语学习热潮的空前高涨，韩语学习者的阶层也日趋多样化，各种韩语教育机构和韩语课程更是琳琅满目。祥明大学国际语言文化教育学院因应此一改变，开发出满足海内外韩语学习者各种需求的韩语教材。

这套《掌握韩语》由1至6级六个阶段所构成，教材设计的目标在于完成每一阶段的学习，即可挑战韩国语能力考试(TOPIK)的对应等级。

依据此教材开发计划，本次即将出版的《掌握韩语 3－下》是以完成韩语3级前半学习的中级学习者为对象编写。本书旨在让一般韩语学习者熟练掌握韩语的基本结构和表达方法，通过各式各样的题型练习韩语，并学习日常会话时须知的韩国文化，最终达到韩语运用自如的程度。并学习日常会话时所需要的韩国文化，最终达到用韩语运用自如的程度。

本书依据韩语教材编写原则，着重于学习韩语相关知识和韩语应用技巧。同时书中也提供对韩国感兴趣的外国人有用的韩国文化等内容，以期达到有效学习韩语的目标。本书尤其加强利用丰富的韩语教学实战经验与各项研究数据，融会于韩语学习者的学习策略，使韩语学习更加轻松有趣。除韩语教育机构外，本书亦针对韩语自学者设计详细的讲解和练习题。

《掌握韩语》遵循以沟通为主的教授原理及方法，为使学习者能够有趣地学习，采用了多种多样的话题。同时为帮助学习者理解所学内容，本书提供了五花八门的视听、影像资料，大大增加学习的便利性。

在国内外"韩语教育热潮"日益高涨的此刻，期望以丰富的韩语教学经验有系统地开发出的这本《掌握韩语》，能够满足国内外韩语学习者的要求。

2016年 10月
祥明大学国际语言文化教育学院院长
赵恒录

일러두기

전체 구성

총 10개의 장으로 구성되어 있으며, 각 장은 4개의 과와 1개의 복습 과로 이루어져 있다. 복습 과를 제외한 모든 과는 먼저 제목과 학습 목표를 제시하여 학습할 배경지식을 설계하고 대화와 어휘를 제시하였다. 그리고 전체 구성은 '도입—대화—어휘❶—어휘 연습—어휘❷—어휘 연습—문법❶—연습—문법❷—연습—과제'의 순서이다. 매 장의 끝에는 복습 문제와 한국 문화가 제시되어 있다.

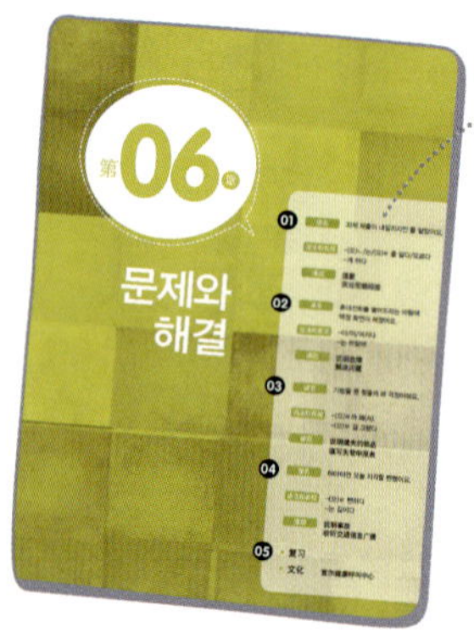

단원의 목표 제시

각 장과 각 과의 앞에는 학습할 어휘, 문법, 과제를 제시함으로써 학습자가 해당 장의 학습 목표에 대하여 구체적으로 인식하고 학습할 수 있는 내적 동기를 강화시키고자 하였다.

도입

교재의 대화 상황을 가장 적절한 시각 자료로 구현하여 학습자가 학습할 주제와 문형의 의미를 추측할 수 있도록 하였다. 이와 함께 도입 질문으로 학습자의 이해를 확인하면서 학습의 초점에 대해서 추측하고 호기심을 느낄 수 있도록 하였다.

대화

한국어 의사소통 전략을 반영한 엄선된 대화문을 제시하여 학습자들이 일상생활에서 흔히 접하는 어휘와 문법을 학습하면서 한국인과 자연스러운 대화에 익숙해질 수 있도록 하였다. 또한 대화 상황을 적절한 이미지로 구현하여 학습자가 대화 상황에 대한 배경지식을 쌓고 맥락을 쉽게 인식할 수 있도록 하였다.

어휘

각 과의 내용과 관련하여 중급 학습자가 필수적으로 알아야 할 어휘들을 범주화하여 제시하였다. 학습자가 쉽게 기억하고 활용할 수 있도록 주제별로 의미장을 만들어서 어휘 간의 상호 관계를 설명하거나 다양한 시각 이미지로 구현하였다. 이는 한국어 중급 학습자가 대화 상황에서 효과적으로 어휘를 활용하는 데 도움을 줄 수 있을 것이다.

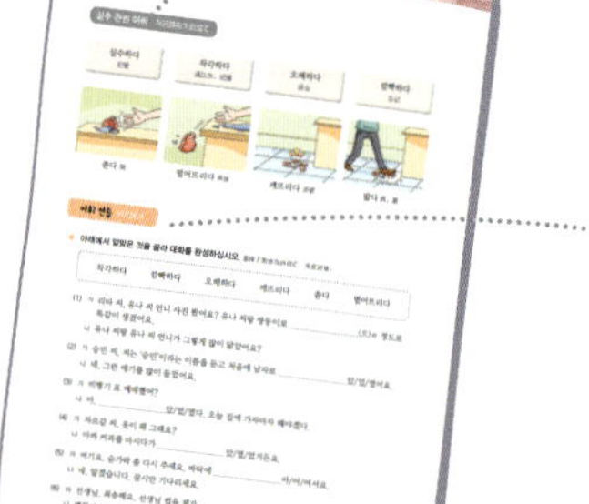

어휘 연습

의미장으로 제시한 어휘의 의미와 사용에 대해 다시 한 번 확인하고 연습할 수 있도록 다양한 형태의 연습 문제를 구성하였다. 이는 학습자가 본격적으로 각 과의 과제를 수행하기 전에 이해를 다시 점검할 수 있도록 한 것이며, 과제 수행에도 많은 도움을 줄 수 있을 것이다.

문법

매 과마다 문법과 문형을 2개씩 학습하도록 하였다. 각 문형의 의미, 기능, 형태를 기술하고 가장 적합한 사용 예문을 보여 준다. 그 수준은 3급 수준에 맞추어 번역으로 제시하여 3급 학습자의 이해를 도울 수 있도록 하였다.

연습

문법에 대하여 제시된 〈보기〉와 같이 문장 및 대화를 연습해 보고, 목표 문법의 이해를 확인할 수 있도록 하였다.

과제

학습자가 학습한 어휘와 문형을 실제 어떻게 활용할 수 있는지 연습하기 위한 과제를 제시하였다. 과제는 해당 과의 주제나 문형의 의미를 가장 잘 활용할 수 있도록, '듣기/말하기', '읽기/쓰기'처럼 통합 과제로 제시하였다. 학습자는 이 과제 수행을 통하여 학습한 어휘와 문법으로 실제 의사소통 상황에 적절한 담화를 구성해 보는 연습이 가능하도록 하였다.

다시 공부해 봅시다

매 장의 마지막 부분에 포함하여, 학습자 스스로 그 장에서 학습한 어휘, 문형 등을 종합적으로 복습하면서 학습 상황을 점검할 수 있도록 하였다.

문화

각 장의 마지막 부분에 포함하여, 한국인의 생활과 문화에 대한 학습자의 호기심을 충족시킬 수 있도록 하였다. 또한 자신의 문화와 비교해 볼 수 있는 비교문화적인 내용을 다수 포함하였다.

整体构成

本书共由10个章节组成，每章共有4课及1个复习。除复习课外，每课皆先提示课名与学习目标，设定该课学习的背景知识，再进入对话与词汇。整体构成顺序为'导引 — 对话 — 词汇❶ — 词汇练习—词汇❷ — 词汇练习—语法❶—练习—语法❷—练习—课题'。在每章的结尾处，皆附有复习题及韩国文化。

学习目标提示

在进入每章与每课前，提示即将学习的词汇、语法及课题，用于帮助学习者具体认识该章的学习目标，增强学习者的内在学习动机。

导引

利用最适切的视觉资料重现教材对话情境，帮助学习者预测即将学习的主题与相关句型的意义。随后提出的问题，可确认学习者的理解程度，使学习者预测学习的重点与激发好奇心。

对话

精选反映韩语沟通技巧的对话，帮助学习者学习日常生活中经常接触到的词汇与语法，熟悉与韩国人最自然的对话。并以适切的图像重现对话情境，使学习者轻松掌握对话情境的背景知识与脉络。

词汇

提示与每课内容相关，并且为中级学习者须知的词汇范围。为使学习者轻松记忆与应用词汇，每课以不同主题设定词汇范围，说明词汇间的相互关系，或以各种视觉图像重现词汇意义。如此将可帮助韩语中级学习者在对话情境中，有效运用学习到的词汇。

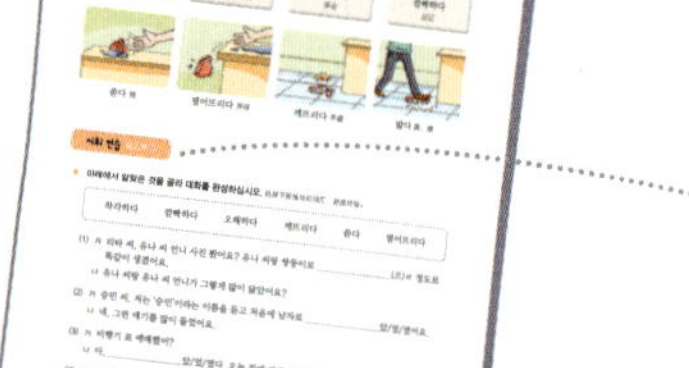

词汇练习

为帮助学习者再次确认与练习书中提示之词汇的意义与使用，提供各种型态的练习问题。如此可使学习者在进入每一课的课题前，再次检讨学习成效，并有助于学习者完成该课的课题。

语法

每课皆有两个语法和句型。以最恰当的例句，说明每个句型的意义、功能和形态。其例句依据3级程度设计与翻译，有助于3级学习者的理解。

练习

仿照该课语法设计的<例句>进行造句及会话练习，强化对目标语法的理解和掌握。

课题

为使学习者练习将所学词汇与句型应用于实际生活，每课皆备有相关课题。利用'听/说'、'读/写'等课题，帮助学习者有效运用该课的主题或句型的意义。学习者通过完成课题，将可练习利用所学词汇与语法组成适当的对话，将之应用于沟通情境中。

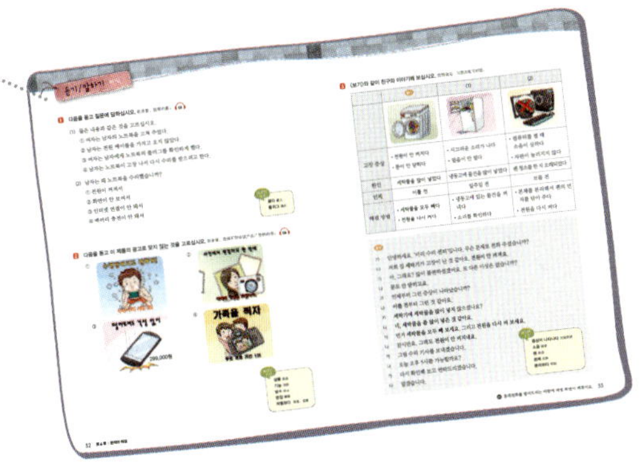

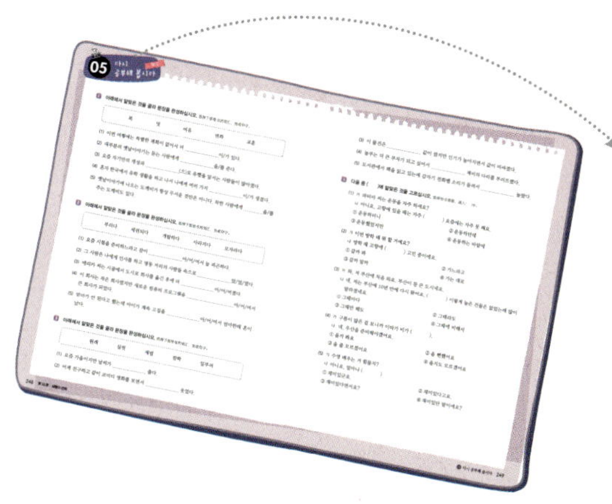

复习

设于每章的最后一课，使学习者能综合复习该章所学词汇、句型等，并检测自我学习情况。

文化

附于各章结尾处，可引发学习者对韩国人的生活与文化的好奇。部分篇章亦包含可与本国文化互相比较的内容。

目录

교재 구성표

장	과	주제	제목	어휘	문법과 표현	과제	문화
06 문제와 해결	01	실수와 사과	과제 제출이 내일까지인 줄 알았어요.	• 실수 관련 어휘 • 사과 관련 어휘	• -(으)ㄴ/는/(으)ㄹ 줄 알다/모르다 • -게 하다	• 사과하기 • 실수 경험담 이야기하기	서울 건강 콜센터
	02	고장과 수리	휴대전화를 떨어뜨리는 바람에 액정 화면이 깨졌어요.	• 고장 관련 어휘 • 수리 관련 어휘	• -아/어/여지다 • -는 바람에	• 고장 설명하기 • 문제 해결하기	
	03	분실	가방을 못 찾을까 봐 걱정이에요.	• 분실 관련 어휘 • 습득 관련 어휘	• -(으)ㄹ까 봐(서) • -(으)ㄹ 걸 그랬다	• 분실한 물건 설명하기 • 분실물 신고서 작성하기	
	04	사건과 사고	하마터면 오늘 지각할 뻔했어요.	• 사건/사고 관련 어휘 1 • 사건/사고 관련 어휘 2	• -(으)ㄹ 뻔하다 • -는 길이다	• 사고 설명하기 • 교통 정보 안내 방송 듣기	
	05	다시 공부해 봅시다					
07 건강	01	식습관	발표 준비를 하느라고 밤을 새웠거든요.	• 식습관 관련 어휘 • 영양 관련 어휘	• (이)라도 • -느라고	• 조언하기	민간 요법
	02	건강 관리	실외에 있는 시간을 줄이는 것이 좋아요.	• 건강 관련 어휘 1 • 음식 관련 어휘	• 사동 • -아/어/여야지요	• 건강관리 방법에 대한 글쓰기	
	03	건강 정보	신문에서 읽은 대로 말해 준 것뿐이에요.	• 건강 관련 어휘 2 • 질병 관련 어휘 1	• -는 대로 2 • -더라고요	• 정보 묻고 답하기	
	04	민간 요법	소화가 안될 때 이 방법을 사용하곤 해요.	• 질병 관련 어휘 2 • 민간요법 관련 어휘	• -ㄴ/는다고요? • -곤 하다	• 확인하기	
	05	다시 공부해 봅시다					
08 일과 보람	01	취업	대기업 대신에 중소기업에 지원하면 기회가 있을 거예요.	• 취업 관련 어휘 1 • 취업 관련 어휘 2	• 만 못하다 • 대신에/-는 대신에	• 조건 비교하기	김장 나눔
	02	직장 생활	실수하지 않으려고 단어를 책상에 써서 붙여 놓았어요.	• 직장 생활 관련 어휘 1 • 직장 생활 관련 어휘 2	• -았/었/였던 • -아/어/여 놓다	• 준비한 일 설명하기	
	03	봉사	제가 만든 음식을 얼마나 잘 먹는지 몰라요.	• 봉사 활동 관련 어휘 1 • 봉사 활동 관련 어휘 2	• -던데 • 얼마나 -(으)ㄴ/는지 모르다	• 봉사 활동 추천하기	

章	课	主题	课名	词汇	语法和表现	课题	文化
06 问题 与 解决	01	犯错与道歉	我以为提交作业到明天为止。	• 与犯错相关的词汇 • 与道歉相关的词汇	• -(으)ㄴ/는/(으)ㄹ 줄 알다/모르다 • -게 하다	• 道歉 • 谈论犯错经验	首尔健康呼叫中心
	02	故障与维修	因为弄掉手机，液晶屏裂了。	• 与故障相关的词汇 • 与维修相关的词汇	• -아/어/여지다 • -는 바람에	• 说明故障 • 解决问题	
	03	遗失	我担心找不回包包。	• 与遗失相关的词汇 • 与捡拾相关的词汇	• -(으)ㄹ까 봐(서) • -(으)ㄹ 걸 그랬다	• 说明遗失的物品 • 填写失物申报表	
	04	意外与事故	今天差一点就迟到了。	• 与意外/事故相关的词汇 1 • 与意外/事故相关的词汇 2	• -(으)ㄹ 뻔하다 • -는 길이다	• 说明事故 • 收听交通信息广播	
	05	复习					
07 健康	01	饮食习惯	为了准备发表，熬了夜。	• 与饮食习惯相关的词汇 • 与营养相关的词汇	• (이)라도 • -느라고	• 建议	民间疗法
	02	健康管理	最好减少在室外的时间。	• 与健康相关的词汇 1 • 与饮食相关的词汇	• 사동 • -아/어/여야지요	• 撰写健康管理方法	
	03	健康信息	不过是照报纸上读到的说出来而已。	• 与健康相关的词汇 2 • 与疾病相关的词汇 1	• -는 대로 2 • -더라고요	• 信息问答	
	04	民间疗法	消化不良的时候，我偶尔会使用这个方法。	• 与疾病相关的词汇 2 • 与民间疗法相关的词汇	• -ㄴ/는다고요? • -곤 하다	• 确定	
	05	复习					
08 工作 与 价值	01	就业	不要应聘大企业，应聘中小企业会有机会的。	• 与就业相关的词汇 1 • 与就业相关的词汇 2	• 만 못하다 • 대신에/-는 대신에	• 比较条件	越冬泡菜分享活动
	02	职场生活	不想犯错，所以把单字在桌子写好贴起来。	• 与职场生活相关的词汇 1 • 与职场生活相关的词汇 2	• -았/었/였던 • -아/어/여 놓다	• 说明准备的工作	
	03	志愿服务	不知道有多么喜欢吃我做的菜呢。	• 与志愿服务活动相关的词汇 1 • 与志愿服务活动相关的词汇 2	• -던데 • 얼마나 -(으)ㄴ/는지 모르다	• 推荐志愿服务活动	

章	课	主题	课名	词汇	语法和表现	课题	文化
	04	捐赠	捐赠方法没有想象的复杂。	• 与捐赠相关的词汇 1 • 与捐赠相关的词汇 2	• 만큼 • -(으)ㄴ/는데도	• 介绍捐赠案例	
	05	复习					
09 消息与信息	01	天气预报	为避免淋雨，请将雨伞带在身上。	• 与天气相关的词汇 • 与气温相关的词汇	• -ㄴ/는다니까 • -도록 1	• 提案 • 建议	首尔国际中心
	02	新闻	说是这次地震造成的损害不太大。	• 与自然灾害相关的词汇 • 与意外/事故相关的词汇 3	• -(으)로 인해서/(으)로 인한 • -ㄴ/는다던데	• 传达信息 • 确认听到的内容	
	03	互联网	智能手机为我们生活带来方便是事实。	• 与互联网相关的用法 • 与互联网相关的词汇	• 에 의하면 • -(으)ㅁ	• 传达信息 • 叙述意见	
	04	传闻	听说奖学金不能拿两个学期以上，看来不一定是那样。	• 与传闻相关的用法 1 • 与传闻相关的用法 2	• -다니요? • -ㄴ/는다더니	• 反问 • 传达信息	
	05	复习					
10 生活的变化	01	传统故事	上高中的时候演过戏。	• 与传统故事相关的词汇 • -쟁이	• -았/었/였- • -은/는 물론이고	• 看图照顺序叙述 • 写传统故事	韩国的建国神话
	02	流行 (个性)	妈妈犹豫着要不要丢掉裤子。	• 与流行相关的词汇 • -스럽다	• 하도 -아/어/여서 • -(으)ㄹ까 말까 하다	• 叙述烦恼 • 寻求建议	
	03	都市的变化	1年内变化那么大吗?	• 与都市相关的词汇 • 与变化相关的用法	• -ㄴ/는단 말이에요? • 만 해도 1	• 叙述与过去不同的事情 • 阅读关于壁画村的文章	
	04	生活科学	用扫地机器人打扫，也许没打扫干净也不一定呀。	• 与变化相关的词汇 • 与空闲相关的词汇	• -(으)ㄹ지도 모르다 • 얼마나 -ㄴ/는다고요	• 推测 • 阅读关于汽车历史的文章	
	05	复习					

김수정 (金秀贞)
年龄：32岁
国籍：한국
职业：한국대학교
한국어 선생님

박민수 (朴敏洙)
年龄：27岁
国籍：한국
职业：회사원

왕리 (王力)
年龄：25岁
国籍：중국
职业：한국대학교 대학생

리타 (丽塔)
年龄：22岁
国籍：러시아
职业：중급 학생

밍밍 (明明)
年龄：24岁
国籍：중국
职业：중급 학생

토니 (托尼)
年龄：24岁
国籍：영국
职业：중급 학생

피에르 (皮埃尔)
年龄：20岁
国籍：프랑스
职业：무역 회사 직원

준이치 (顺一)
年龄：26岁
国籍：일본
职业：대학원생

이유나 (李裕那)
年龄：22岁
国籍：한국
职业：한국대학교 대학생

흐엉 (赫昂)
年龄：19岁
国籍：베트남
职业：중급 학생

자르갈 (吉日嘎啦)
年龄：20岁
国籍：몽골
职业：중급 학생

파티마 (法提玛)
年龄：30岁
国籍：사우디아라비아
职业：대사관 직원

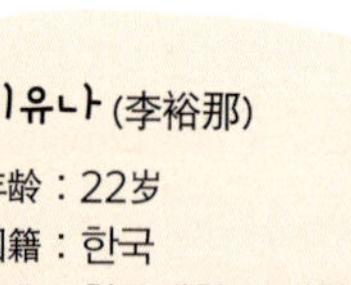

01

과제 제출이
내일까지인 줄 알았어요.

· · · · · · · ·

主题 犯错与道歉

词汇 与犯错相关的词汇 ǀ 与道歉相关的词汇

语法 –(으)ㄴ/는/(으)ㄹ 줄 알다/모르다 ǀ –게 하다

课题 道歉 ǀ 谈论犯错经验

왕리 씨는 어떤 실수를 했습니까? 王力犯了什么错?

여러분은 실수를 한 적이 있습니까? 어떤 실수였습니까? 你们犯过错吗? 什么样的错误?

대화 对话  01

유나	왕리 씨, 교수님께서 오늘까지 영화 감상문을 보내라고 하셨는데 제출했어요?
왕리	유나 씨는 벌써 다 했어요? 저는 지금 하는 중이에요. 그런데 11일까지 내는 거 아니에요?
유나	11일이라니요? 10일까지예요.
왕리	그럼 오늘까지예요? 저는 과제 제출이 내일까지인 줄 알았어요. 아직 못 끝냈는데 어떡하지요?
유나	그러면 교수님을 기다리시게 하지 말고 내일까지 내겠다고 미리 연락드리세요. 그리고 가능하면 빨리 완성하고요.
왕리	제가 요즘 학교 행사 준비 때문에 바빠서 제출하는 날짜를 착각했나 봐요. 교수님께 잘 말씀드려야겠어요.

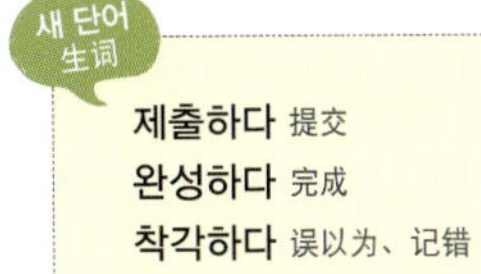

실수 관련 어휘 与犯错相关的词汇

실수하다 犯错	착각하다 误以为、记错	오해하다 误会	깜빡하다 忘记

쏟다 倒

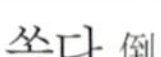

떨어뜨리다 弄掉

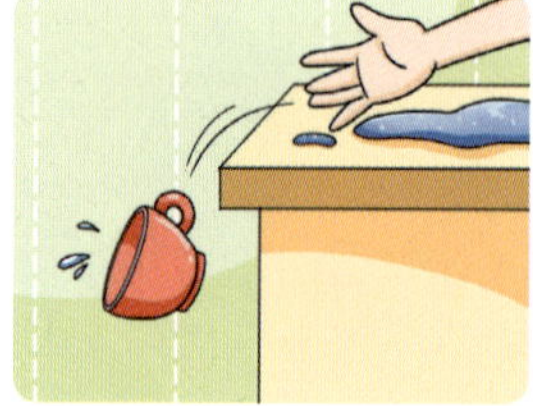

깨뜨리다 弄破

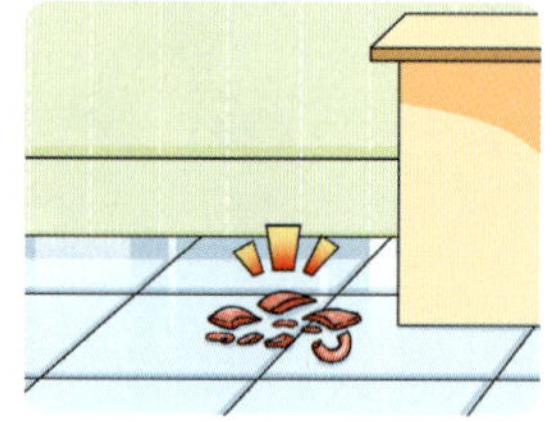

밟다 踩、踏

어휘 연습 词汇练习

● **아래에서 알맞은 것을 골라 대화를 완성하십시오.** 选择下面恰当的词汇，完成对话。

착각하다	깜빡하다	오해하다	깨뜨리다	쏟다	떨어뜨리다

(1) **가** 리타 씨, 유나 씨 언니 사진 봤어요? 유나 씨랑 쌍둥이로 ________________(으)ㄹ 정도로 똑같이 생겼어요.

　　나 유나 씨랑 유나 씨 언니가 그렇게 많이 닮았어요?

(2) **가** 승민 씨, 저는 '승민'이라는 이름을 듣고 처음에 남자로 ________________았/었/였어요.

　　나 네, 그런 얘기를 많이 들었어요.

(3) **가** 비행기 표 예매했어?

　　나 아, ________________았/었/였다. 오늘 집에 가자마자 해야겠다.

(4) **가** 자르갈 씨, 옷이 왜 그래요?

　　나 아까 커피를 마시다가 ________________았/였/었거든요.

(5) **가** 여기요. 숟가락 좀 다시 주세요. 바닥에 ________________아/어/여서요.

　　나 네, 알겠습니다. 잠시만 기다리세요.

(6) **가** 선생님, 죄송해요. 선생님 컵을 제가 ________________았/었/였어요.

　　나 괜찮아요? 사람들이 다치지 않게 빨리 컵을 치워야겠어요.

사과 관련 어휘 与道歉相关的词汇

잘못하다 做错	사과하다 道歉	변명하다 解释、辩解

핑계를 대다 找借口	용서하다 原谅

어휘 연습 词汇练习

● **아래에서 알맞은 것을 골라 대화를 완성하십시오.** 选择下面恰当的词汇，完成对话。

> 잘못하다   사과하다   용서하다   핑계를 대다

가 이렇게 늦게 오면 어떡해? 영화가 벌써 시작됐잖아.

나 내가 좀 많이 늦었지? 주말인 데다가 공사하는 곳이 있어서 길이 막혔어.

가 ___________지 마. 너는 항상 약속 시간에 늦잖아.

나 많이 화났어? 오늘은 공사 때문에 길이 많이 막혔어. 정말 미안해.

가 그리고 그렇게 웃으면서 미안하다고 말하니까 사과도 진심이 아닌 것 같아.

나 너무 미안해서 웃으면서 ___________(으)ㄴ/는 건데…. 내가 ___________았/었/였어.
　이번 한 번만 ___________아/어/여 줘.

가 알겠어. 다음부터는 절대 늦지 마. 빨리 들어가자.

–(으)ㄴ/는/(으)ㄹ 줄 알다/모르다

接在动词或形容词后，用于表示得知前述内容与话者的预测相反时。

가 + 는 줄 알다 → 가는 줄 알다   먹 + 는 줄 알다 → 먹는 줄 알다
비싸 + ㄴ 줄 알다 → 비싼 줄 알다   작 + 은 줄 알다 → 작은 줄 알다

오늘이 자르갈 씨 생일인 줄 몰랐어요. 我不知道今天是吉日嘎啦的生日。

리타 씨가 매운 음식을 좋아하는 줄 몰랐어요. 我不知道丽塔喜欢辣的食物。

한국에 오기 전에는 서울 교통이 이렇게 편리한 줄 몰랐어요.
我来韩国之前，不知道首尔交通这么方便。

1   〈보기〉와 같이 대화를 완성하십시오. 仿照例句，完成对话。

보기   가 자르갈 씨, 오늘 도서관에 같이 갈래요?

나 연휴인데 도서관이 열어요? 저는 연휴에는 도서관이 <u>문을 닫는 줄 알았어요.</u>

(1) 가 밍밍 씨는 집에서 학교까지 오는 데 2시간이 걸린대요.

나 저는 밍밍 씨가 매일 일찍 와서 _______________________________

(2) 가 자르갈 씨, 준이치 씨 못 봤어요?

나 어, 리타 씨? 저는 리타 씨가 _______________________________
두 사람 도서관에 같이 안 갔어요?

(3) 가 흐엉 씨가 시험에 떨어졌다면서요?

나 그래요? 흐엉 씨는 열심히 준비했으니까 _______________________________

(4) 가 김치찌개를 만들어 보니까 어땠어요?

나 _______________________________. 그런데 생각보다 어렵지 않던데요.

-게 하다

接在动词后，表示主语使他人做某事，也表示许可或允许某人做某事。

보 + 게 하다 → 보게 하다　　　　먹 + 게 하다 → 먹게 하다

선생님이 학생들을 일찍 집에 가게 했어요. 老师让学生提早回家。

의사가 환자에게 술을 못 마시게 했어요. 医生不让病患喝酒。

어머니가 아이에게 밥을 먹기 전에 손을 씻게 했어요. 妈妈让孩子吃饭前先洗手。

기다리게 해서 죄송합니다. 抱歉让你久等了。

---

1 〈보기〉와 같이 문장을 완성하십시오. 仿照例句，完成句子。

보기 　기자　축하합니다. 한국어 말하기 대회에서 1등을 하셨는데요.
　　　　　　한국어를 잘하는 비결이 있다면 좀 알려 주세요.

　　　　토니　선생님이 <u>대화문을 매일 듣게 하셨습니다.</u> (대화문을 매일 듣다)

(1) 선생님이 ＿＿＿＿＿＿＿＿＿＿＿＿＿＿＿＿＿＿＿＿＿＿ (책을 큰 소리로 읽다)

(2) 선생님이 ＿＿＿＿＿＿＿＿＿＿＿＿＿＿＿＿ (수업 시간에 한국어로만 이야기하다)

(3) 선생님이 ＿＿＿＿＿＿＿＿＿＿＿＿＿＿ (주말마다 한국어로 일기를 쓰다)

(4) 선생님이 ＿＿＿＿＿＿＿＿＿＿＿＿＿＿＿＿＿＿ (뉴스를 보면서 따라 하다)

(5) ＿＿＿＿＿＿＿＿＿＿＿＿＿＿＿＿＿＿＿＿＿＿＿＿＿＿＿

1 다음을 듣고 질문에 답하십시오. 听录音，回答问题。 **02**

(1) 여자는 왜 화가 났습니까?

① 밍밍 씨를 못 만나서

② 밍밍 씨가 사과하지 않아서

③ 밍밍 씨가 모임에 참석하지 않아서

④ 밍밍 씨가 바뀐 모임 장소를 알려 주지 않아서

(2) 남자가 이어서 할 말로 알맞은 것을 고르십시오.

① 리타 씨에게 핑계를 대지 그래요?

② 리타 씨에게 변명해 보는 게 어때요?

③ 리타 씨에게 다시 한 번 사과해 보세요.

④ 리타 씨에게 오해했다고 하는 것이 좋겠어요.

2 다음을 듣고 질문에 답하십시오. 听录音，回答问题。 **03**

(1) 여자에 대한 설명으로 맞는 것을 고르십시오.

① 여자는 실수를 해서 부끄러웠다.

② 여자는 실수 때문에 배탈이 났다.

③ 여자는 감자탕을 좋아해서 2인분을 시켰다.

④ 여자는 아르바이트하는 가게에서 발음 때문에 실수를 했다.

(2) 남자가 한 실수로 맞는 것을 고르십시오.

① 남자는 손님이 선생님인 줄 알았다.

② 남자는 식당에서 손님에게 화를 냈다.

③ 남자는 티셔츠를 비싸게 산 적이 있다.

④ 남자는 티셔츠가 만 원이라고 생각했다.

3 어떤 상황에서 사용하는지 이야기해 보십시오. 说说看在何种状况下使用。

화나게 해서 미안해.	기다리게 해서 미안해.
걱정하게 해서 미안해.	기분 상하게 해서 미안해.
신경 쓰게 해서 미안해.	

4 〈보기〉와 같이 친구와 이야기해 보십시오. 仿照例句，与朋友练习对话。

밍밍	무슨 일 있어? 왜 연락을 안 해?
리타	자고 있지 않았어?
밍밍	무슨 말이야? 네가 부산에 도착하면 연락하겠다고 했잖아.
리타	정말 미안해. 나는 12시가 넘었으니까 네가 자고 있을 줄 알았어.
밍밍	네가 연락을 안 해서 얼마나 걱정했는데….
리타	걱정하게 해서 정말 미안해. 다시는 안 그럴게.

	보기	(1)	(2)
상황	연락을 안 하다	약속 장소에 안 오다	자료를 안 보내다
잘못 생각한 일	'12시가 넘었으니까 친구가 자고 있다.'	'영화는 2시 반에 시작하니까 친구와 2시에 만나기로 했다.'	'보고서 제출이 내일이니까 친구도 보고서에 필요한 자료를 찾았다.'
내가 한 말	"부산에 도착하면 연락할게."	"1시에 만나서 점심 먹고 영화 보자."	"오늘까지 보고서에 필요한 자료를 너에게 보낼게."
그 일 때문에 친구가 한 행동	걱정하다	기다리다	화가 나다

1 다음을 읽고 질문에 답하십시오. 阅读下文，回答问题。

처음 한국에 왔을 때는 한국 생활에 익숙하지 않아서 크고 작은 실수를 많이 했다. 6개월이 지난 요즘은 한국 생활에 익숙해져서 이제는 실수를 하지 않을 줄 알았는데 2주 전에 또 큰 실수를 하고 말았다.

2주 전에 친구의 소개로 아르바이트 면접을 보러 가기로 했다. 5시까지 명동역 근처에 있는 사무실로 면접을 보러 오라는 문자 메시지를 받고 한 시간쯤 전에 출발했다. 지하철에는 사람도 별로 없고 자리도 많아서 자리에 앉아 음악을 들으면서 갔다. 피곤해서 잠깐 졸다가 깼는데 명동역을 다섯 정거장이나 지난 후였다. 다시 명동역으로 돌아갔지만 이미 면접 시간이 20분이나 지나서 면접을 볼 수 없었다. 아르바이트를 소개해 준 친구에게도 미안하고 면접을 못 본 것도 속상했다.

그런 실수를 한 후부터 습관이 하나 생겼다. 먼저 지하철을 타기 전에 지하철 노선도를 보고 내가 출발하는 역에서 내리는 역까지 걸리는 시간을 확인하는 것이다. 그다음에는 도착하는 역을 지나치지 않게 도착하는 시간에 휴대전화의 알람을 맞춰 놓는 것이다.

사람은 누구나 실수를 한다. 앞으로도 나는 계속 실수를 하겠지만 (　　㉠　　)

(1) 다음 중 위 사람이 한 실수를 고르십시오.

① 지하철을 잘못 탔다.

② 면접 시간을 잘못 알았다.

③ 잠이 들어서 내려야 할 역을 지나쳤다.

④ 지하철에서 음악을 듣다가 안내 방송을 못 들었다.

(2) (　　㉠　　)에 들어갈 내용으로 알맞은 것을 고르십시오.

① 창피하게 생각하지 않을 것이다.

② 같은 실수를 다시 하지 않도록 노력할 것이다.

③ 실수를 했을 때에는 내가 먼저 사과를 할 것이다.

④ 모르는 것은 사람들에게 자꾸 물어보고 배울 것이다.

2 다음 중 여러분은 어떤 실수를 했습니까? 여러분이 실수한 경험에 대해서 써 보십시오.

你们犯过以下什么样的错误? 记述你们犯错的经验。

> □ 친구를 오해했다.
>
> □ 해야 할 일을 깜빡했다.
>
> □ 버스/지하철을 잘못 탔다.
>
> □ 약속 날짜/시간/장소를 착각했다.
>
> □ 이메일/문자 메시지를 잘못 보냈다.
>
> □ ____

(1) 어떤 실수를 했습니까?

(2) 왜 그런 실수를 했습니까?

(3) 같은 실수를 다시 하지 않기 위해서 어떤 노력을 하고 있습니까?

02

휴대전화를 떨어뜨리는 바람에 액정 화면이 깨졌어요.

主题 故障与维修

词汇 与故障相关的词汇 | 与维修相关的词汇

语法 –아/어/여지다 | –는 바람에

课题 说明故障 | 解决问题

여기는 어디입니까? 这里是哪里?

여러분은 고장 난 물건을 수리한 적이 있습니까? 어떤 물건이었습니까?

你们维修过故障的东西吗? 什么样的东西?

대화 对话 04

파티마　저, 휴대전화 좀 수리하러 왔는데요.

수리 기사　네, 여기 앉으세요. 무슨 문제가 있나요?

파티마　제가 휴대전화를 떨어뜨리는 바람에 액정 화면이 깨졌어요.
산 지 3개월밖에 안 됐는데 무료로 수리가 가능할까요?

수리 기사　죄송합니다. 고객의 실수 때문에 고장 났을 때는 수리비를
내셔야 합니다.

파티마　아, 그래요? 그럼 수리비가 얼마인가요?

수리 기사　액정 화면을 교체해야 해서 수리비가 좀 많이
들 것 같네요. 먼저 이 제품에 맞는 액정 화면이
있는지 한번 확인해 보겠습니다.

새 단어
生词

액정 화면 液晶屏
깨지다 破裂
가능하다 可能、可以
고객 顾客
교체하다 更换

고장 관련 어휘 与故障相关的词汇

액정 화면이 깨지다

液晶屏破裂

전원이 켜지다/꺼지다

电源开启/关闭

(배터리) 충전이 되다

(电池)可充电

저장이 되다

可储存

(인터넷) 연결이 되다

(互联网)可连结

어휘 연습 词汇练习

● **아래에서 알맞은 것을 골라 글을 완성하십시오.** 选择下面恰当的词组，完成下文。

켜지다	충전하다	인터넷 연결이 안 되다
액정 화면이 깨지다	저장이 안 되다	꺼지다

얼마 전에 휴대전화를 떨어뜨려서 ________________________았/었/였다. 그때부터 휴대전화에

여러 가지 문제가 생겼다. ________________는 동안에는 전원이 ________________지 않는다.

어떤 때에는 갑자기 전원이 켜졌다가 ________________기도 한다. 사진을 찍을 수는 있지만

________________ㄴ/는다. 무선 인터넷이 있는 곳에서도 ________________아/어/여서

짜증이 난다. 수리 센터에 한번 가 봐야겠다.

수리 관련 어휘 与维修相关的词汇

이/가 고장 나다 ……故障	이/가 망가지다 ……毁坏	에 이상이 있다/생기다 ……有异常/……出现异常
을/를 고치다 修改……	을/를 수리하다 修理……	수리를 맡기다 送交维修

어휘 연습 词汇练习

● **아래에서 알맞은 것을 골라 글을 완성하십시오.** 选择下面恰当的词汇，完成下文。

> 고장 나다   망가지다   수리를 맡기다   이상이 있다   고치다   수리하다

안녕하세요? 오늘의 생활 정보입니다. 여러분은 전자 제품이 ＿＿＿＿＿＿＿＿＿＿았/었/였을 때 어떻게 하시나요? 저는 보통 수리 센터로 바로 가는데요. 오늘은 ＿＿＿＿＿＿＿＿＿＿기 전에 ＿＿＿＿＿＿＿＿＿(으)ㄴ/는 부분에 대한 정보를 미리 확인할 수 있는 수리 센터 홈페이지를 소개해 드리려고 합니다.

이 홈페이지에 수리할 제품에 대한 간단한 정보만 쓰면 어디에 ＿＿＿＿＿＿＿＿＿(으)ㄴ/는지 ＿＿＿＿＿＿＿＿＿(으)ㄴ/는 데 얼마나 시간이 걸리는지도 알 수 있다고 하네요. 여러분도 ＿＿＿＿＿＿＿＿＿(으)ㄹ 제품이 있으시다면 이 홈페이지를 이용해 보세요.

–아/어/여지다

接接在动词后，表示某种动作自然发生的状态。

쏟 + 아지다 → 쏟아지다　지우 + 어지다 → 지워지다　정하 + 여지다 → 정해지다

가　왜 전화를 끊었어요? 为什么挂了电话?

나　엘리베이터를 타서 전화가 끊어졌어요. 因为搭电梯，所以电话挂断了。

교실 창문이 깨졌어요. 教室窗户裂了。

지난주에 받은 용돈이 떨어졌어요. 上周拿到的零花钱用完了。

1　〈보기〉와 같이 알맞은 것을 고르십시오. 仿照例句，选择正确答案。

요즘 (찢은/찢어진) 청바지가 유행이에요.

(1) 

칠판에 쓰여 있는 글씨를 (지우지/지워지지) 마세요.

(2) 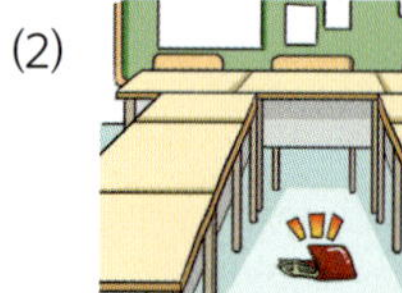

바닥에 지갑이 (떨어뜨려/떨어져) 있네요. 누구 지갑이에요?

(3) 

지금부터 '3분 말하기'를 시작하겠습니다. 발표는 (정한/정해진) 시간 동안만 할 수 있습니다.

(4) 

길에 눈이 쌓여 있어서 (미끄러운/미끄러지는) 사람이 많았어요.

-는 바람에

接在动词后，用于因为前句的原因，导致后句出现负面结果时。

오 + 는 바람에 → 오는 바람에　　　　닫 + 는 바람에 → 닫는 바람에

가 어제 왜 전화 안 했어요? 기다렸잖아요. 为什么昨天没给我打电话？不是在等你(联络)吗？

나 급한 일이 생기는 바람에 연락을 못 했어요. 因为出了急事，所以没能联络你。

문이 갑자기 열리는 바람에 깜짝 놀랐어요. 因为门忽然打开，吓了一跳。

여권을 잃어버리는 바람에 여행을 못 갔어요. 因为遗失了护照，所以没能去旅行。

1 ⟨보기⟩와 같이 대화를 완성하십시오. 仿照例句，完成对话。

가 파티마 씨, 미안해요. 늦잠을 자는 바람에 약속 시간에 좀 늦을 것 같아요.

나 괜찮아요. 천천히 오세요.

(1)

가 다리가 왜 그래요? 다쳤어요?

나 버스를 타려고 뛰어가다가 _______________ 좀 다쳤어요.

(2)

가 제주도 여행은 어땠어요?

나 일주일 내내 _______________ 제대로 구경도 못 했어요.

> **새 단어**
> **生词**
>
> **제대로** 顺利、好好地

(3)

가 야구장은 잘 다녀왔어요?

나 표가 일찍 _______________ 경기를 못 봤어요.

(4)

가 왜 아직도 이메일을 확인하지 않았어요?

나 컴퓨터가 _______________ 이메일을 확인하지 못했어요.

1 다음을 듣고 질문에 답하십시오. 听录音，回答问题。 **05**

(1) 들은 내용과 같은 것을 고르십시오.

① 여자는 남자의 노트북을 고쳐 주었다.

② 남자는 전원 케이블을 가지고 오지 않았다.

③ 여자는 남자에게 노트북의 플러그를 확인하게 했다.

④ 남자는 노트북이 고장 나서 다시 수리를 받으려고 한다.

(2) 남자는 왜 노트북을 수리했습니까?

① 전원이 꺼져서

② 화면이 안 보여서

③ 인터넷 연결이 안 돼서

④ 배터리 충전이 안 돼서

새 단어 生词

꽂다 插上
플러그 插头

2 다음을 듣고 이 제품의 광고로 맞지 <u>않는</u> 것을 고르십시오. 听录音，选择不符合该产品广告的内容。 **06**

① 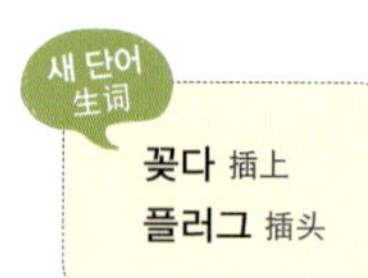

②

③ 

④ 

새 단어 生词

상품 奖品
기능 功能
방수 防水
편집 编辑
저렴하다 便宜、低廉

3 〈보기〉와 같이 친구와 이야기해 보십시오. 仿照例句，与朋友练习对话。

	 보기	(1)	(2)
고장 증상	• 전원이 안 켜지다 • 문이 안 닫히다	• 시끄러운 소리가 나다 • 얼음이 안 얼다	• 컴퓨터를 켤 때 소음이 심하다 • 자판이 눌러지지 않다
원인	세탁물을 많이 넣었다	냉동고에 물건을 많이 넣었다	팬 청소를 한 지 오래되었다
언제	이틀 전	일주일 전	보름 전
해결 방법	• 세탁물을 모두 빼다 • 전원을 다시 켜다	• 냉동고에 있는 물건을 꺼내다 • 소리를 확인하다	• 본체를 분리해서 팬의 먼지를 닦아 주다 • 전원을 다시 켜다

보기

가 　안녕하세요. '미리 수리 센터'입니다. 무슨 문제로 전화 주셨습니까?

나 　저희 집 **세탁기**가 고장이 난 것 같아요. **전원이 안 켜져요.**

가 　아, 그래요? 많이 불편하셨겠어요. 또 다른 이상은 없습니까?

나 　**문도 안 닫히고요.**

가 　언제부터 그런 증상이 나타났습니까?

나 　**이틀 전**부터 그런 것 같아요.

가 　**세탁기**에 세탁물을 많이 넣지 않으셨나요?

나 　네, 세탁물을 좀 많이 넣은 것 같아요.

가 　먼저 세탁물을 모두 **빼** 보세요. 그리고 전원을 다시 켜 보세요.

나 　잠시만요. 그래도 **전원이 안 켜지네요.**

가 　그럼 수리 기사를 보내겠습니다.

나 　오늘 오후 5시쯤 가능할까요?

가 　다시 확인해 보고 연락드리겠습니다.

나 　알겠습니다.

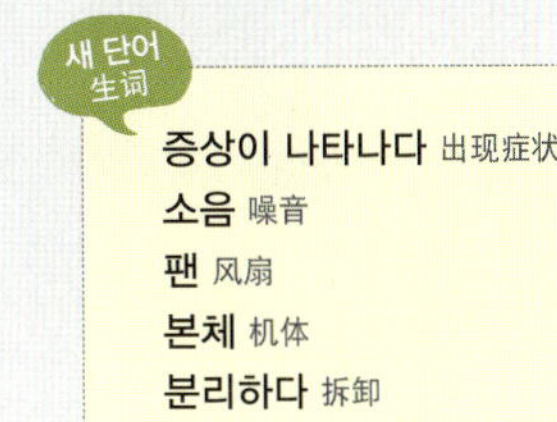

1 다음을 읽고 질문에 답하십시오. 阅读下文，回答问题。

휴대전화는 일상생활에서 하는 실수 때문에 고장이 나는 경우가 많다. 휴대전화가 물에 빠졌을 때 간단한 방법만으로 고장이 나는 것을 막을 수 있다.

휴대전화를 물에 빠뜨렸을 때는 휴대전화가 물에 빠지자마자 빨리 물에서 꺼내는 것이 좋다. 이때 바닷물이나 수영장 물에 빠졌다면 깨끗한 물에 한 번 씻어 줘야 한다. 바닷물이나 수영장 물 안에는 소금이나 약품이 많이 들어 있기 때문이다.

물에서 꺼낸 후에는 바로 휴대전화의 전원을 꺼야 한다. 전원을 끈 후에는 배터리와 휴대전화를 분리하고 수건으로 닦는다. 작동이 되는지 확인해 보려고 물이 마르기 전에 전원을 켜는 것은 아주 위험한 일이다. 전원을 켜면 휴대전화 안의 부품들이 고장 날 수 있기 때문에 전원을 끄고 물이 마를 때까지 충분히 기다리는 것이 좋다. 이때 많은 사람들이 선풍기나 드라이어로 물을 빨리 말리려고 하는데 그렇게 해서는 안 된다. 선풍기나 드라이어를 사용하면 바람 때문에 물이 휴대전화 안으로 깊게 들어가서 오히려 더 큰 고장이 날 수 있기 때문이다.

물기를 좀 더 빨리 말리고 싶다면 배터리와 휴대전화를 분리한 후에 전기밥솥 안에 신문지를 깔고 휴대전화를 신문지 위에 올린다. 그리고 밥솥을 보온으로 하고 12시간 동안 기다리면 된다.

(1) 위 글의 내용과 같은 것을 고르십시오.

① 물에 빠진 휴대전화는 배터리를 분리하면 안 된다.

② 휴대전화가 수영장에 빠졌을 때는 물로 씻는 것이 좋다.

③ 물에 빠지자마자 수리를 맡겨야 휴대전화를 고칠 수 있다.

④ 물에 빠진 휴대전화는 물이 마를 때까지 충분히 기다린 후에 전원을 꺼야 한다.

(2) 위 글을 읽고 휴대전화가 물에 빠졌을 때 하는 행동을 순서대로 쓰십시오.

① ② ③ ④

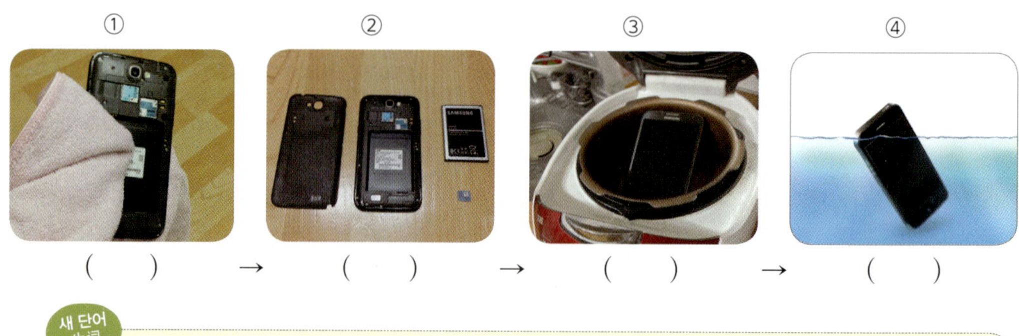

( ) → ( ) → ( ) → ( )

새 단어 生词

막다 阻止、封闭　　**빠뜨리다** 掉落　　**빠지다** 掉进　　**약품** 药品　　**(물이) 마르다** (水)干　　**부품** 部件　　**보온** 保温

2 다음을 읽고 맞으면 ○, 틀리면 ✕ 하십시오. 阅读下文，正确的划○，错误的划✕。

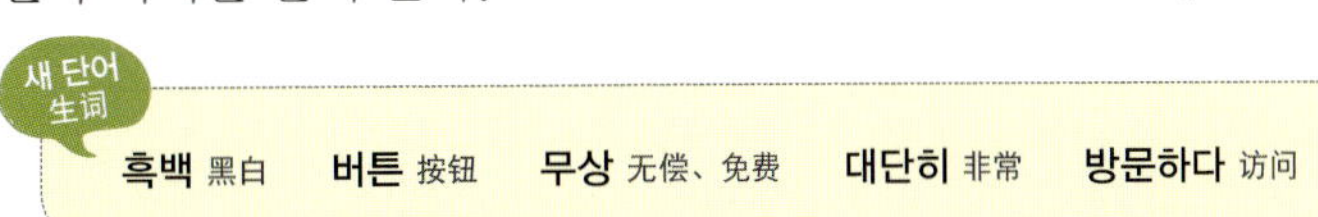

원본 메일

질문	예상 수리비를 알고 싶습니다.		
제품 구분	TV	등록일자	2016-05-20

안녕하세요? 텔레비전 CN-29M3A를 사용하고 있습니다.

그런데 오늘 아침에 텔레비전을 켜니까 화면이 흑백으로 나옵니다. 또 전원 버튼 이외의 다른 버튼도 작동하지 않아서 문의드립니다.

갑자기 왜 그러는지 이유를 모르겠습니다. 사용한 지 5년쯤 되어서 무상 수리 기간도 끝났습니다. 수리 비용이 얼마나 들까요?

답변	예상 수리비를 알고 싶습니다.		
문의 유형	TV 수리 문의(CN-29M3A)	등록일자	2016-05-21
첨부파일	TV 설명서.pdf	작성자	운영자

안녕하세요, 고객님?

저희 한국전자 제품 때문에 불편하게 해 드려서 대단히 죄송합니다.

문의해 주신 내용에 대해서 안내해 드리겠습니다.

먼저 텔레비전 플러그를 뺐다가 다시 꽂으신 후 작동이 잘 되는지 확인해 주십시오. 텔레비전 설명서도 보내 드립니다.

그 후에도 계속 텔레비전 화면이 흑백으로 나오면 저희 한국전자 수리 센터 기사가 방문해서 점검한 후에 안내를 해 드리겠습니다.

제품을 직접 보지 않아서 문의하신 수리비에 대해서는 정확한 안내를 드릴 수 없습니다. 수리 신청은 한국전자 홈페이지와 전화로 가능합니다. 홈페이지로 수리 신청을 하는 고객에게는 수리비를 할인해 드립니다. 참고하시기 바랍니다.

항상 저희 제품에 관심을 가져 주셔서 진심으로 감사합니다.

다른 궁금하신 것이 있으시면 언제든지 연락주시기 바랍니다.

감사합니다.

(1) 이 사람은 텔레비전 전원이 켜지지 않아서 수리를 신청했다. (　　)

(2) 텔레비전은 플러그를 뺐다가 다시 꽂은 후에 화면이 나오는지 확인해야 한다. (　　)

(3) 홈페이지에서 수리 신청을 하면 수리비를 알려 준다. (　　)

흑백 黑白　　버튼 按钮　　무상 无偿、免费　　대단히 非常　　방문하다 访问

03

가방을 못 찾을까 봐 걱정이에요.

• • • • • • •

主题 遗失

词汇 与遗失相关的词汇 ㅣ 与捡拾相关的词汇

语法 –(으)ㄹ까 봐(서) ㅣ –(으)ㄹ 걸 그랬다

课题 说明遗失的物品 ㅣ 填写失物申报表

리타 씨는 어떤 물건을 잃어버렸습니까? 왜 잃어버렸습니까? 丽塔弄丢了什么样的东西? 为什么弄丢了?

여러분은 물건을 잃어버린 적이 있습니까? 어떤 물건을 잃어버렸습니까? 그 물건을 어떻게 찾았습니까? 你们弄丢过东西吗? 弄丢了什么样的东西? 怎么找到那个东西的?

대화 对话 07

리타 어떡해요. 가방이 무거워서 지하철 선반 위에 놓았는데 깜빡하고 그냥 내렸어요. 가방을 선반 위에 놓지 말 걸 그랬어요.

왕리 분실 신고는 했어요?

리타 분실 신고요? 아직 못 했는데 어떻게 하면 돼요?

왕리 지하철이나 버스, 택시에서 잃어버린 물건은 인터넷으로 신고할 수 있어요. 신고할 때는 잃어버린 물건의 모양, 색상, 내용물을 자세히 써야 하고요.

리타 네, 빨리 신고해야겠네요. 그나저나 중요한 자료가 많이 들어 있는데 가방을 못 찾을까 봐 걱정이에요.

왕리 저도 택시에서 휴대전화를 잃어버린 적이 있었는데 다시 찾았어요. 리타 씨도 너무 걱정하지 말고 좀 기다려 보세요.

새 단어
生词

> **신고하다** 申报
> **색상** 颜色
> **내용물** 内容物
> **그나저나** 话又说回来、无论如何

분실 관련 어휘 与遗失相关的词汇

분실물 센터 失物中心	잃어버리다 遗失、弄丢
분실 신고를 하다 失物申报	분실물을 찾다 找回失物
큰일이다 糟糕、不得了	큰일(이) 나다 出大事

어휘 연습 词汇练习

● **아래에서 알맞은 것을 골라 글을 완성하십시오.** 选择下面恰当的词汇，完成下文。

분실 신고를 하다	분실물을 찾다	잃어버리다	큰일이 나다

한국에 처음 왔을 때 지하철에서 여권을 ＿＿＿＿＿＿＿았/었/였어요. 그래서 지하철 분실물

센터에 ＿＿＿＿＿＿＿았/었/였어요. 며칠이 지나서 ＿＿＿＿＿＿＿았/었/였다는 소식을

들었어요. 여권을 처음 잃어버렸을 때는 ＿＿＿＿＿＿＿았/었/였다고 생각했어요. 여권을 찾아

서 정말 다행이에요. 다시 여권을 잃어버리지 않게 조심해야겠어요.

습득 관련 어휘 与捡拾相关的词汇

줍다 捡	발견하다 发现	습득하다 捡到

(주인에게) 연락하다 联络(主人)	(주인에게) 돌려주다 归还(主人)

어휘 연습 词汇练习

● **아래에서 알맞은 것을 골라 글을 완성하십시오.** 选择下面恰当的词汇，完成下文。

돌려주다	연락하다	줍다

자유게시판

USB 주인을 찾습니다.

어제 오전 10시쯤 도서관 3층 과제 도서 대출실에서 네모난

모양의 회색 USB를 ＿＿＿＿＿＿＿＿았/었/였습니다. 제가

습득한 USB를 주인에게 ＿＿＿＿＿＿＿고 싶습니다.

USB 안에는 한국어 교육 자료가 많이 있었습니다. 어제 USB를

잃어버리신 분이나 주인에게 ＿＿＿＿＿＿＿(으)ㄹ 수 있는 분은 아래 전화번호로 연락해

주세요.

연락처: 010-1234-5678

–(으)ㄹ까 봐(서)

接在动词或形容词后，用于前面的负面情形可能发生，对此感到担心时。后句使用걱정이다，或是避免这件事发生而提出的对策。

보 + ㄹ까 봐 → 볼까 봐   닫 + 을까 봐 → 닫을까 봐

크 + ㄹ까 봐 → 클까 봐   작 + 을까 봐 → 작을까 봐

가 왜 계단으로 오세요? 为什么从楼梯上来?

나 엘리베이터가 빨리 안 와서 지각할까 봐 계단으로 뛰어왔어요.
我担心电梯太晚来会迟到，所以从楼梯跑上来。

친구가 나를 오해했을까 봐 걱정이에요. 我担心朋友误会我。

건강이 나빠질까 봐 담배를 끊었어요. 我担心有害健康，所以戒了烟。

1 〈보기〉와 같이 대화를 완성하십시오. 仿照例句，完成对话。

> 보기 가 기사님, 좀 빨리 가 주세요. 길이 많이 막혀서 <u>비행기를 놓칠까 봐</u> 걱정이에요.
>
> 나 걱정하지 마세요. 금방 도착할 수 있을 거예요.

(1) 가 학생 연극 대회가 취소됐다면서요?

　　나 네, 우리 반 친구들이 많이 기대했었는데 _________________________ 걱정이에요.

(2) 가 면접시험을 잘 봤어요?

　　나 네, 시험은 잘 본 것 같은데 이번에도 _________________________ 걱정이에요.

2 〈보기〉와 같이 대화를 완성하십시오. 仿照例句，完成对话。

가 뭘 그렇게 열심히 찾아요?

나 배터리가 별로 없어서 <u>휴대전화가 꺼질까 봐</u> 충전할 수 있는 곳을 찾고 있어요.

(1) 

가 아까 왜 리타 씨에게 돈을 빌렸어요?

나 김밥을 살 때 _________________________

(2) 

가 밍밍 씨, 뭐 하고 있어요?

나 집에 가서 해야 할 일을 _________________________

-(으)ㄹ 걸 그랬다

接在动词后，用于假设与现在相反的情况，表示话者的后悔或惋惜。

보 + ㄹ 걸 그랬다 → 볼 걸 그랬다　　　먹 + 을 걸 그랬다 → 먹을 걸 그랬다

가 그 공연이 매진됐대요. 听说那个公演的票卖完了。

나 그래요? 지난주에 미리 예매를 할 걸 그랬어요. 是吗? 早知道上周就先买票了。

가 지금 김 선생님은 안 계세요. 现在金老师不在。

나 김 선생님이 안 계신다고요? 미리 연락하고 올 걸 그랬어요. 金老师不在? 早知道提前联系来。

1 〈보기〉와 같이 문장을 완성하십시오. 仿照例句，完成句子。

	상황	후회하는 일
보기	오늘 우산을 안 가지고 왔는데 비가 왔다.	우산을 <u>가지고 올 걸 그랬어요.</u>
(1)	아침에 밥을 먹고 오지 않아서 배가 너무 고프다.	빵이라도 ＿＿＿＿＿＿＿＿
(2)	1점이 부족해서 시험에 불합격했다.	시험공부를 ＿＿＿＿＿＿＿＿
(3)	고등학교 때 첫사랑도 나를 좋아했다는 이야기를 들었다.	그 사람에게 ＿＿＿＿＿＿＿＿
(4)	점심을 너무 많이 먹어서 소화가 잘 안된다.	점심을 ＿＿＿＿＿＿＿＿
(5)	어제 신발을 샀는데 오늘부터 세일을 시작했다.	어제 신발을 ＿＿＿＿＿＿＿＿

1 다음을 듣고 질문에 답하십시오. 听录音，回答问题。 **08**

(1) 들은 내용과 <u>다른</u> 것을 고르십시오.

① 공항 홈페이지에서 분실물 신고를 할 수 있다.

② 공항에서 물건을 잃어버렸을 때에는 분실물 센터에 신고한다.

③ 분실물 신고를 하는 방법을 잘 모를 때에는 안내 데스크에 물어본다.

④ 요즘 다른 사람의 가방을 자기 것으로 착각하고 가져가는 사람들이 많다.

(2) 비행기 안에서 물건을 잃어버렸을 때 해야 할 행동으로 맞는 것을 고르십시오.

① 항공사에 연락한다.

② 안내 데스크로 간다.

③ 분실물 센터에 신고한다.

④ 공항 홈페이지에서 조회한다.

새 단어
生词

수하물 行李
안내 데스크 服务台、咨询台

2 다음을 듣고 질문에 답하십시오. 听录音，回答问题。 **09**

(1) 남자는 왜 여자에게 전화를 했습니까?

① 사례금을 주기 위해서

② 잃어버린 물건을 찾기 위해서

③ 습득한 물건을 주인에게 돌려주기 위해서

④ 홈페이지의 올린 정보를 확인하기 위해서

(2) 들은 내용과 같은 것을 고르십시오.

① 두 사람은 다시 연락하기로 했다.

② 여자는 강의실에서 지갑을 잃어버렸다.

③ 남자는 오전에 대학원 사무실에 지갑을 맡길 것이다.

④ 두 사람은 남자의 수업이 끝난 후에 도서관 앞에서 만날 것이다.

새 단어
生词

홈페이지에 올리다 发布在网页上、发帖
사례금 谢金、酬金

3 분실한 물건을 신고하려면 어떤 정보가 필요할까요? 이야기해 보십시오.

要申报遗失的物品，需要什么样的信息? 对此谈谈。

분실한 장소	분실한 일시	분실한 물건 종류
분실한 물건 색깔		분실한 물건 수량

4 〈보기〉와 같이 이야기해 보십시오. 仿照例句，练习对话。

	보기	(1)	(2)
분실한 물건 종류	노트북 가방	쇼핑백	점퍼
분실한 장소	택시	인천공항 화장실	지하철 4호선
후회하는 일	잘 챙기다	계속 들고 있다	계속 입고 있다
분실물 모양, 색깔	검정색에 빨간 체크무늬	하얀색에 하늘색 리본 그림	검정색에 빨간색 주머니
내용물	노트북, 한국어 책	운동화, 선물로 사 온 과자	하늘색 손수건, 열쇠
특이 사항	책에 이름이 쓰이다	쇼핑백 안에 영수증이 들다	열쇠에 인형이 달리다
걱정한 일	잃어버렸다	찾지 못하다	분실물 센터에 없다

보기

가　**노트북 가방**을 잃어버려서 신고하려고 하는데요.

나　어디에서 잃어버리셨는데요?

가　깜빡하고 **택시**에 두고 그냥 와 버렸어요. 이럴 줄 알았으면 **잘 챙길** 걸 그랬어요.

나　**노트북 가방** 모양과 색깔을 설명해 주세요.

가　**검정색에 빨간 체크무늬가** 있는 가방이에요.

나　**가방** 안에는 어떤 물건이 있었나요?

가　**노트북과 한국어 책**이 들어 있어요. **책에는 리타라고** 제 이름이 쓰여 있을 거예요.

나　잠시만 기다려 주세요. 분실 신고된 **노트북 가방**이 있네요. **가방**을 찾으시려면 신분증을 가지고 분실물 센터로 방문하시면 됩니다.

가　네, 알겠습니다. **잃어버렸을까 봐** 걱정했는데 정말 감사합니다.

❶ 다음을 읽고 질문에 답하십시오. 阅读下文，回答问题。

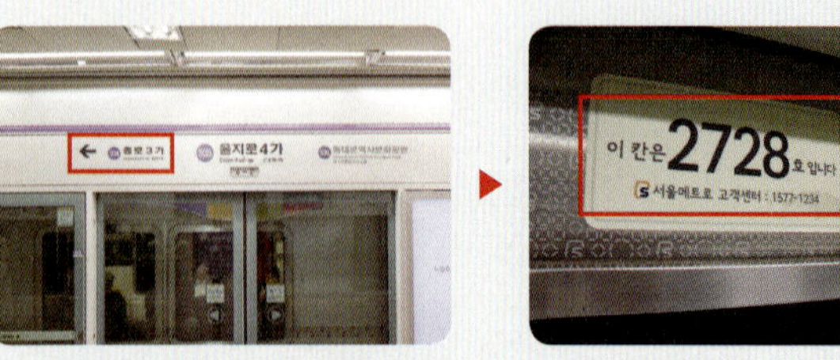

　지하철에 물건을 놓고 내린 적이 있습니까? 만약 지하철에 지갑을 놓고 내렸다면 어떻게 해야 할까요? 일단 지하철에 물건을 놓고 내렸을 때는 확인해야 할 것이 있습니다. 이 몇 가지만 확인할 수 있다면 분실한 물건을 찾기가 쉬워진다고 합니다.

　첫 번째는 지하철의 방향입니다. 지하철은 가는 방향에 따라 승차하는 지하철이 다르기 때문에 어느 방향으로 가는 지하철을 탔는지 기억하는 것이 중요합니다.

　두 번째는 지하철의 객실 번호입니다. 객실 번호는 지하철 칸마다 문 위에 표시되어 있습니다.

　마지막은 지하철을 탄 위치입니다. 지하철 바닥에 써 있는 승차 위치를 기억하지 못한다면 지하철에서 내린 시간으로도 그 지하철을 찾을 수 있습니다. 또 분실물을 선반 위에 놓았는지 의자 밑에 두었는지 물건을 놓은 위치도 알고 있다면 더 찾기 쉽겠지요? 만약 언제 어디에서 잃어버렸는지 모른다면 지하철 유실물 센터 홈페이지에 들어가 보세요. 유실물 센터 홈페이지에 있는 사진으로도 잃어버린 물건에 대한 정보를 확인할 수 있습니다.

　지하철에서 물건을 잃어버리지 않게 주의하는 것이 가장 좋겠지만 만약 물건을 자주 잃어버린다면 모든 물건에 이름과 연락처를 적어 놓는 것도 분실한 물건을 찾을 수 있는 좋은 방법이 될 수 있습니다.

(1) 지하철에 놓고 내린 물건을 찾는 가장 좋은 방법을 고르십시오.

　① 지하철을 탄 시간을 적는다.

　② 지하철이 가는 방향을 기억한다.

　③ 유실물 센터의 연락처를 알아 둔다.

　④ 사용하는 모든 물건에 이름과 연락처를 쓴다.

(2) 지하철에 대한 설명으로 맞는 것을 고르십시오.

　① 지하철 바닥에는 객실 번호가 있다.

　② 지하철에는 칸마다 승차 위치가 쓰여 있다.

　③ 지하철 유실물 센터에서는 사진으로 물건을 확인할 수 있다.

　④ 지하철 승차한 방향에 따라 신고해야 하는 유실물 센터가 다르다.

2 여러분은 물건을 잃어버린 경험이 있습니까? 잃어버린 물건은 무엇이었습니까? 분실물을 신고해
보십시오. 你们有弄丢东西的经验吗？弄丢的东西是什么？试着申报失物。

LOST112
경찰청 유실물 종합 안내

| 유실물 종합 안내 | 습득물 | 분실물 | 핸드폰 찾기 | 유실물 포털 | 부가 서비스 |

분실물

분실물 처리 안내 >

분실물 검색 >

분실물 통계 현황 >

분실물 신고 >

경찰민원콜센터

국번없이 **182**

분실물 신고

HOME > 분실물 > 분실물 신고

■ 분실 정보

분실 지역	
분실 장소	
분실 일시	

■ 물품 정보

물건 종류		물건 색상	
물건 금액		물건 수량	

내용 및 특이 사항	

04

하마터면 오늘 지각할 뻔했어요.

두 사람은 무엇에 대해서 이야기하고 있습니까? 这两人正在谈论什么事情?

여러분은 사고를 당한 적이 있습니까? 어떤 사고였습니까?
你们遭受过意外事故吗? 什么样的事故?

대화 对话 🎧10

피에르 파티마 씨, 아침에 공항에서 바로 출근해서 많이 피곤하겠어요.
제주도 여행은 재미있었어요?

파티마 여행이 재미있기는 했는데 비행기를 놓쳐서 하마터면 오늘 지각할 뻔했어요.

피에르 아니, 왜요? 비행기에 무슨 문제가 있었어요?

파티마 그게 아니라 공항으로 가는 길에 교통사고가 났어요.
제가 타고 가던 버스와 앞에 있던 택시가 부딪쳤거든요.

피에르 그래요? 사고가 나서 많이 놀랐겠어요. 다친 데는 없어요?

파티마 네, 다친 데는 없어요. 그런데 다음 버스가 올 때까지
30분이나 기다리는 바람에 비행기를 겨우 탔어요.
그래도 회사에 제시간에 도착해서 다행이에요.

사건/사고 관련 어휘 1　与意外/事故相关的词汇 1

사고를 내다	사고를 당하다	사고가 나다
出意外、肇事	遭受意外	出意外

어휘 연습　词汇练习

● **위에서 알맞은 것을 골라 문장을 완성하십시오.** 选择上面恰当的词汇，完成句子。

(1)　오토바이가 빠르게 달리다가 ________________________________ 았/었/였다.

(2)　친구가 오토바이에 부딪히는 ________________ 아/어/여서 다리를 크게 다쳤다.

(3)　퇴근 시간에 ________________ 아/어/여서 길이 많이 막혔다.

사건/사고 관련 어휘 2   与意外/事故相关的词汇 2

피해를 주다 加害	피해를 당하다 受害	부상을 당하다 受伤

불이 나다 失火	물에 빠지다 溺水

어휘 연습 词汇练习

● **아래에서 알맞은 것을 골라 문장을 완성하십시오.** 选择下面恰当的词汇，完成句子。

피해를 당하다	물에 빠지다	부상을 당하다	불이 나다

(1) 

어제 있었던 경기에서 3명의 선수가 _________________았/었/였다.

(2) 

건물에서 _________________(으)ㄴ 것을 보고 119에 신고를 했다.

(3) 

구조대원이 _________________(으)ㄴ/는 어린이를 구했다.

(4) 

인터넷에 잘못된 정보를 올리는 사람 때문에 _________________
(으)ㄴ/는 사람이 많다.

−(으)ㄹ 뻔하다

接在动词后，用于虽然没有发生，但是稍有失误就可能发生某种事情时。主要用于对那件事没有发生感到万幸时。也与 잘못했으면、하마터면 一起使用。

> 나 + ㄹ 뻔하다 → 날 뻔하다   먹 + 을 뻔하다 → 먹을 뻔하다

오늘 늦잠을 자서 하마터면 지각할 뻔했어요. 今天睡过头，差点就迟到了。

자동차 바퀴가 고장 나서 하마터면 사고를 낼 뻔했어요. 汽车车轮故障，差点就出意外了。

가 자전거와 부딪혀서 크게 다칠 뻔했어요. 和自行车相撞，差点受了重伤。

나 괜찮아요? 큰일 날 뻔했네요. 没事吧？差点就出大事了。

1 〈보기〉와 같이 문장을 완성하십시오. 仿照例句，完成句子。

보기

"지각을 할까 봐 뛰어갔는데 길이 너무 미끄러웠어요. 아까 준이치 씨가 안 잡아 줬으면 눈길에서 <u>미끄러질 뻔했어요</u>."

(1)  "리타 씨를 보고 인사를 하려고 뛰어갔어요.

하마터면ㅤㅤㅤㅤㅤㅤㅤㅤㅤㅤㅤㅤㅤㅤㅤㅤㅤㅤ"

(2)  "커피를 들고 가다가 앞의 사람과 살짝 부딪혔어요.

좀 더 세게 부딪혔으면ㅤㅤㅤㅤㅤㅤㅤㅤㅤㅤㅤㅤㅤ"

(3)  "문자 메시지를 보내면서 걸어가고 있었어요.

차가 멈추지 않았으면ㅤㅤㅤㅤㅤㅤㅤㅤㅤㅤㅤㅤㅤㅤ"

(4) "버스를 타려고 뛰어갔어요.

하마터면 버스를ㅤㅤㅤㅤㅤㅤㅤㅤㅤㅤㅤㅤㅤㅤㅤㅤ"

–는 길이다

接在动词가다、오다后，表示正在移动的意思。–는 길也与助词에结合，以–는 길에的形式使用。

가 + **는 길이다** → 가는 길이다   오 + **는 길이다** → 오는 길이다

가 리타 씨, 점심 먹으러 가는 길인데 같이 갈래요? 丽塔，我正要去吃午餐，要不要一起去?

나 네, 좋아요. 저도 지금 점심 먹으려던 참이었어요. 嗯，好啊。我也正好想吃午餐呢。

가 나 지금 도착했는데 너는 어디야? 我刚到了，你在哪里?

나 5분만 기다려. 지금 지하철 타고 가는 길이야. 等我五分钟就好。现在正搭地铁过去。

---

1 〈보기〉와 같이 대화를 완성하십시오. 仿照例句，完成对话。

| 퇴근하다 | 친구를 만나러 가다 | 공항으로 가다 | 학교에 오다 |

보기 가 어디 가세요?

　　　나 약속이 있어서 **친구를 만나러 가는** 길이에요.

(1) 가 점심 시간에 병원은 다녀왔어요?

　　나 아니요, 일이 많아서 아직 못 갔어요. 일을 끝내고 _________________에 가려고요.

(2) 가 부모님께 드릴 선물은 준비했어요?

　　나 아니요, 이따가 _________________에 화장품 가게에 들를 거예요.

(3) 가 수업 시작하기 전에 커피 한 잔 드실래요?

　　나 괜찮아요, 저는 _________________에 마시고 왔어요.

2 〈보기〉와 같이 대화를 완성하십시오. 仿照例句，完成对话。

자르갈 우유를 사러 편의점에 나갈 건데 뭐 필요한 거 없어?

피에르 그럼 **보기** 편의점에 가는 길에 우체국에 들러서 이 서류 좀 보내 줄래?

자르갈 그래, 알았어.

피에르 미안하지만 한 가지 더 부탁해도 돼? (1) _________________에 우체국 옆에 있는 세탁소에 이 코트도 좀 맡겨 줄래?

자르갈 코트? 그래. 그러지 뭐.

피에르 그리고 (2) _________________에 세탁소 앞에 있는 도서관에 내 책도 좀 반납해 줘.

1 다음을 듣고 질문에 답하십시오. 听录音，回答问题。 **11**

(1) 들은 내용과 같은 것을 고르십시오.

① 여자의 친구는 크게 다쳤다.

② 지난번 공연에서 사고가 났었다.

③ 이번 공연은 지난 공연보다 사람이 적었다.

④ 남자는 공연 표를 샀지만 일이 생겨서 못 갔다.

(2) 공연장에서 사고가 난 이유는 무엇입니까?

① 계단이 너무 높아서

② 뒤에 있는 사람이 밀어서

③ 뒤에 있는 사람이 넘어져서

④ 안전 요원이 잡아 주지 않아서

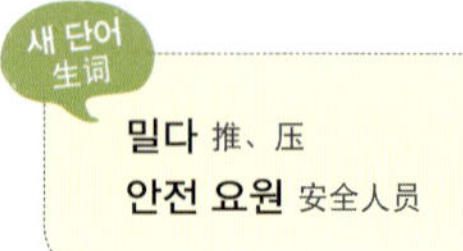

2 다음을 듣고 질문에 답하십시오. 听录音，回答问题。 **12**

(1) 들은 내용과 같은 것을 고르십시오.

① 강남역은 교통사고로 위험하다.

② 서울역 근처에는 고장 난 버스가 있다.

③ 광화문을 지나갈 때는 소방차를 조심해야 한다.

④ 서울역에서 명동역까지 도로 공사를 하고 있다.

(2) 광화문에서 사고가 난 이유는 무엇입니까?

① 자동차가 고장 나서

② 자동차의 창문 유리가 깨져서

③ 근처에 있는 빌딩에 불이 나서

④ 오토바이가 빗길에 미끄러져서

3 〈보기〉와 같이 친구와 이야기해 보십시오. 仿照例句，与朋友练习对话。

		(1)	(2)
다친 곳	다리	손	얼굴
	아침에 삐다	어제 데이다	지난 주말에 문에 부딪히다
사고 원인	지하철 계단을 뛰어 내려가다/계단에서 넘어지다	전화를 받으면서 요리를 하다/뜨거운 음식을 쏟다	문자 메시지를 확인하면서 가다/갑자기 문이 열리다
크게 다치지 않은 이유	높은 구두를 신다/운동화를 신고 있다	그릇에 음식이 많다/그릇에 음식이 별로 많지 않다	뛰어가다/천천히 걸어가고 있다

보기

가 **다리가** 왜 그래요?

나 **아침에 좀 삐었어요.**

가 어떻게 하다가 **다리를 삐었어요?**

나 **지하철 계단을 뛰어 내려가다가 계단에서 넘어졌어요.**

가 많이 다쳤어요?

나 아니요, **높은 구두를 신었으면** 많이 다칠 뻔했는데 **운동화를 신고 있어서** 별로 많이 다치지 않았어요.

가 정말 다행이에요.

1 다음을 읽고 질문에 답하십시오. 阅读下文，回答问题。

외국에서 생활하면서 생각하지 못한 일이 생기면 누구나 당황할 것이다. 특히 갑자기 사고를 당한다면 더욱 그렇게 된다. 사고를 당했을 때 당황하지 않으려면 상황에 맞게 행동하는 방법을 알아 두어야 한다. 여기에서는 불이 나거나 도둑을 맞거나 교통사고를 당하는 등 한국 생활에서 일어날 수 있는 크고 작은 사고가 났을 때 상황에 맞는 대처 방법을 알아보자.

불이 났을 때	불이 났을 때는 큰 소리로 "불이야!"라고 말해서 피해를 입지 않도록 알려야 한다. 그런 다음 건물 밖으로 피한다. 안전한 곳으로 피한 후에는 119에 신고한다. ■ 119에서 "화재입니까? 구급입니까?"라고 물으면 "화재입니다. 불이 났습니다."라고 이야기한다. ■ 119로 신고한 후 불이 난 곳의 주소나 주변에 있는 큰 건물의 이름을 말한다.
도둑을 맞았을 때	도둑을 맞았을 때는 집 근처의 경찰서나 112로 신고한다. ■ 112에 신고할 때는 신고할 주소와 이름을 정확하게 이야기하고 나서 경찰이 올 때까지 집에 들어가지 않고 밖에서 기다린다. ■ 통장이나 카드가 없어졌을 때에는 먼저 은행이나 카드 회사에 연락한다.
교통사고가 났을 때	교통사고가 났을 때는 바로 112에 전화한다. ■ 부상을 당했을 때는 119에도 전화를 해서 구급차를 부른다. ■ 피해를 많이 입지 않았어도 사고를 낸 사람의 이름과 연락처를 묻는다. ■ 다쳤을 때에는 심하지 않아도 반드시 병원에 가서 진찰을 받는다.

(1) 위 글의 내용과 같은 것을 고르십시오.

① 교통사고는 112에 신고해서 구급차를 먼저 부른다.

② 불이 나면 큰 소리로 주위에 불이 난 사실을 알린다.

③ 도둑을 맞았을 때는 경찰에 신고하고 나서 집 안에서 기다린다.

④ 교통사고가 났을 때 크게 다치지 않았으면 병원에 가지 않아도 된다.

(2) 상황에 맞지 <u>않는</u> 행동한 사람은 누구입니까?

① 불이 난 것을 본 밍밍 씨 　　　　　 - 119에 전화한다

② 교통사고를 낸 자르갈 씨 　　　　　 - 병원에 신고한다

③ 카드를 도둑 맞은 리타 씨 　　　　　 - 카드 회사에 연락한다

④ 교통사고로 부상을 당한 준이치 씨 　 - 사고 낸 사람에게 연락처를 묻는다

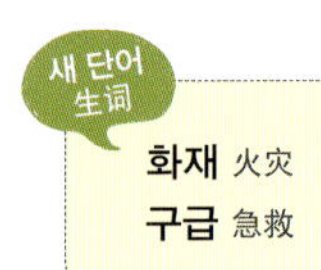

2 다음을 읽고 질문에 답하십시오. 阅读下文，回答问题。

가스를 사용하는 가정이 늘면서 가스 사고가 많이 발생하고 있다. 가스는 깨끗하고 편리하지만 잘못 사용하면 아주 위험할 수도 있다. 따라서 가스를 안전하게 사용하는 방법을 알아야 한다.

가장 중요한 것은 가스레인지를 사용하지 않을 때 차단 밸브를 잠그는 것이다. 외출을 할 때나 잠을 자기 전에도 차단 밸브가 잠겨 있는지 확인해야 한다.

둘째, 가스 불을 켜기 전에는 가스가 새는지 확인하고 창문을 열어 실내를 환기시켜야 한다. 가스레인지로 요리를 할 때에는 공기가 많이 필요하기 때문에 요리를 할 때에는 반드시 창문을 열어 바깥 공기가 실내로 들어오게 해야 한다. 그렇지 않으면 실내 공기가 아주 나빠진다.

셋째, 가스레인지 불을 켤 때에는 불이 붙었는지 확인해야 하고 요리를 하는 동안에는 다른 곳에 가지 말고 가스레인지 옆에 있어야 한다. 또한 국물이 넘쳐서 불이 꺼지지 않는지도 확인해야 한다.

넷째, 요리가 끝난 후에는 불이 꺼졌는지 확인하고 차단 밸브를 잠가야 한다.

마지막으로 가스가 샐 때에는 제일 먼저 가스레인지를 끄고 차단 밸브를 잠근 후 집 안의 창문과 문을 열어야 한다. 그렇지만 단순히 창문을 열기만 하면 안 되고 빗자루나 방석, 부채 등을 사용해서 가스를 밖으로 쓸어 내야 한다. 가정에서 사용하는 가스는 공기보다 무겁기 때문이다. 이때 가스를 밖으로 내보내기 위해서 선풍기 등의 가전 제품을 사용하면 사고가 날 수 있기 때문에 사용하면 안 된다.

(1) 위 글의 내용과 같은 것을 고르십시오.

　① 가스레인지를 사용하지 않을 때에는 차단 밸브를 잠가야 한다.

　② 가스레인지를 안전하게 사용하는 방법을 잘 모르는 사람이 많다.

　③ 가스가 위험하기 때문에 가스를 사용하는 가정이 점점 적어지고 있다.

　④ 요리를 할 때에는 바람에 가스레인지 불이 꺼지지 않도록 창문을 닫아야 한다.

(2) 가스가 샜을 때 하면 <u>안 되는</u> 것을 고르십시오.

　① 선풍기를 켠다.

　② 창문과 문을 연다.

　③ 빗자루나 방석, 부채 등으로 쓸어 낸다.

　④ 가스레인지를 끄고 차단 밸브를 잠근다.

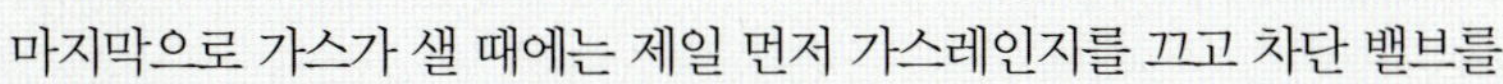

1 **아래에서 알맞은 것을 골라 문장을 완성하십시오.** 选择下面恰当的词汇，完成句子。

놓치다	망가지다	오해하다	습득하다	밟다

(1) 지하철에 사람이 너무 많아서 앞에 서 있는 사람의 발을 ＿＿＿＿＿＿고 말았다.

(2) 자동차와 부딪히는 사고로 자전거가 고칠 수 없을 정도로 ＿＿＿＿＿＿았/었/였다.

(3) 민우 씨는 머리가 길어서 뒷모습만 보고 민우 씨를 여자로 ＿＿＿＿＿＿(으)ㄴ/는 사람이 많다.

(4) 늦잠을 자는 바람에 비행기를 ＿＿＿＿＿＿(으)ㄹ 뻔했다.

(5) 길에서 현금이 든 가방을 ＿＿＿＿＿＿았/었/였을 때는 바로 경찰서에 신고하는 것이 좋다.

2 **아래에서 알맞은 것을 골라 대화를 완성하십시오.** 选择下面恰当的词组，完成对话。

수리를 맡기다	사고가 나다	핑계를 대다
이상이 생기다	주인에게 돌려주다	

(1) 가 도서관에서 주운 USB는 ＿＿＿＿＿＿＿＿＿＿았/었/였어요?

　　나 네, 조금 전에 만나서 전해 주고 왔어요.

(2) 가 못 보던 차네요. 새로 샀어요?

　　나 아니요, 제 차를 ＿＿＿＿＿＿＿＿＿아/어/여서 친구에게 차를 빌렸어요.

(3) 가 다 끝났습니다. 또 전원 버튼에 ＿＿＿＿＿＿＿＿＿(으)면 다시 연락 주세요.

　　나 네, 감사합니다.

(4) 가 전화를 하면서 운전을 할 때 가장 많이 ＿＿＿＿＿＿＿＿＿ㄴ/는대요.

　　나 운전을 할 때는 전화하지 말아야겠어요.

(5) 가 리타 씨는 오늘도 말하기 대회 연습에 안 왔어요?

　　나 네, 자꾸 아프다고 ＿＿＿＿＿＿＿＿＿(으)면서 계속 안 오네요.

3 아래에서 알맞은 것을 골라 문장을 완성하십시오. 选择下面恰当的词汇，完成句子。

| 자세히 | 잠깐 | 벌써 | 미리 | 아직 |

(1) 시험 준비를 _______________ 했기 때문에 시험 기간에 힘들지 않았다.

(2) 내가 공연장에 도착했을 때는 연극이 _______________ 끝나 있었다.

(3) 주말 동안 계속 일을 했지만 _______________ 해야 할 일이 많이 남아 있다.

(4) 파티마 씨, 퇴근하기 전에 제 사무실에 _______________ 들러 주세요.

(5) 오늘 아침에 학교에서 있었던 사고에 대해서 자르갈 씨에게 ___________ 설명해 주었다.

4 다음 중 (   )에 알맞은 것을 고르십시오. 选择恰当答案，填入(   )中。

(1) 가 오늘은 학교에 일찍 왔네요.

　　 나 시험 시간에 (   ) 일찍 일어났거든요.

　　 ① 늦더니 　　　　　　　　　　　② 늦거든

　　 ③ 늦을수록 　　　　　　　　　　④ 늦을까 봐

(2) 가 어디 아파요?

　　 나 소화가 좀 안되네요. 아까 그 김밥을 (   )

　　 ① 먹었다면서요? 　　　　　　　　② 먹지 말라고 했잖아요.

　　 ③ 먹지 말 걸 그랬어요. 　　　　　④ 먹을 수밖에 없었어요.

(3) 가 리타 씨, 만 원만 빌려줄래요? 급하게 (   ) 지갑을 안 가지고 왔어요.

　　 나 빌려주고 싶지만 저도 지금 돈이 없어서 어려울 것 같아요. 미안해요.

　　 ① 나오고 나서 　　　　　　　　　② 나오는 바람에

　　 ③ 나온다고 해서 　　　　　　　　④ 나오기는 하지만

(4) 가 빵은 사 왔어요?

　　 나 미안해요. 집에 (   ) 친구를 만나서 얘기하다가 빵을 사오는 걸 깜빡했어요.

　　 ① 왔다가 　　　　　　　　　　　② 오는 대로

　　 ③ 오는 길에 　　　　　　　　　　④ 오고 있어서

(5) 가 리타 씨! 설거지하면서 무슨 생각해요?

　　 나 깜짝이야. 너무 놀라서 접시를 (   ).

　　 ① 깨뜨리게 됐잖아요 　　　　　　② 깨뜨릴 뻔했잖아요

　　 ③ 깨뜨리도록 했잖아요 　　　　　④ 깨뜨리는 중이잖아요

-(으)ㄹ 줄 알다/모르다	-(으)ㄹ 걸 그랬다
-는 바람에　　　　-게 하다	-아/어/여지다

(1)

가　어제 수빈 씨가 추천한 영화는 재미있었어?

나　응, 추천할 만한 영화더라. 너랑 같이 _______________

(2)

가　어디 가세요?

나　수리 센터에요. 화장실 변기에 휴대전화를 ___________ 고장이 났거든요.

(3)

가　바람이 많이 불어서 갑자기 창문이 _______________

나　큰일 날 뻔했네요. 다치지 않았어요?

(4)

가　평일인데도 명동에 사람이 정말 많네요.

나　그러게요. 저는 평일에도 사람이 이렇게 _______________

(5)

가　유나 씨가 화가 난 것 같은데요.

나　네, 제가 어제 약속 시간을 착각해서 유나 씨를 2시간이나

　　_______________

6 〈보기〉와 같이 '-(으)ㄴ/는/(으)ㄹ 줄 알다/모르다'를 사용하여 글을 완성하십시오.

仿照例句，使用-(으)ㄴ/는/(으)ㄹ 줄 알다/모르다完成下文。

> 오늘은 아침에 늦게 일어났다. 그래서 택시를 탔는데 길이 막혔다. 휴가철이어서 길이
> **보기** <u>안 막힐 줄 알았다.</u> 학교에 도착해서 택시비를 내려고 하는데 지갑에 현금이 없었다.
> 지갑에 (1) ________________________았/었/였는데 현금이 없어서 교통 카드로 택시비
> 를 계산했다. 지각도 하고 지갑에 돈도 없어서 기분이 별로였다. 수업이 끝나자마자 집으
> 로 가는데 친구에게 어디쯤이냐는 문자를 받았다. 친구에게 문자를 받기 전까지는 친구와
> (2) ________________________았/었/였다. 약속 장소에는 친구와 친구의 여자 친구가 함께
> 있었다. 나는 친구에게 여자 친구가 한국말을 너무 잘해서 (3) ________________
> 았/었/였다. 그런데 몽골 사람이어서 깜짝 놀랐다. 예쁘고 한국말도 잘하는 여자 친구가
> 생긴 친구가 부러웠다.

7 다음을 듣고 무엇에 대한 이야기인지 고르십시오. 听录音，选择正确的谈话主题。  **13**

① 분실물 종류
② 분실물 신고 방법
③ 잃어버린 물건을 찾는 방법
④ 물건을 많이 잃어버리는 계절

8 다음을 듣고 들은 내용과 같은 것을 고르십시오. 听录音，选择与内容相符的选项。 **14**

① 자르갈 씨는 선생님에게 줄 선물을 준비했다.
② 선생님은 학생들이 파티를 준비하는 줄 몰랐었다.
③ 자르갈 씨는 밍밍 씨에게 파티를 하니까 일찍 오라고 문자를 보냈다.
④ 리타 씨는 선생님 번호를 착각해서 선생님에게 문자 메시지를 보냈다.

9 다음을 듣고 질문에 답하십시오. 听录音，回答问题。 **15**

(1) 사고에 대한 설명으로 맞는 것을 고르십시오.

① 흰색 차가 자전거와 부딪혀서 사고가 났다.
② 검정색 차는 사고로 앞 창문 유리가 깨졌다.
③ 자전거에 탄 남자는 헬멧을 쓰지 않아서 크게 다쳤다.
④ 빨간색 차는 제일 뒤에 서 있어서 차가 가장 많이 망가졌다.

(2) 들은 내용과 <u>다른</u> 것을 고르십시오.

　　① 여자는 119에 사고 신고를 했다.

　　② 남자는 길을 건너다가 사고를 봤다.

　　③ 남자는 사고에 대해 조사하고 있다.

　　④ 여자는 사고가 난 사람이 다쳤을까 봐 걱정했다.

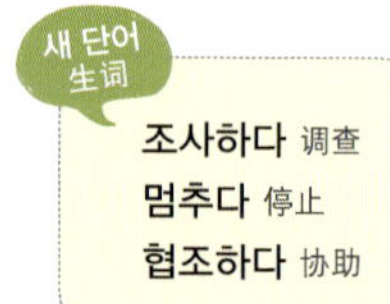

10 다음 도표의 내용과 <u>다른</u> 것을 고르십시오. 选择与下面图表内容不符的一项。

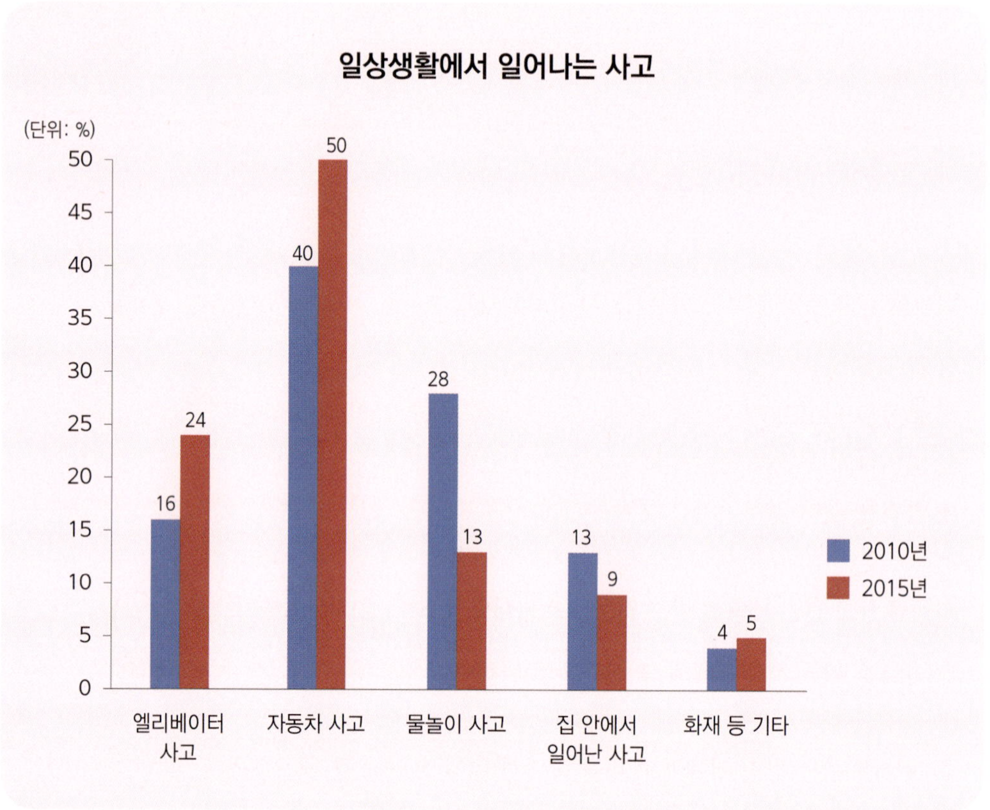

① 물놀이 사고는 점점 더 줄어들고 있다.

② 화재로 일어난 사고가 가장 적게 나타났다.

③ 엘리베이터 사고가 집 안에서 일어난 사고보다 많았다.

④ 일상생활 사고 중에 가장 크게 늘어난 것은 자동차 사고이다.

11 다음을 읽고 질문에 답하십시오. 阅读下文，回答问题。

실수는 누구나 한다. 대부분의 사람들은 실수를 했을 때 후회하며 실수에 대해 부정적으로 생각한다. 그렇다면 실수는 그렇게 나쁜 것일까?

우리가 일상생활에서 사용하는 물건이나 음식 중에는 실수를 통해 만들어진 것들이 많다. 직장이나 학교에서 메모할 때 사용하는 포스트잇은 접착제를 만드는 회사 직원의 실수로 만들어진 것이다. 접착제 회사의 연구원이 더 강한 접착제를 만들기 위해 연구를 하다가 연구에 실패해서 부드럽게 떨어지는 접착제가 만들어졌는데 그게 바로 지금의 포스트잇이 된 것이다. 그리고 아이들이 좋아하는 초코칩 과자는 미국의 작은 호텔 주인이 초콜릿을 녹여 초콜릿 과자를 만들려다가 실수로 탄생된 것이다. 초콜릿을 녹일 시간이 없어서 녹지 않은 초콜릿을 과자 반죽에 넣었는데, 예상과 달리 과자가 구워진 뒤에도 초콜릿이 녹지 않은 채로 남아 지금의 초코칩 과자가 되었다고 한다. 또 한국의 분식집에서 사람들에게 인기가 많은 쫄면도 국수 공장 직원의 실수로 재료가 잘못 들어가서 만들어진 것이다.

그렇다면 이 사람들은 어떻게 실수를 큰 성공으로 바꿀 수 있었을까? 이 사람들은 실수를 하고 나서 그냥 후회만 한 것이 아니라 실수한 이유를 찾아보고 실수한 결과의 긍정적인 점을 빨리 알아보았기 때문에 실수가 성공이 될 수 있었던 것이다. 실수를 후회하며 부정적으로 생각하지만 말고 이렇게 긍정적인 점을 찾아보는 게 어떨까?

(1) 이 글의 중심 생각을 고르십시오.

① 실수가 반드시 나쁜 것만은 아니다.　　② 실수한 후에는 변명을 하면 안 된다.

③ 실수를 고치려고 계속 노력해야 한다.　　④ 이미 한 실수에 대해서는 후회하면 안 된다.

(2) 위 글의 내용과 다른 것을 고르십시오.

① 쫄면은 공장 직원의 실수로 만들게 됐다.

② 호텔 주인은 과자를 구우면 초콜릿이 녹을 거라고 생각했다.

③ 초코칩 과자는 호텔 주인이 오랫동안 연구해서 만든 음식이다.

④ 포스트잇은 잘 안 떨어지는 접착제를 만들다가 실패해서 만든 상품이다.

12 여러분은 실수를 했을 때나 문제가 생겼을 때 어떻게 해결합니까? 여러분이 문제를 해결하는 방법에 대해 쓰십시오. 你们犯错或出现问题时，都怎么解决？写下你们解决问题的方法。

서울건강콜센터 首尔健康呼叫中心

　　为提供医疗咨询与协助紧急情况，首尔市目前正开办首尔健康呼叫中心。首尔健康呼叫中心提供外语口译服务，不仅是本国人，外国人也可以接受关于医疗机构介绍和具体疾病及症状的咨询，在紧急情况时，也可以接受帮助。首尔健康呼叫中心以英语、汉语、日语、越南语、蒙古语等五个语言，提供24小时专业医疗健康咨询服务。咨询领域有慢性疾病咨询、用药咨询、诊察及诊断咨询、残疾人咨询、附近开业医疗院所及药局介绍、可外语诊疗的医疗院所介绍等。另外发生紧急情况时，则派出救护队员与救护车，协助尽速将患者送往医院。

　　使用方法很简单。拨打119，就能立刻进行电话咨询和请求紧急救助。使用救护车的费用为免费。在119安全申报中心(www.119.go.kr)和首尔特别市政府网页(www.seoul.go.kr)，可以申请健康咨询与请求救助。

❶ 여러분은 한국에서 생활하면서 많이 아팠던 적이 있습니까?
你们生活在韩国，曾经生过大病吗？

❷ 그때 어떻게 병원을 이용했습니까? 那个时候怎么利用医院？

건강

01

발표 준비를 하느라고 밤을 새웠거든요.

• • • • • • • •

主题 饮食习惯

词汇 与饮食习惯相关的词汇 ｜ 与营养相关的词汇

语法 (이)라도 ｜ -느라고

课题 建议

왕리 씨는 어젯밤에 왜 잠을 못 잔 것 같습니까? 王力为什么昨天晚上好像没睡觉?

여러분도 밤에 잠을 못 잔 적이 있습니까? 그렇다면 그 이유는 무엇입니까?

你们曾经没睡好觉吗? 如果是那样, 原因是什么?

대화 对话　🎧 16

리타　왕리 씨, 아까도 커피를 마시더니 또 마셔요?

왕리　네, 너무 졸려서요. 어젯밤에 발표 준비를 하느라고 밤을
　　　　새웠거든요.

리타　그래요? 피곤하겠어요. 아침 식사는 했어요?

왕리　아니요, 아침에 입맛이 없어서 굶었어요.

리타　그럼 아침도 안 먹고 커피를 그렇게 많이 마시는 거예요?
　　　　빈속에 커피를 많이 마시면 안 돼요. 밥을 못 먹겠으면
　　　　우유라도 좀 드세요.

왕리　그렇지 않아도 속이 쓰려서 뭘 좀 먹으려던 참이었어요.
　　　　편의점에 가려고 하는데 뭐 좀 사다 줄까요?

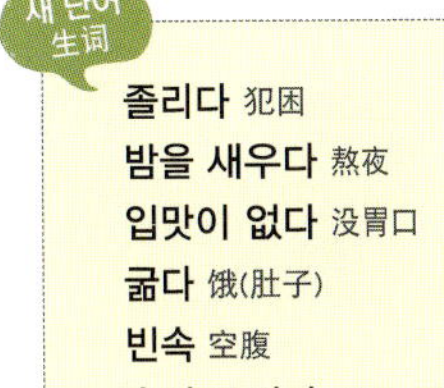

식습관 관련 어휘 与饮食习惯相关的词汇

좋은 식습관 好的饮食习惯	나쁜 식습관 坏的饮食习惯
골고루 먹다 平均摄取 소식을 하다 吃得少 식사를 규칙적으로 하다 饮食规律	굶다 饿(肚子) 편식을 하다 偏食 과식을 하다 吃得过多、暴食 과음을 하다 喝得过多、暴饮 식사를 불규칙하게 하다 饮食不规律

육식 肉食	채식 素食	건강식 健康餐

어휘 연습 词汇练习

- **다음은 의사와 자르갈의 대화입니다. 위에서 알맞은 것을 골라 글을 완성하십시오.**
  以下是医生与吉日嘎拉的对话。选择上面恰当的词汇，完成下文。

자르갈 씨, 건강을 위해서는 시간을 정해 두고 식사를 _______________아/어/여야 해요. 또 평소에 콩이나 두부 같은 음식을 안 먹는다고 했는데 그렇게 _______________는 습관도 고치도록 노력해 보세요.

네, 저도 모든 음식을 _______________(으)려고 하는데 좋아하는 음식만 먹게 돼요. 제가 평소에 고기를 좋아해서 ________보다 ________을 많이 하는 편이에요. 좋아하는 음식이 있으면 _______________(으)ㄹ 때도 많고요.

앞으로는 건강을 위해서 그렇게 한꺼번에 많이 먹지 말고 _______________아/어/여 보세요. 그게 힘들면 조금씩 자주 먹는 것도 좋은 방법이에요.

네, 저도 앞으로 건강을 위해서 좋은 식습관을 가지도록 노력해야겠어요.

영양 관련 어휘 与营养相关的词汇

음식 食物、饮食	영양소 营养、营养素
	탄수화물 碳水化合物
	비타민 维他命
	단백질 蛋白质
	지방 脂肪

이/가 들어 있다 含有……	이/가 풍부하다 富含……	이/가 부족하다 缺乏……

어휘 연습 词汇练习

● **위에서 알맞은 것을 골라 문장을 완성하십시오.** 选择上面恰当的词汇，完成句子。

(1) 감기에 걸리지 않으려면 평소에 비타민이 ＿＿＿＿＿＿＿＿(으)ㄴ/는 오이, 토마토, 레몬과 같은 음식을 먹는 것이 좋다.

(2) 고기나 튀김 같은 음식에는 ＿＿＿＿＿＿＿이 많은데 이런 음식을 많이 먹으면 살이 쉽게 쪄서 건강에 좋지 않다.

(3) 살을 빼려면 ＿＿＿＿＿＿＿이 많이 들어 있는 쌀밥이나 빵을 적게 먹고 ＿＿＿＿＿＿＿이 들어 있는 콩이나 생선, 계란 등을 많이 먹는 것이 좋다.

(이)라도

接在名词后，用于表示该名词在各种可能性中不是最好，而是次好时。也接在部分副词后使用。词干的末音节以辅音结束时，后接이라도；以元音结束时，后接라도。

하루 + 라도 → 하루라도   라면 + 이라도 → 라면이라도

가 왕리 씨, 지갑을 잃어버렸다면서요? 王力，听说你弄丢了钱包？

나 네, 돈은 못 찾아도 괜찮으니까 신분증이라도 찾았으면 좋겠어요.
　 是的，钱找不回来也没关系，至少能找回身分证就好了。

매일 운동할 수 없으면 일주일에 하루라도 운동해 보세요.
如果没办法每天运动，至少也一星期运动一天。

건강을 위해서 간단하게라도 아침 식사를 하는 것이 좋습니다.
为了健康，就算再怎么简单，最好也每天吃早餐。

---

1 〈보기〉와 같이 대화를 완성하십시오. 仿照例句，完成对话。

> 보기
> 가 죄송한데요. 제가 평일에 시간이 없는데 주말에 만나는 게 어때요?
> 나 평일에 시간이 없으면 <u>주말이라도</u> 괜찮아요.

(1) 가 여행을 가고 싶은데 해외여행은 생각보다 돈이 많이 드네요.

　　 나 해외여행을 가는 것이 어려우면 ＿＿＿＿＿＿＿＿ 다녀오세요.

(2) 가 같이 식사를 하고 싶은데 시간이 없어서 안 되겠네요.

　　 나 식사할 시간이 없으면 ＿＿＿＿＿＿＿＿ 한잔하는 게 어때요?

(3) 가 손님, 죄송합니다. 지금 새 상품은 없고 이 상품이 마지막이에요.

　　 나 그러면 ＿＿＿＿＿＿＿＿ 주세요.

(4) 가 감기에 걸려서 입맛이 없어요.

　　 나 약을 먹어야 하니까 ＿＿＿＿＿＿＿＿ 밥을 먹어야 해요.

(5) 가 오늘 오후에는 제가 전화를 못 드릴 것 같은데 밤늦게 전화드려도 될까요?

　　 나 그럼요. 괜찮으니까 ＿＿＿＿＿＿＿＿ 꼭 전화해 주세요.

–느라고

接在动词后，用于表示因为做了前面的行为，造成无法做某件事或负面的结果时。末音节以辅音或元音结束时，皆使用–느라고，也可以简写为–느라。

가 + 느라고 → 가느라고   찾 + 느라고 → 찾느라고

가 요즘 시험공부 하느라고 힘들지요? 最近为了准备考试，很累吧?
나 아니요, 할 만해요. 不累，还行吧!

책을 읽느라고 밤을 새웠어요. 为了读书，熬了夜。

영화를 보느라 전화를 못 받았어요. 因为看电影，没有接到电话。

1 〈보기〉와 같이 대화를 완성하십시오. 仿照例句，完成对话。

> **보기** 가 방금 선생님께서 뭐라고 하셨어요?
>
> 나 잠깐 다른 생각을 <u>하느라고</u> 저도 못 들었어요.

(1) 가 용돈을 벌써 다 썼어요?

　　 나 컴퓨터를 ＿＿＿＿＿＿＿＿＿ 돈을 다 썼어요.

(2) 가 왜 숙제를 안 했어요?

　　 나 친구들하고 ＿＿＿＿＿＿＿＿＿ 숙제를 못 했어요.

(3) 가 리타 씨, 어제 왜 학교에 안 왔어요?

　　 나 어제 병원에 ＿＿＿＿＿＿＿＿＿ 학교에 못 왔어요.

(4) 가 자르갈 씨, 주말에 집에서 잘 쉬었어요?

　　 나 아니요, 아르바이트를 ＿＿＿＿＿＿＿＿＿ 쉬지도 못했어요.

(5) 가 죄송합니다. 제가 지하철역을 ＿＿＿＿＿＿＿＿＿ 조금 늦었습니다.

　　 나 괜찮아요. 처음 오는 길이라서 찾기가 어려웠을 거예요.

1 다음을 듣고 질문에 답하십시오. 听录音，回答问题。 **17**

(1) 들은 내용과 같은 것을 고르십시오.

① 여자는 식습관 덕분에 건강이 좋아졌다.

② 여자는 채소를 싫어해서 김밥을 먹지 않았다.

③ 남자는 지금 편식하지 않으려고 노력하고 있다.

④ 남자는 어렸을 때부터 콩으로 만든 음식을 잘 먹었다.

(2) 남자의 생각으로 맞는 것을 고르십시오.

① 몸에 좋은 음식이라도 과식하면 좋지 않다.

② 싫어하는 음식은 많이 먹지 않는 것이 좋다.

③ 건강해지려면 오이 같은 채소를 많이 먹어야 한다.

④ 건강을 위해서 하루에 우유를 한 잔씩 꼭 마셔야 한다.

2 다음을 듣고 질문에 답하십시오. 听录音，回答问题。 **18**

(1) 들은 내용과 같은 것을 고르십시오.

① 이 식당의 음식은 맛있지만 종류가 많지 않다.

② 이 식당은 음식을 많이 먹으면 돈을 많이 내야 한다.

③ 남자는 건강을 위해서 이 식당에서 자주 점심을 먹는다.

④ 남자는 요즘 비타민이 들어 있는 음식을 많이 못 먹었다.

(2) 이 식당에서 파는 음식이 <u>아닌</u> 것은 무엇입니까?

① 두부를 튀겨서 만든 과자

② 사과와 바나나로 만든 주스

③ 고구마와 감자로 만든 스파게티

④ 토마토와 닭고기를 넣어 만든 샌드위치

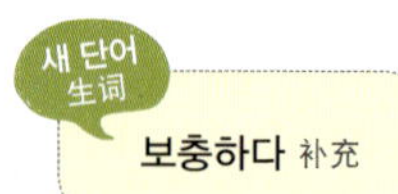

좋은 식습관

<table><tr><td>㉠</td></tr></table>

잠을 완전히 깬 후에 아침을 먹는 것이 좋다. 잠에서 깨자마자 먹는 아침은 맛도 없고 소화도 안된다. 그래서 아침 먹기 30분 전에는 일어나서 등교 준비나 출근 준비를 해야 한다.

<table><tr><td>㉡</td></tr></table>

편식하지 않고 음식을 골고루 먹는 것이 좋다. 우리 몸은 영양이 부족하면 건강에 문제가 생길 수 있기 때문에 싫어하는 음식도 조금씩이라도 먹으려고 노력해야 한다.

<table><tr><td>㉢</td></tr></table>

음식을 꼭꼭 씹어서 먹으면 소화가 잘되고 기억력도 좋아진다. 밥을 급하게 먹는 사람들은 20~30분 정도로 식사 시간을 정해 놓고 먹거나 음식을 씹는 횟수를 정해 놓고 먹는 것도 좋은 방법이다.

<table><tr><td>㉣</td></tr></table>

우리 몸은 자는 동안에도 소화 활동이 이어지기 때문에 저녁을 너무 늦게 먹거나 과식하면 편안한 잠을 잘 수 없다. 저녁에는 소식을 하고 잠자기 2시간 전에는 음식을 많이 먹지 않는 것이 좋다.

(1) 다음 ㉠~㉣에 들어갈 말로 알맞지 <u>않은</u> 것은 무엇입니까?

① ㉠ – 아침 식사 30분 전에 일어난다.

② ㉡ – 굶지 말고 규칙적인 식사를 한다.

③ ㉢ – 음식을 꼭꼭 씹어서 천천히 먹는다.

④ ㉣ – 저녁은 일찍 먹고 과식하지 않는다.

(2) 다음 중 식습관이 좋은 사람은 누구입니까?

① 수지 – 좋아하는 음식을 골라서 먹는다.

② 지영 – 자기 전에 따뜻한 우유를 많이 마신다.

③ 민우 – 아침에 일어나자마자 밥과 국을 꼭 먹는다.

④ 지현 – 시험 보는 날 아침에 밥을 꼭꼭 씹어 먹는다.

새 단어 生词

깨다 醒来

꼭꼭 细细(咀嚼)

골라 먹다 拣吃、挑选食用

1 여러분의 생활 습관 중에서 건강에 나쁜 생활 습관이 있습니까? 이런 습관을 고칠 수 있는 방법에는 어떤 것이 있을까요? 친구와 같이 이야기해 보십시오. 在你们的生活习惯中，有对健康有害的生活习惯吗? 有哪些方法可以改善这种习惯? 与朋友一起谈谈。

- ☐ 밥을 급하게 먹는다
- ☐ 아침을 자주 굶는다
- ☐ 과식을 하는 편이다
- ☐ 식사 시간이 불규칙하다
- ☐ 술을 자주 마신다
- ☐ 담배를 많이 피운다
- ☐ 잠을 늦게 잔다
- ☐ 밤을 자주 새운다

	토니			흐엉	
	상황	이유 1	이유 2	걱정	조언
보기	밥을 벌써 다 먹었다	배가 고프다/급하게 먹다	숙제를 하다/하루 종일 아무것도 못 먹다	밥을 급하게 먹다/소화가 잘 안되다	밥 먹는 시간을 30분 정도로 정해 놓고 천천히 먹다
(1)	또 졸다	피곤하다/잠깐 졸다	어젯밤에 영화를 보다/밤을 새우다	밤에 잠을 늦게 자다/생활이 불규칙해지다	잠 자기 전에 휴대전화나 텔레비전을 보지 말고 책을 읽다
(2)					

보기

흐엉   토니 씨, 밥을 벌써 다 먹었어요?

토니   네, 배가 너무 고파서 저도 모르게 급하게 먹었나 봐요. 숙제를 하느라고 하루 종일 아무것도 못 먹었거든요.

흐엉   그래요? 밥을 급하게 먹으면 소화가 잘 안되지 않아요?

토니   맞아요. 제가 평소에도 밥을 좀 급하게 먹는 편인데 습관이 되니까 잘 안 고쳐지네요. 혹시 좋은 방법이 없을까요?

흐엉   그럼, 밥 먹는 시간을 30분 정도로 정해 놓고 천천히 먹어 보는 것은 어때요?

토니   그런 방법이 있었네요. 이제부터는 시간을 정해 놓고 먹어 봐야겠어요.

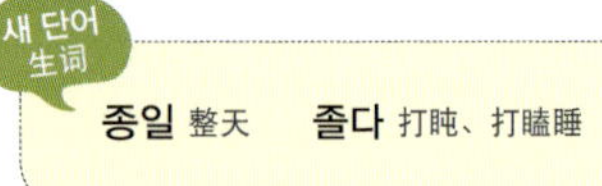

2 나의 식습관과 생활 습관 중에서 고쳐야 할 부분에 대해서 써 보십시오. 어떤 나쁜 식습관이 있습니까? 그 이유는 무엇입니까? 그 식습관을 고치기 위해서 어떤 노력을 하고 있습니까? 描写在自己的饮食习惯和 生活习惯中，必须改善的部分。有什么样不良的饮食习惯？原因是什么？为了改善那些饮食习惯，你正付出什么样的努力？

		보기	나
식습관	습관	채소를 거의 먹지 않다	
	이유	육식을 좋아하다	
	결과	감기에 자주 걸리다	
	노력	비타민이 풍부한 채소를 하루에 한 가지씩 먹다	
생활 습관	습관	운동을 거의 하지 않다	
	이유	일을 하다	
	결과	살이 찌다	
	노력	엘리베이터를 타지 않고 계단을 이용하다	

보기

나는 육식을 좋아해서 채소를 거의 먹지 않는다. 밥을 먹을 때 반찬에 들어 있는 채소를 거의 먹지 않는다. 그래서 영양소가 부족해서인지 감기에 자주 걸리는 편이다. 이제부터라도 비타민이 풍부한 채소를 하루에 한 가지씩 먹으려고 한다.

또 나는 평소에 일을 하느라고 운동을 거의 하지 않는다. 그래서 살이 많이 쪘다. 앞으로는 엘리베이터를 타지 않고 계단을 이용하는 것부터 생활 습관을 바꿔 보려고 한다.

나는

02

실외에 있는 시간을 줄이는 것이 좋아요.

• • • • • • • •

主题 健康管理

词汇 与健康相关的词汇 1 | 与饮食相关的词汇

语法 사동 | –아/어/여야지요

课题 撰写健康管理方法

흐엉 씨가 왜 재채기를 하는 것 같습니까? 赫昂为什么好像在打喷嚏?

여러분은 평소에 건강관리를 어떻게 하고 있습니까? 你们平时如何进行健康管理?

대화 对话 🎧19

왕리 　흐엉 씨, 감기에 걸렸어요? 기침이 심하네요.

흐엉 　아니요, 감기는 아닌데 요즘 기침이 많이 나요. 재채기도 심하고요.

왕리 　요즘 공기 중에 먼지가 많아서 그럴 거예요.
　　　제 주위에도 흐엉 씨 같이 기침을 하는 사람이 많던데요.

흐엉 　그래요? 그러면 밖에서 운동을 하는 건 건강에 좋지 않겠네요.
　　　주말에 친구들과 한강에 가기로 했는데 어떡하지요?

왕리 　기침도 심하게 하는데 집에서 쉬어야지요.
　　　요즘같이 공기가 안 좋을 때에는 실외에 있는 시간을
　　　줄이는 것이 좋아요.

흐엉 　그렇겠네요. 밖에 나갈 때는 마스크를 꼭 써야겠어요.
　　　외출 후에 집에 오면 손도 잘 씻고요.

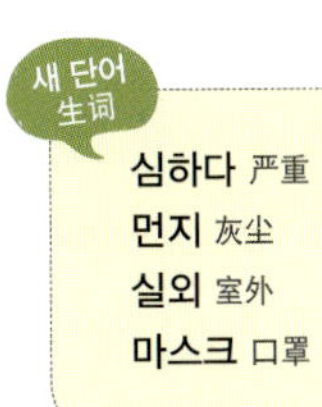

건강 관련 어휘 1 与健康相关的词汇 1

| 튼튼하다 强壮 | 약하다 虚弱 | 충분하다 充分 | 적당하다 适当 |

| 병 | 에 걸리다 患病、生病
이 나다 发病、生病
이 낫다 病好、痊愈
을 고치다 治病 |

어휘 연습 词汇练习

● **위에서 알맞은 것을 골라 대화를 완성하십시오.** 选择上面恰当的词汇，完成对话。

(1) 가 자르갈 씨는 우유를 매일 마시는 것 같아요.

나 네, 우유에는 칼슘이 많이 들어 있어서 우유를 마시면 뼈가 ______________ 아/어/여져요.

(2) 가 밥을 너무 적게 먹는 거 아니에요? 부족하면 좀 더 드세요.

나 아니요, 이 정도면 ______________ ㅂ/습니다.

(3) 가 요즘 잠을 많이 자는데도 피곤해요.

나 너무 많이 자는 것도 안 좋아요. 하루 7~8시간 정도 잠을 자는 것이 ______________ ㄴ/는 다고 해요.

(4) 가 우리 아이는 몸이 ______________ 아/어/여서 감기에 자주 걸려요.

나 우리 아이도 마찬가지예요.

음식 관련 어휘 与饮食相关的词汇

패스트푸드 快餐

탄산음료 碳酸饮料、汽水

유기농 식품 有机食品

발효 식품 发酵食品

열량 热量

살이 찌다 发胖

살이 빠지다 变瘦

다이어트를 하다 减肥

어휘 연습 词汇练习

● **위에서 알맞은 것을 골라 대화를 완성하십시오.** 选择上面恰当的词汇，完成对话。

(1) 가 자르갈 씨, 오늘 저녁 같이 먹을래요?

　　나 죄송해요. 제가 요즘 ＿＿＿＿＿＿＿＿＿＿＿＿＿아/어/여서 저녁에는 밥을 안 먹어요.

(2) 가 한국 사람들은 김치라든가 된장 같은 ＿＿＿＿＿＿＿＿＿을/를 많이 먹는 것 같아요.

　　나 네, 맞아요. 저도 거의 매일 먹고 있어요.

(3) 가 요즘에 밤마다 치킨을 먹어서 그런지 ＿＿＿＿＿＿＿＿＿＿＿았/었/였어요.

　　나 밤마다요? 밤늦게 먹으면 건강에 안 좋아요.

(4) 가 살을 빼고 싶은데 좋은 방법이 없을까요?

　　나 체중을 줄이기 위해서는 ＿＿＿＿＿＿＿＿이/가 낮은 음식을 먹는 게 중요한 것 같아요.

사동

动词后接使动后缀 –이–、–히–、–리–、–기–、–우–、–추–，表示主语让其他人做某件事。意思相当于시키다、–게 하다。部分形容词也适用，如낮다、좁다、덥다写成낮추다、좁히다、데우다。

–이–	–히–	–리–	–기–	–우–	–추–
먹다–먹이다	앉다–앉히다	듣다–들리다	신다–신기다	자다–재우다	늦다–늦추다
보다–보이다	입다–입히다	울다–울리다	씻다–씻기다	깨다–깨우다	맞다–맞추다
끓다–끓이다	눕다–눕히다	살다–살리다	벗다–벗기다	서다–세우다	
붙다–붙이다	읽다–읽히다	알다–알리다	웃다–웃기다	타다–태우다	
줄다–줄이다	익다–익히다	돌다–돌리다	남다–남기다	쓰다–씌우다	

내일은 학교에 일찍 가야 하니까 6시에 깨워 주세요. 明天得早点去学校，所以六点请叫我起床。

아기에게 3시간마다 이 약을 먹이세요. 每三个小时喂孩子吃这个药。

라면을 끓여서 먹었어요. 煮拉面吃了。

1 그림을 보고 알맞은 문장을 쓰십시오. 看下图，写出正确的句子。

(1)

 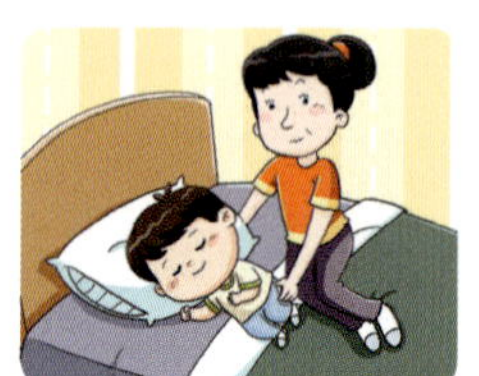

아이가 자요. 엄마가 ___________

____

(2)

 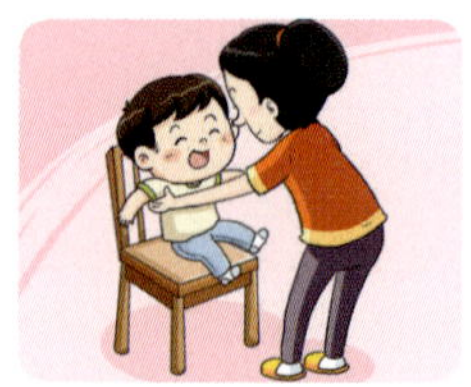

아이가 의자에 엄마가 ___________
앉았어요.

(3)

아이가 밥을 엄마가 ___________
먹어요.

(4)

아이가 신발을 엄마가 ___________
신어요.

–아/어/여야지요

接在动词或形容词后，是用于表示为满足前句内容，后句内容不可或缺的口语表现。

가 + 아야지요 → 가야지요	먹 + 어야지요 → 먹어야지요
있 + 어야지요 → 있어야지요	노력하 + 야지요 → 노력해야지요

가 이번 학기 성적이 평균 80점인데 제가 장학금을 받을 수 있을까요?
这个学期成绩平均80分，我可以拿到奖学金吗?

나 장학금을 받으려면 성적이 더 좋아야지요. 想要拿到奖学金的话，成绩得更好才行。

가 이제부터 햄버거나 탄산음료 같은 음식을 좀 줄이려고 해요.
从现在开始，我想减少摄取汉堡包或碳酸饮料等饮食。

나 좋은 생각이에요. 건강을 생각한다면 패스트푸드를 먹지 말아야지요.
好想法呢。考虑到健康的话，就不该吃快餐才是。

1 건강에 안 좋은 습관을 가지고 있는 친구에게 뭐라고 이야기하겠습니까? 对于朋友有害健康的习惯，你会说什么?

(1) 살을 빼려면 _______________

____

(2) 음식을 먹기 전에 _______________

____

(3) 날씬해지고 싶으면 _______________

____

(4) 건강을 생각한다면 _______________

____

2 성공을 하려면 어떻게 해야 할까요? 〈보기〉와 같이 써 보십시오. 想要成功的话，该怎么做才好? 仿照例句写写看。

보기	열심히 노력을 해야지요.

(1) _______________

(2) _______________

(3) _______________

1 다음을 듣고 질문에 답하십시오. 听录音，回答问题。 **20**

(1) 민수 아버지에 대한 설명으로 맞는 것은 무엇입니까?

① 수술 후 건강이 더 나빠지셨다.

② 수술 전보다 담배를 많이 피우신다.

③ 수술 후에 술을 끊으셔서 안 드신다.

④ 수술 후에 운동을 꾸준히 하고 계신다.

(2) 여자가 이어서 할 말로 알맞은 것을 고르십시오.

① 이제 후회하기에는 너무 늦었어요.

② 아니에요. 수술을 하면 더 좋아질 수 있어요.

③ 그러시군요. 건강을 위해서는 그렇게 하셔야지요.

④ 건강을 위해서 병원에 입원하는 게 좋을 것 같아요.

2 다음을 듣고 질문에 답하십시오. 听录音，回答问题。 **21**

(1) 들은 내용과 같은 것을 고르십시오.

① 남자는 아파서 약을 먹고 있다.

② 여자는 과일을 싸 가지고 다닌다.

③ 남자는 바쁠 때도 과일을 꼭 챙겨 먹는다.

④ 여자는 건강을 위해서 자기 전에 물을 마신다.

(2) 남자의 생각으로 맞는 것을 고르십시오.

① 건강을 관리하는 것은 힘들고 어려운 일이다.

② 건강관리를 위해서는 운동을 하는 것이 필요하다.

③ 비타민이 풍부한 과일도 너무 많이 먹으면 몸에 해롭다.

④ 바쁠 때는 몸에 필요한 영양소를 약으로 먹는 것도 좋다.

3 다음 그림을 보고 〈보기〉와 같이 이야기해 보십시오. 看下图，仿照例句，练习对话。

(1)

(2)

1 다음을 읽고 질문에 답하십시오. 阅读下文，回答问题。

요즘 '집밥'에 대한 사람들의 관심이 높아지고 있다. 사람들은 맛있는 반찬이 많지 않아도 집에서 요리한 음식을 먹는 것이 사 먹는 것보다 건강에 좋다고 생각한다. 신선한 재료를 사용해서 정성을 다해 만드는 '집밥'은 당연히 식당에서 만드는 음식보다 건강에 좋을 것이다. 그렇지만 집에서 요리한 음식이 모두 다 건강에 좋은 것은 아니다. '집밥'이 건강에 좋은 음식이 되려면 다음 몇 가지를 지켜야 한다.

먼저, 소금이 너무 많이 들어간 음식은 건강에 해롭다. (㉠) 짠 음식을 많이 먹으면 고혈압이 생길 수도 있기 때문이다. (㉡) 그렇기 때문에 요리할 때 음식에 소금을 적게 넣어야 한다. (㉢) 기름에 볶거나 튀긴 음식은 열량이 높아서 비만의 원인이 될 수 있기 때문이다. (㉣) 건강에 좋은 음식을 만들고 싶다면 기름에 볶거나 튀기는 것보다는 살짝 데치는 것이 좋다.

매일 집에서 요리하는 것이 좀 번거로울 수도 있지만 '집밥'은 건강을 챙길 수 있는 가장 좋은 방법이다. 조금만 더 신경을 써서 요리한다면 정말로 건강에 좋은 음식을 만들 수 있을 것이다.

(1) 다음 문장이 들어갈 알맞은 곳을 고르십시오.

> 기름기가 많은 음식도 건강에 좋지 않다.

① ㉠   ② ㉡   ③ ㉢   ④ ㉣

(2) 위 글의 중심 생각을 고르십시오.

① 요리에서 가장 중요한 것은 신선한 재료와 정성이다.

② 일을 하느라고 바쁜 사람들은 건강에 더 신경을 써야 한다.

③ 건강을 위해서는 아무리 바빠도 집에서 요리를 해서 먹어야 한다.

④ 집에서 요리할 때에도 양념과 조리법에 신경을 써야 건강에 좋은 음식을 만들 수 있다.

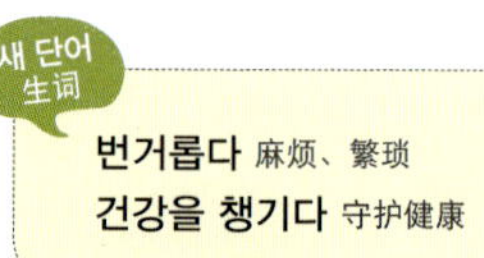

2 여러분은 자신의 건강관리를 위해서 어떤 노력을 하고 있습니까? 자신의 건강관리 방법에 대해 써 보
십시오. 为了自己的健康管理，你们正付出什么样的努力？ 请写下自己的健康管理法。

03

신문에서 읽은 대로
말해 준 것뿐이에요.

● ● ● ● ● ● ● ●

主题 健康信息

词汇 与健康相关的词汇 2 | 与疾病相关的词汇 1

语法 -는 대로 2 | -더라고요

课题 信息问答

왕리 씨는 왜 힘들어하고 있습니까? 王力为什么觉得辛苦?

여러분은 밤에 잠이 안 올 때 어떻게 합니까? 你们晚上睡不着的时候，都怎么做?

대화 对话 🎧22

왕리   다음 주에 중요한 시험이 있는데 스트레스 때문인지 통 입맛도
없고 밤에 잠도 잘 안 와요.

리타   불면증이 생긴 걸 보니까 스트레스가 심한가 봐요. 그럴 때는
적당한 운동이 도움이 되더라고요. 저도 유학 오기 전에
불면증이 있었는데 운동을 하니까 좀 괜찮아졌어요.

왕리   그럼, 리타 씨 말대로 운동을 시작해 봐야겠어요.

리타   그리고 커피같이 카페인이 들어 있는 음식도 피하는 게 좋아요.

왕리   시험 볼 때까지는 커피도 좀 줄여야겠어요.
그런데 리타 씨는 불면증에 대해서 어떻게 그렇게 잘 알고 있어요?

리타   저도 신문에서 읽은 대로 말해 준 것뿐이에요. 수요일마다 신문에
건강 정보가 나오는데 관심이 있어서 열심히 읽었거든요.

03 신문에서 읽은 대로 말해 준 것뿐이에요.   **85**

건강 관련 어휘 2 与健康相关的词汇 2

건강에 좋다/이롭다 对健康好/有益健康	건강에 나쁘다/해롭다 对健康不好/有害健康
휴식 休息　　수면 睡眠　　금연 禁烟	흡연 吸烟、抽烟　　음주 饮酒、喝酒　　과로 过劳

스트레스	를 받다 承受压力 를 풀다 消除压力 가 쌓이다 压力累积 가 풀리다 压力消除

어휘 연습 词汇练习

● **위에서 알맞은 것을 골라 글을 완성하십시오.** 选择上面恰当的词汇，完成下文。

(1)
나의 계획

☑ 충분한 ___________ 시간 갖기
늦게까지 텔레비전을 보지 말고 일찍 잔다. 하루에 7~8시간 정도 충분히 잠을 잔다.

☑ 주말에는 ___________ 시간 갖기
주말에는 쉬면서 취미 생활이나 운동을 하면서 보낸다.

☑ ___________ 하기
담배를 많이 피워서 건강이 나빠졌다. 내년에는 담배를 꼭 끊는다.

☑ ___________ 습관 고치기
술을 너무 급하게 마셔서 건강이 많이 나빠졌다. 새해에는 술도 조금 줄이고 술을
마실 때 천천히 마시도록 해야겠다.

(2)

나는 노래방에 가는 것을 좋아한다. 특히 스트레스를 ___________
___________ 았/었/였을 때 노래방에 자주 간다. 노래방에 가서 친
구들과 신나게 노래도 하고 춤도 춘다. 그러면 그동안 일하면서
___________ (으)ㄴ/는 스트레스가 한꺼번에 ___________
ㄴ/는 것 같다. 노래방에 가면 노래 연습도 하고 스트레스도
___________ (으)ㄹ 수 있어서 나는 노래방에 가는 것을 좋아한다.

질병 관련 어휘 1　与疾病相关的词汇 1

비만 肥胖	소화불량 消化不良	빈혈 贫血	불면증 失眠	알레르기 过敏

체하다 积着食	속이 쓰리다 烧心、酸心

어휘 연습　词汇练习

● 흐엉 씨 가족은 요즘 여러 가지 건강 문제 때문에 힘들어하고 있습니다. 어떤 문제가 있는지 위에서 알맞은 것을 골라 문장을 완성하십시오. 赫昂的家人最近因为各种健康问题，过得很辛苦。他们有哪些问题？选择上面恰当的词汇，完成句子。

(1) 

아빠는 스트레스 때문인지 ＿＿＿＿＿＿＿(으)로 힘들어하신다. 밥을 평소보다 많이 드시거나 조금만 급하게 드셔도 체하신다고 한다.

(2) 

엄마는 나이가 드시면서 ＿＿＿＿＿＿＿이/가 심해지셨다. 갑자기 일어나면 어지럽다고 하시면서 한참 동안 자리에 서 계신다.

(3) 

언니는 봄이 되면 꽃가루 ＿＿＿＿＿＿＿ 때문에 힘들어한다. 봄에는 콧물을 흘리고 재채기도 심하게 한다.

(4) 

내 동생은 어렸을 때부터 패스트푸드 음식을 많이 먹고 운동을 안 해서 ＿＿＿＿＿＿＿(이)다. 요즘에는 건강을 위해서 패스트푸드 먹는 것을 줄이고 운동 시간을 늘렸다.

–는 대로 2

接在动词后，用于表示与前句的动作或状态相同时。前句不可使用否定表现，现在式后接–는 대로；过去式后接–ㄴ/은 대로；名词后接대로。

시키 + 는 대로 → 시키는 대로   알 + 는 대로 → 아는 대로

말하 + 는 대로 → 말하는 대로

가 리타 씨, '한국' 하면 뭐가 생각나요? 생각나는 대로 말해 보세요.
丽塔，说到"韩国"，你会想到什么？请就你所想到的说说看。

나 저는 한복이 생각나요. 我想起韩服。

여기에 쓰여 있는 대로 읽으면 돼요. 照着这里所写的念就可以了。

안으로 입장하실 분은 차례대로 줄을 서세요. 要进场的人，请按照顺序排队。

1 〈보기〉와 같이 대화를 완성하십시오. 仿照例句，完成对话。

가 리타 씨, 내일 약속 잊어버리지 않았지요?

나 그럼요. <u>약속한 대로</u> 내일은 영화 보러 가요.

(1) 가 어떻게 한국어능력시험 6급을 받았어요?

나 _________________________ 공부했을 뿐이에요.

(2) 가 집들이를 하는데 어떻게 요리를 해야 할지 모르겠어요.

나 _________________________ 요리해 보세요.

(3) 가 리타 씨, 요즘 무슨 걱정이 있어요?

나 요즘 _________________________ 살이 쪄서 걱정이에요.

(4) 가 어제 있었던 사고에 대해 이야기해 주세요.

나 _________________________ 말씀드리면 자동차가 지나가는데
골목에서 갑자기 자전거가 나왔어요.

(5) 

가 이거 사용하기 어렵지 않아요?

나 _________________________ 하니까 어렵지 않았어요.

–더라고요

接在动词或形容词后，用于回想并传达过去亲自体验后、新得知的事实或感觉时。为口语表现。半语使用–더라。

가다 → 가**더라고요**　　　　읽다 → 읽**더라고요**

비싸다 → 비싸**더라고요**　　　　없다 → 없**더라고요**

가 자르갈 씨 봤어요? 你看到吉日嘎拉了吗?

나 자르갈 씨가 들어오더니 다시 나가더라고요. 吉日嘎拉进来后，又出去了。

가 회의에 제시간에 도착했어요? 你会议按时到了吗?

나 차가 막혀서 좀 늦었는데 회의가 벌써 시작했더라고요. 因为堵车晚一点才到，会议已经开始了。

---

1 〈보기〉와 같이 대화를 완성하십시오. 仿照例句，完成对话。

보기

가 왜 그 바지를 자주 입으세요?

나 자주 입어서 그런지 <u>편하더라고요</u>.

(1)

가 왜 이렇게 옷이 젖었어요?

나 버스에서 내리는데 갑자기 ________________________

(2)

가 왜 이렇게 늦었어요?

나 공사를 하는지 ________________________

(3)

가 자르갈 씨, 주말에 뭐 했어요?

나 주말에 백화점에 갔는데 ________________________

(4)

가 김치찌개를 직접 만들어 보니까 어때요?

나 생각보다 ________________________

1 다음을 듣고 질문에 답하십시오. 听录音，回答问题。 **23**

(1) 빈혈에 좋은 음식이 <u>아닌</u> 것은 무엇입니까?

① 

② 

③ 

④

(2) 들은 내용과 같은 것을 고르십시오.

① 여자는 전보다 빈혈이 더 심해졌다.

② 여자는 녹차를 더 많이 마실 것이다.

③ 남자는 여자의 건강을 걱정하고 있다.

④ 커피를 많이 마시면 빈혈에 도움이 된다.

2 다음을 듣고 질문에 답하십시오. 听录音，回答问题。 **24**

www.hospital.co.kr

무료 건강 강좌

한국병원

제목	일시	강사	장소	문의 전화
불면증 예방하기	3월 8일(화) 오후 3시	김우진 교수	한국병원 A동 901호	02-123-5678
알레르기 강좌	3월 29일(화) 오후 3시	박수연 교수	한국병원 A동 901호	02-123-5678

(1) 알레르기 강좌를 듣고 알 수 있는 것이 <u>아닌</u> 것은 무엇입니까?

　① 알레르기의 원인

　② 알레르기 예방법

　③ 알레르기 검사 방법

　④ 알레르기 증상의 종류

(2) 들은 내용과 같은 것을 고르십시오.

　① 박수연 교수님의 강의는 오후 6시에 끝난다.

　② 3월 29일에 알레르기 검사를 받으면 그날 결과를 알 수 있다.

　③ 알레르기 무료 강좌를 들으려면 이메일을 보내서 예약해야 한다.

　④ 3월 29일에 한국병원에 가면 무료로 알레르기 검사를 받을 수 있다.

3 **다음을 읽고 질문에 답하십시오.** 阅读下文，回答问题。

직장인을 위한 금연 교실

한국병원에서 금연을 하고 싶은 흡연자들을 위해 금연 교실을 열고 있습니다. 관심 있는 직장인분들의 많은 참여 바랍니다.

- 일시: 둘째 주 토요일, 오전 10시
- 장소: 한국병원 1층 강당
- 비용: 무료
- 신청 방법: 전화(02-1234-5678) 또는
　　　　　　　이메일(quitsmoking@smh.org)

※금연에 성공하신 분들께는 작은 선물을 드립니다.

(1) (㉠)에 들어갈 내용으로 알맞지 <u>않은</u> 것을 고르십시오.

　① 흡연은 당신의 피부를 늙게 합니다.

　② 흡연은 소리 없이 오는 죽음입니다.

　③ 금연 스트레스, 우리를 더 힘들게 합니다.

　④ 당신의 금연, 가족을 건강을 지킬 수 있습니다.

(2) 위 글의 내용과 같은 것을 고르십시오.

　① 금연 교실은 토요일마다 열린다.

　② 금연 교실은 직접 가서 신청해야 한다.

　③ 금연 교실에 참가하려면 비용을 내야 한다.

　④ 금연 교실은 직장인은 누구나 신청할 수 있다.

1 〈보기〉와 같이 친구와 이야기해 보십시오. 仿照例句，与朋友谈谈。

	보기 리타	(1) 왕리	(2)
증상	불면증이 생기다	어지럽다	
이유	시험 때문에 스트레스를 받다	편식을 하다	
방법 1	낮에 적당한 운동을 하다	비타민을 꾸준히 먹다	
방법 2	편한 양말을 신고 자다	레몬, 딸기처럼 빈혈에 좋은 음식을 먹다	
건강 정보	뉴스에서 듣다	신문에서 읽다	

가　**리타 씨**, 무슨 일 있어요? 안색이 안 좋아요.

나　요즘 **불면증이 생겨서** 걱정이에요.

가　**시험 때문에 스트레스를 받아서** 그런가 봐요. 잠이 잘 안 올 때에는 **낮에 적당한 운동을 하는** 게 도움이 되더라고요.

나　저도 그렇게 해 봤는데 별로 도움이 되지 않았어요.

가　그러면 **편한 양말을 신고 자** 보세요. 발이 따뜻하면 잠이 잘 오거든요.

나　그래요? 그 방법은 몰랐는데 토니 씨가 알려 준 대로 해 봐야겠어요. 고마워요.

가　고맙기는요. 저도 **뉴스에서 들은 대로** 알려 준 거예요.

2 여러분이 스트레스를 받았을 때 스트레스를 푸는 방법에 대해서 써 보십시오.

写下你们受到压力的时候，消除压力的方法。

(1) 여러분은 언제 스트레스를 받습니까?

> ☐ 시험을 못 봤을 때   ☐ 할 일이 너무 많을 때
>
> ☐ 집이 깨끗하지 않을 때   ☐ 여자/남자 친구와 헤어졌을 때
>
> ☐ 기타 (   )

(2) 여러분은 스트레스를 받았을 때 어떻게 풉니까?

> ☐ 노래방에 간다.   ☐ 술을 마신다.
>
> ☐ 집에서 잠을 잔다.   ☐ 친구와 같이 이야기를 한다.
>
> ☐ 맛있는 음식을 먹으러 간다.   ☐ 기타 (   )

(3) 위 내용을 보고 여러분이 스트레스를 받는 이유와 스트레스를 받았을 때 푸는 방법에 대해 써
    보십시오.

____

____

____

____

____

____

____

____

04

소화가 안될 때 이 방법을 사용하곤 해요.

• • • • • • • •

主题 民间疗法

词汇 与疾病相关的词汇 2 | 与民间疗法相关的词汇

语法 –ㄴ/는다고요? | –곤 하다

课题 确定

유나 씨는 무엇을 하고 있습니까? 裕那正在做什么?

여러분 나라에서는 소화가 잘되지 않을 때 소화제가 없으면 어떻게 합니까?
在你们的国家，消化不良的时候，如果没有助消化药，该怎么办？

대화 对话　🎧 25

토니	유나 씨, 손을 다쳤어요? 손을 왜 그렇게 누르고 있어요?
유나	소화가 좀 안돼서요. 소화가 안될 때는 이렇게 첫 번째와 두 번째 손가락 사이를 꾹꾹 누르면 속이 좀 편해지더라고요.
토니	여기를 누른다고요? 저는 처음 알았는데 유나 씨 나라의 민간요법인가 봐요.
유나	네, 맞아요. 할머니께서 가르쳐 주신 방법이에요. 저는 소화가 잘 안될 때 가끔 이 방법을 사용하곤 해요.
토니	와, 이런 방법이 있었군요. 특별한 준비도 필요 없고 별로 어렵지도 않아서 좋겠는데요.
유나	네, 민간요법이 다 맞는 건 아니지만 급할 때 도움이 되는 경우가 있더라고요.

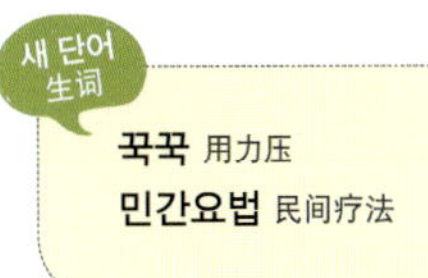

질병 관련 어휘 2 与疾病相关的词汇 2

전염병이 돌다 传染病流行	전염이 되다 被传染
병을 예방하다 预防疾病	에 효과가 있다/없다 对……有效/没效

어휘 연습 词汇练习

● 위에서 알맞은 것을 골라 글을 완성하십시오. 选择上面恰当的词汇，完成下文。

얼마 전 텔레비전에서 닭을 키우는 곳에 ＿＿＿＿＿＿＿＿＿＿아/어/여서 닭이 많이 죽었다는 뉴스를 들었다. 이러한 병은 사람에게 ＿＿＿＿＿＿＿＿＿＿(으)ㄹ 수 있어서 더 위험하다고 한다. 평소에 손을 자주 씻는 것이 이런 전염병을 예방하는 데에 ＿＿＿＿＿＿＿＿＿＿고 한다.

민간요법 관련 어휘 与民间疗法相关的词汇

하품을 하다 打哈欠

재채기를 하다 打喷嚏

딸꾹질을 하다 打嗝

트림을 하다 打饱嗝

코를 골다 打呼

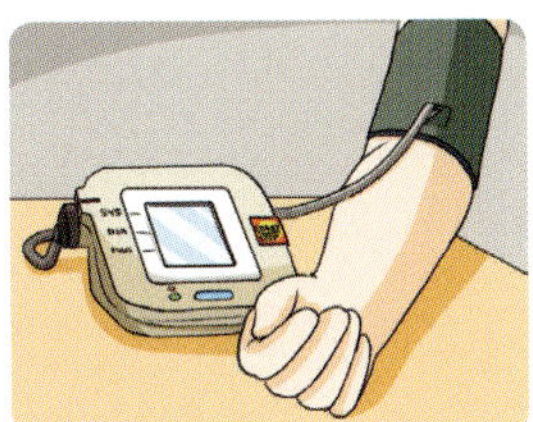

체온 体温 혈압 血压	을 재다 测量
	이 높다/낮다 高/低
	이 올라가다/내려가다 上升/下降
	을 유지하다 维持

어휘 연습 词汇练习

● **위에서 알맞은 것을 골라 문장을 완성하십시오.** 选择上面恰当的词汇，完成句子。

(1) 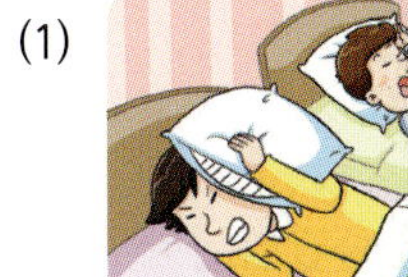
저는 밤에 잘 때 너무 심하게 _______________아/어/여서 걱정입니다. 가족들이 저 때문에 잠을 못 잘 때가 많습니다. 무슨 좋은 방법이 없을까요?

(2) 
사람이 많은 곳에서 _______________(으)ㄹ 때에는 휴지로 코나 입을 막고 하는 것이 좋습니다. 그러나 휴지가 없을 때에는 손으로 입을 막지 말고 옷소매로 코나 입을 막고 하는 것이 좋습니다.

(3) 
사람들은 졸리지 않을 때도 옆 사람이 _______________(으)면 따라 하게 됩니다.

-ㄴ/는다고요?

接在动词或形容词后，用于为强调自己所说的内容或确定对方的话，而重复说话内容时。名词后使用(이)라고요。

가 + ㄴ다고요? → 간다고요?　　　먹 + 는다고요? → 먹는다고요?

크 + 다고요? → 크다고요?　　　좋 + 다고요? → 좋다고요?

가 저는 내일 고향에 돌아가요. 我明天回家乡。

나 네? 내일 고향에 돌아간다고요? 咦? 你说明天回家乡?

가 회의가 오후 2시로 변경되었습니다. 会议变更为下午2点。

나 회의 시간이 바뀌었다고요? 你是说会议时间改了吗?

---

1 〈보기〉와 같이 대화를 완성하십시오. 仿照例句，完成对话。

> **보기** 가 리타 씨, 빨리 오세요. 이제 시험이 곧 시작돼요.
>
> 나 벌써 시험을 <u>시작한다고요</u>?

(1) 가 우산 가지고 왔어요? 밖에 비가 오네요.

　　나 밖에 비가 ＿＿＿＿＿＿＿＿＿? 우산을 안 가지고 왔는데 어떡하지요?

(2) 가 아까 점심을 너무 많이 먹었나 봐요. 소화가 안되네요.

　　나 소화가 ＿＿＿＿＿＿＿＿＿? 그럼 따뜻한 차를 한번 마셔 보세요.

(3) 가 죄송합니다. 2시 기차 표는 모두 매진되었습니다. 다음 기차는 4시에 출발합니다.

　　나 다음 기차는 ＿＿＿＿＿＿＿＿＿＿＿＿? 그럼 2시간이나 기다려야겠네요.

(4) 가 김 선생님은 아까 퇴근하셨는데요.

　　나 네? 김 선생님이 벌써 ＿＿＿＿＿＿＿＿＿? 서류를 전해 드려야 하는데….

−곤 하다

接在动词后，用于某种情况或行动反复出现时。不使用于日常生活中该做的事。为 −고는 하다 的缩写。

가 + 곤 하다 → 가곤 하다　　　　읽 + 곤 하다 → 읽곤 하다

만나 + 곤 하다 → 만나곤 하다　　　듣 + 곤 하다 → 듣곤 하다

가 리타 씨, 요즘에도 주말에 등산 가요? 丽塔，最近周末也去爬山吗？

나 아니요, 전에는 자주 가곤 했는데 요즘엔 바빠서 잘 못 가요.
没有。之前经常去，最近忙，不常去。

가 이 치마 사려고요? 리타 씨는 치마를 자주 입는 것 같아요.
要买这件裙子吗？丽塔好像时常穿裙子。

나 어렸을 때는 청바지를 자주 입곤 했는데 요즘엔 치마를 자주 입어요.
小时候时常穿牛仔裤，最近时常穿裙子。

---

1 〈보기〉와 같이 문장을 완성하십시오. 仿照例句，完成句子。

> **보기**
> 가 심심할 때 어떻게 해요?
> 나 저는 심심할 때 저는 <u>음악을 듣곤 해요.</u>
> 　　　　　　　　　　　<u>영화를 보곤 해요.</u>
> 　　　　　　　　　　　<u>친구를 만나곤 해요.</u>

(1) 가 스트레스가 쌓일 때 어떻게 해요?

　　나 저는 스트레스가 쌓일 때 ________________________

　　________________________

　　________________________

(2) 가 가족이 보고 싶을 때 어떻게 해요?

　　나 저는 가족이 보고 싶을 때 ________________________

　　________________________

　　________________________

1 다음을 듣고 질문에 답하십시오. 听录音，回答问题。 **26**

(1) 딸꾹질을 멈추게 하는 방법이 <u>아닌</u> 것은 무엇입니까?

① 귀를 손가락으로 막는다.

② 혀 위에 설탕을 올려 둔다.

③ 손가락으로 혀를 꾹 누른다.

④ 딸꾹질을 하는 사람을 깜짝 놀라게 한다.

(2) 남자의 생각으로 맞는 것을 고르십시오.

① 민간요법은 생활에 도움이 된다.

② 딸꾹질을 오래 하는 것은 위험하다.

③ 민간요법은 비과학적이고 위험하다.

④ 우리 생활에는 필요 없는 민간요법도 많다.

2 다음을 듣고 질문에 답하십시오. 听录音，回答问题。 **27**

(1) 들은 내용과 같은 것을 고르십시오.

① 남자는 뜨거운 기름에 손을 데었다.

② 남자는 어머니와 처음 요리를 했다.

③ 남자의 어머니는 남자에게 연고를 발라 주었다.

④ 남자는 엄마가 시키는 대로 해서 손을 많이 다쳤다.

(2) 화상을 입으면 처음에 어떻게 해야 합니까?

① 

② 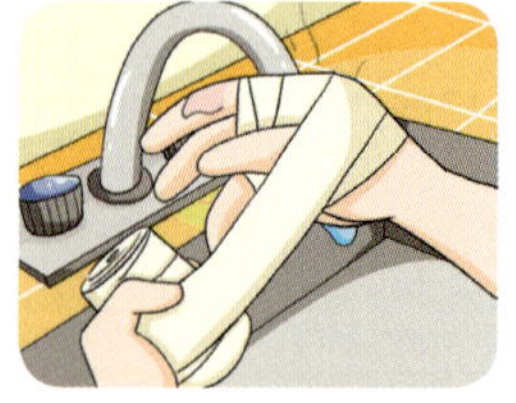

③ 

④ 

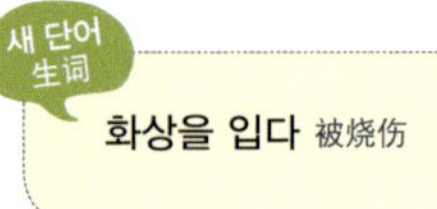

3 다음을 읽고 질문에 답하십시오. 阅读下文，回答问题。

여러 나라의 민간요법

민간요법은 옛날부터 전해 내려오는 치료 방법으로 나라마다 다르다. (㉠)

핀란드는 겨울이 길고 날씨가 추워서 사람들이 감기에 많이 걸리는데 핀란드 사람들은 감기에 걸리면 우유에다가 양파를 넣어서 마신다. 양파에 비타민 C가 많이 들어서 감기 회복에 도움이 되기 때문이라고 한다. (㉡)

중국 사람들은 감기에 걸렸을 때 파 뿌리로 차를 만들어 마신다. 비타민이 풍부한 파 뿌리 차는 열이 있거나 목감기에 걸린 사람에게 좋다고 한다. (㉢)

프랑스 사람들은 감기에 걸리면 와인에 과일을 넣어 끓여 마신다. 이렇게 해서 마시면 몸이 따뜻해지고 감기도 빨리 낫는다고 한다. (㉣)

(1) 다음 문장이 들어갈 알맞은 곳을 고르십시오.

> 감기를 빨리 낫게 하는 민간요법도 나라마다 다르다.

① ㉠   ② ㉡   ③ ㉢   ④ ㉣

(2) 위 글의 내용과 같은 것을 고르십시오.

① 핀란드 사람들은 감기에 걸리면 과일차를 마신다.

② 중국에서는 목감기에 걸렸을 때 파 뿌리 차를 마신다.

③ 프랑스 사람들은 체온을 내려가게 하려고 와인을 마신다.

④ 프랑스에서는 감기 예방을 위해 와인에 우유를 넣어 마신다.

1 여러분 나라의 민간요법에는 어떤 것이 있습니까? 〈보기〉와 같이 친구와 이야기해 보십시오.

在你们的国家，有哪些民间疗法？仿照例句，与朋友谈谈。

	보기	(1)	(2)	(3)	(4)
증상	감기가 안 낫다	감기가 안 낫다	소화가 안되다	딸꾹질을 계속하다	
나라	중국	프랑스	한국	미국	우리나라
방법	파 뿌리 차를 마시다	와인에 과일을 넣고 끓여서 마시다	첫 번째와 두 번째 손가락 사이를 누르다	땅콩버터를 한 숟가락 먹다	
이유	파 뿌리에 비타민이 풍부해서 감기가 빨리 낫다	와인에 들어 있는 알코올이 우리 몸의 체온을 높여서 감기가 빨리 낫다	우리 몸의 피를 잘 돌게 해서 소화가 잘되다	갑자기 놀란 몸이 편안해져서 딸꾹질이 멈추다	

가　파티마 씨, 아직도 **감기가 안 나았어요?**

나　네, 감기에 걸린 지 일주일이나 됐는데 아직도 **감기가 안 나아요.**

가　그래요? 중국에서는 감기에 걸렸을 때 **파 뿌리 차를 마시곤 해요.** 파티마 씨도 한번 드셔 보세요.

나　**감기에 걸렸을 때 파 뿌리 차를 마신다고요?** 그런 이야기는 처음 들어 봐요.

가　**파 뿌리에 비타민이 풍부해서 파 뿌리 차를 마시면 감기가 빨리 나아요.**

나　그래요? 저도 집에 가서 **파 뿌리 차를 한번 마셔 봐야겠어요.**

2 여러분 나라의 민간요법에는 어떤 것이 있는지 써 보십시오. 写下在你们的国家，有哪些民间疗法。

	❹ 소화가 안될 때 이 방법을 사용하곤 해요.
증상	
방법	
이유	

우리 나라에서는

1 **아래에서 알맞은 것을 골라 문장을 완성하십시오.** 选择下面恰当的词汇，完成句子。

| 편식 | 열량 | 소식 | 규칙적 | 수면 |

(1) 패스트푸드와 같이 _______________이/가 높은 음식을 자주 먹으면 비만이 되기 쉽다.

(2) 비만을 예방하기 위해서는 _______________(으)로 운동을 해야 한다.

(3) 요즘 건강을 위해서 _______________을/를 하고 있는 사람들이 늘고 있다.

(4) 음식을 골고루 먹지 않고 _______________을/를 하면 건강에 해롭다.

(5) 현대인들은 _______________이/가 부족해서 늘 피곤해한다.

2 **아래에서 알맞은 것을 골라 대화를 완성하십시오.** 选择下面恰当的词汇，完成对话。

| 빠지다 | 들어 있다 | 유지하다 | 스트레스를 풀다 | 효과가 있다 |

(1) 가 리타 씨, 요즘 살이 _______________(으)ㄴ/는 것 같은데요.

  나 그래요? 요즘 살이 너무 많이 찐 것 같아서 다이어트를 했거든요.

(2) 가 과일을 많이 사셨네요.

  나 마트에서 파는 주스에는 설탕이 많이 _______________ㄴ/는다고 해요. 그래서 이제부터라도 과일 주스를 직접 만들어서 마시려고요.

(3) 가 아침부터 머리가 계속 아프네요.

  나 이 차가 두통에 _______________ㄴ/는대요. 좀 드셔 보세요.

(4) 가 저는 스트레스가 쌓이면 매운 음식이 먹고 싶더라고요.

  나 저도 그래요. 매운 음식이 _______________는 데에 도움이 된다고 해요. 그래서 스트레스를 받으면 매운 음식이 먹고 싶은가 봐요.

(5) 가 올해부터는 과식, 과음하는 습관을 고치려고 해요.

  나 건강을 _______________(으)려면 지금부터라도 그런 습관을 빨리 고쳐야지요.

3 아래에서 알맞은 것을 골라 문장을 완성하십시오. 选择下面恰当的词汇，完成句子。

직접	충분히	가끔	꼭꼭	적당히

(1) 커피도 ＿＿＿＿＿＿＿ 마시면 건강에 도움이 된다.

(2) 요즘 과제와 아르바이트 때문에 바빠서 ＿＿＿＿＿＿＿ 쉬지 못한다.

(3) 음식을 먹을 때 ＿＿＿＿＿＿＿ 씹으면 음식의 맛을 더 잘 느낄 수 있다.

(4) 요즘에는 건강을 위해서 채소를 ＿＿＿＿＿＿＿ 길러서 먹는 사람들이 많아졌다.

(5) 평소에는 패스트푸드를 잘 먹지 않지만 바쁠 때는 ＿＿＿＿＿＿＿ 먹을 때도 있다.

4 다음 중 (　　)에 알맞은 것을 고르십시오. 选择恰当答案，填入(　)中。

(1) 가 집에 먹을 게 아무것도 없는데 어떡하죠?

　　나 괜찮아요. 그럼 (　　　　) 주세요.

　① 물도 　　　　　　　　　　　　② 물이든지

　③ 물에다가 　　　　　　　　　　④ 물이라도

(2) 가 어제 부탁한 책은 가지고 왔어요?

　　나 미안해요. 급히 (　　　　) 깜빡 잊어버렸어요. 내일 꼭 가지고 올게요.

　① 나오더니 　　　　　　　　　　② 나오느라고

　③ 나왔으니까 　　　　　　　　　④ 나오는 대로

(3) 가 제가 한 농담 때문에 친구가 화가 많이 난 것 같아요.

　　나 아무리 친해도 예의를 (　　　　).

　① 지켜야지요 　　　　　　　　　② 지키기는요

　③ 지키곤 해요 　　　　　　　　　④ 지킬 수밖에 없어요

(4) 가 이 일을 내일까지 다 끝내셔야 해요.

　　나 내일까지 (　　　　)

　① 끝냈다면서요? 　　　　　　　② 끝내지 않아요?

　③ 끝내야 한다고요? 　　　　　　④ 끝내지 말 걸 그랬어요.

(5) 가 기분이 안 좋을 때 뭘 하세요?

　　나 혼자 큰 소리로 노래를 (　　　　).

　① 부르려고요 　　　　　　　　　② 부르거든요

　③ 부를까 해요 　　　　　　　　　④ 부르곤 해요

 아래에서 알맞은 것을 골라 대화를 완성하십시오. 选择下面恰当的语法，完成对话。

| −는다고요 | −더라고요 | −는 대로 | −느라고 | −곤 하다 |

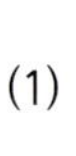
(1) 

가 많이 피곤해 보이네요.

나 어제 도서관에 빌린 책을 ＿＿＿＿＿＿＿ 밤을 새웠거든요.

(2) 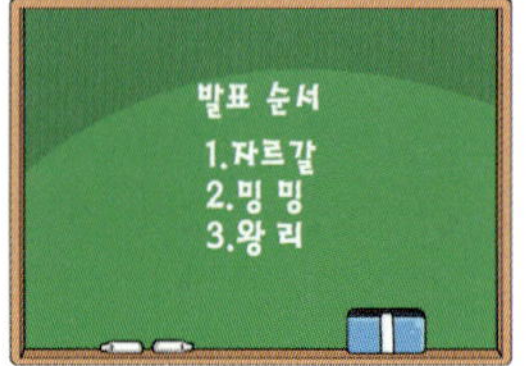

가 칠판에 쓰여 ＿＿＿＿＿＿＿ 발표를 하도록 하세요.

나 네, 알겠습니다.

(3) 

가 밍밍 씨, 금요일에 왜 학교에 안 왔어요?

나 일이 좀 있어서 집에서 늦게 출발했는데 학교에 도착하니까 벌써 수업이 ＿＿＿＿＿＿＿

(4) 

가 자르갈 씨는 고향 생각이 나면 뭘 하세요?

나 가족 사진을 ＿＿＿＿＿＿＿

(5) 

가 조금 전에 점심을 먹었는데도 배가 고프네요. 떡볶이라도 먹어야겠어요.

나 조금 전에 먹었는데 또 ＿＿＿＿＿＿＿?

6 다음을 읽고 맞는 것을 고르십시오. 阅读下文，选出正确答案。

> 졸업식 공연에서 친구들과 연극을 하기로 했는데 내가 주인공을 하게 되었다. 선생님께서 나에게 주인공을 (1) (맡기셨을/맡으셨을) 때 나는 걱정이 많이 됐다. 공연까지는 아직 2주 정도 (2) (남았는데/남겼는데) 매일 4시간씩 연습을 하고 있다. 무대에서 연기하는 나를 생각하면 긴장되기도 하지만 공연이 기다려진다.
> 다른 학교에 다니는 친구들에게 공연 소식을 많이 (3) (알아야겠다/알려야겠다). 가족들에게도 공연을 (4) (봐/보여) 주고 싶은데 가족들이 한국에 없어서 조금 아쉽다.

7 다음을 듣고 들은 내용과 같은 것을 고르십시오. 听录音，选择与内容相符的选项。 **28**

① 커피는 건강에 도움이 안 된다.
② 남자는 하루에 커피를 한두 잔씩 마신다.
③ 커피를 다섯 잔 이상 마시면 암을 예방할 수 있다.
④ 남자는 건강관리를 위해서 커피를 줄이려고 한다.

8 다음을 듣고 들은 내용과 같은 것을 고르십시오. 听录音，选择与内容相符的选项。 **29**

① 서울시에서 모집하는 인원은 모두 30명이다.
② 각 지역 주민센터를 직접 방문해서 참가 신청을 해야 한다.
③ 매주 화요일과 목요일 저녁 8시부터 10시까지 하는 프로그램이다.
④ 이 프로그램에서는 고혈압과 각종 성인병의 원인에 대해서 강의를 한다.

9 다음을 듣고 질문에 답하십시오. 听录音，回答问题。 **30**

(1) 두 사람은 무엇에 대해 이야기하고 있습니까?
　　① 수면과 건강의 관계　　　　② 스트레스를 푸는 방법
　　③ 건강을 위한 생활 습관　　　④ 살을 빼는 데 효과가 있는 운동

(2) 여자의 생각으로 맞는 것을 고르십시오.
　　① 건강해지려면 건강에 좋은 음식을 찾아서 먹어야 한다.
　　② 건강을 위한 특별한 운동으로는 산책이나 등산 같은 것이 좋다.
　　③ 악기를 배우는 취미 활동은 스트레스를 받을 수 있어서 좋지 않다.
　　④ 건강을 유지하기 위해서는 스트레스를 받지 않는 것이 가장 중요하다.

10 다음 도표의 내용과 같은 것을 고르십시오. 阅读下表，选出正确的答案。

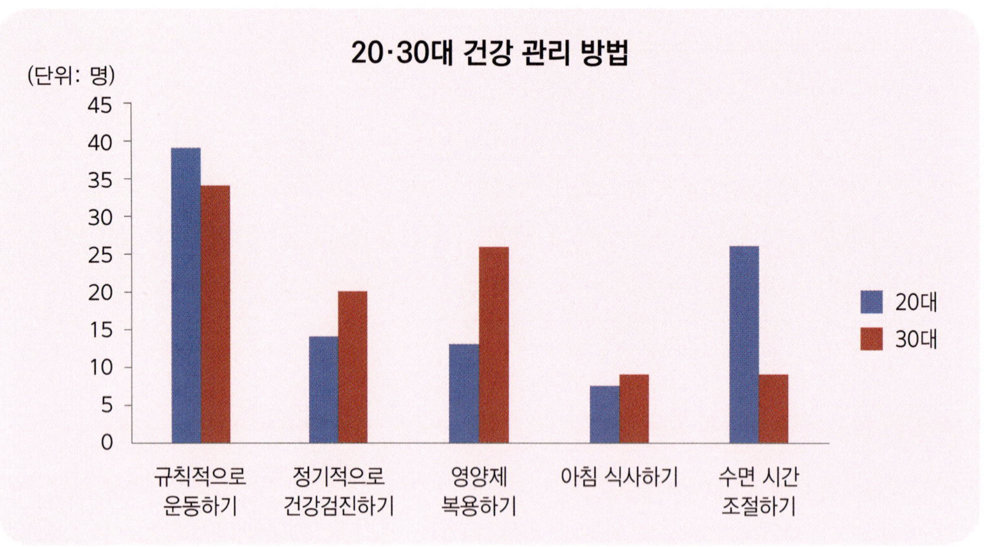

① 20대는 30대보다 정기 건강검진을 더 많이 받는다.

② 20대와 30대의 건강관리 방법 중 가장 차이가 큰 것은 영양제 복용이다.

③ 20대와 30대 모두 규칙적인 운동으로 건강을 관리한다는 응답이 가장 많았다.

④ 30대는 건강관리를 위해 아침 식사를 한다는 응답이 두 번째로 높게 나타났다.

11 다음을 읽고 질문에 답하십시오. 阅读下文，回答问题。

　　건강을 위해서 했던 운동이 오히려 건강을 해칠 수도 있다. 운동에 대해 잘못 알고 있는 정보를 살펴보자.

　　(　　　　　　　　　　　　　㉠　　　　　　　　　　　　　　)

　　건강을 위해서 하루에 서너 시간 이상 운동을 하는 사람들이 있다. 그러나 운동은 오랫동안 하는 것보다 짧은 시간이라도 집중해서 운동하는 것이 더 효과적이다. 긴 시간 동안 무리해서 운동을 하는 것은 오히려 건강에 해롭다.

운동을 할 때 단백질을 많이 먹으면 좋다?

　　탄수화물을 줄이고 단백질을 많이 섭취하는 것은 살을 빼는 데에 도움이 된다. 그러나 아무리 좋은 단백질이라도 많이 먹으면 부작용이 생길 수 있다. 단백질은 하루에 5~10g 정도 섭취하는 것이 좋다.

땀을 흘릴수록 운동 효과가 높을까?

땀이 나지 않으면 운동 효과가 없다고 생각하는 사람이 많다. 물론 운동을 하면 땀을 많이 흘리게 된다. 그렇지만 땀이 나는 것은 운동을 해서 높아진 체온을 조절하기 위한 것이다. 그렇기 때문에 땀의 양이 많아질수록 운동의 효과가 높아지는 것은 아니다.

운동을 하면 더 많이 먹을까?

운동을 하면 쉽게 배가 고파져서 더 많이 먹게 된다고 생각하지만 그것은 사실이 아니다. 실제로 운동을 하면 자기 자신을 긍정적으로 생각하게 되어서 스트레스를 덜 받게 되기 때문에 스트레스로 인한 과식을 하지 않게 된다.

(1) (㉠)에 들어갈 제목으로 알맞은 것을 고르십시오.

① 운동은 건강을 해칠까?

② 운동은 오래 하면 좋을까?

③ 운동을 하면 스트레스가 풀릴까?

④ 운동이 부족하면 건강을 유지할 수 없을까?

(2) 위 글의 내용과 같은 것을 고르십시오.

① 힘든 운동을 하면 더 많이 먹게 된다.

② 땀을 많이 흘리면 운동 효과가 높아진다.

③ 오랫동안 운동을 하면 건강을 해칠 수 있다.

④ 탄수화물을 섭취하면 살을 빼는 데에 도움이 된다.

12 여러분이 알고 있는 건강을 위한 좋은 습관과 나쁜 습관은 무엇입니까? 여러분이 알고 있는 건강을 위한 습관에 대해 쓰십시오. 你们知道什么是对健康好的习惯和对健康不好的习惯吗? 请写下你们知道的保健习惯。

식습관	
수면 습관	
생활 습관	
건강을 위한 다른 습관	

민간요법 民间疗法

许多民间疗法能有效预防与治疗疾病，但是也有对健康有害的民间疗法。因此，什么是对我们身体有益的民间疗法，什么是有害的民间疗法，必须仔细分辨使用才行。那么，有那些是医生也认同可治疗疾病的民间疗法？

首先，有效治疗咳嗽症状的民间疗法，有如下几种。感冒咳嗽严重时，不妨将桔梗或生姜捣碎，榨汁后与蜂蜜一起煮，再拿来喝。而感冒造成鼻塞时，将新鲜不辛辣的萝卜磨碎，以脱脂棉沾萝卜汁后，轻轻放入鼻中，鼻子就能轻松畅通。还有，因为感冒而严重发烧时，将豆腐与面粉混合，敷在额头上，便可退烧。

其次，以下是消化不良时，可发挥功效的民间疗法。食物吃得太快或是过量，积着食的时候，用针扎大拇指指尖，流出点血来，积在肚子里的食物就能向下，促进消化。如果觉得流血可怕，不想尝试的话，可以多次按压大拇指和食指间分开的部位，也有效果。还有，孩子说肚子痛的时候，可以用手轻揉孩子的肚子。

经常感冒或是肚子时常不舒服，这种时候如果不愿意吃药，试一试这些民间疗法也不错。但是民间疗法仍然无法使症状缓解的时候，一定要去医院接受专业治疗。

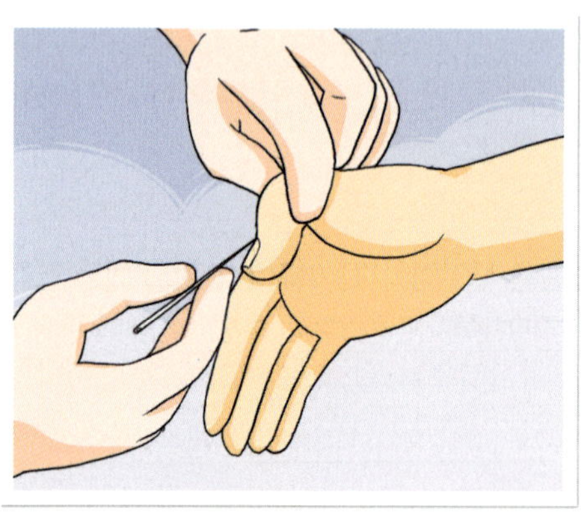

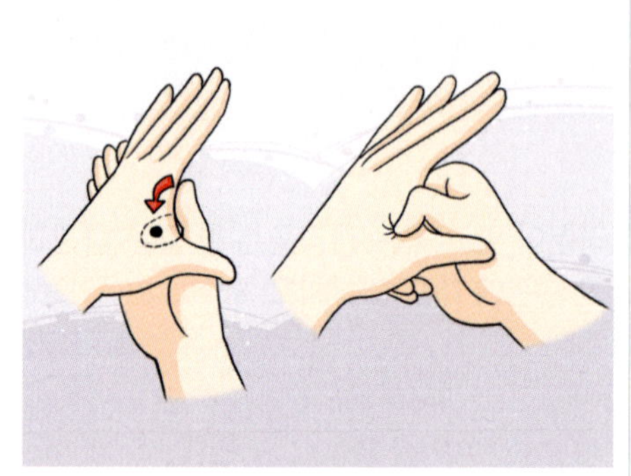

❶ 한국 사람들이 사용하는 민간요법에는 어떤 것이 있습니까?
韩国人使用的民间疗法有哪些?

❷ 여러분 나라에는 어떤 민간요법이 있습니까? 你们国家有哪些民间疗法?

第08章

일과 보람

01 课名 대기업 대신에 중소기업에 지원하면 기회가 있을 거예요.

语法和表现 만 못하다
대신에/-는 대신에

课题 比较条件

02 课名 실수하지 않으려고 단어를 써서 책상에 붙여 놓았어요.

语法和表现 -았/었/였던
-아/어/여 놓다

课题 说明准备的工作

03 课名 제가 만든 음식을 얼마나 잘 먹는지 몰라요.

语法和表现 -던데
얼마나 -(으)ㄴ/는지 모르다

课题 推荐志愿服务活动

04 课名 기부하는 방법이 생각만큼 복잡하지 않아요.

语法和表现 만큼
-(으)ㄴ/는데도

课题 介绍捐赠案例

05
- 复习
- 文化 越冬泡菜分享活动

01

대기업 대신에
중소기업에 지원하면
기회가 있을 거예요.

主题 就业

词汇 与就业相关的词汇 1 | 与就业相关的词汇 2

语法 만 못하다 | 대신에/-는 대신에

课题 比较条件

두 사람은 무엇에 대해 이야기를 하고 있습니까? 这两人正在谈论什么事情?

여러분은 앞으로 어떤 일을 하고 싶습니까? 你们未来想做什么工作?

유나 　왕리 씨, 상우 선배 얘기 들었어요? 이번에 취업했대요.

왕리 　그래요? 요즘 취직하기가 예전만 못해서 다들 걱정인데 정말 잘됐네요. 유나 씨도 이제 취업 준비를 해야지요?

유나 　네, 저도 조금씩 하고 있어요. 요즘은 다들 서둘러서 취업 준비를 하잖아요.

왕리 　저도 한국에서 일을 하고 싶은데 취직을 못 할까 봐 걱정이에요.

유나 　걱정하지 마세요. 경험을 많이 쌓고 대기업 대신에 중소기업에 지원하면 기회가 있을 거예요. 한국에서 취업한 선배들이 있으면 어떻게 하면 좋은지 한번 물어보세요.

왕리 　네, 그래야겠어요.

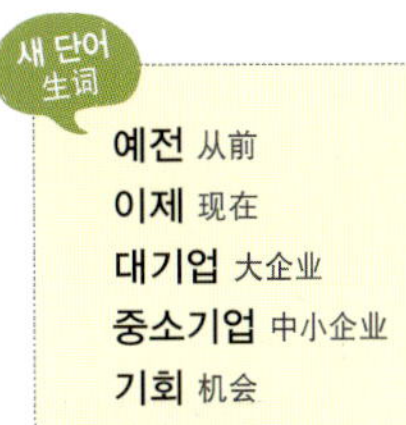

취업 관련 어휘 1 与就业相关的词汇 1

일자리를 구하다 求职	취업하다 就业
지원하다 应聘	제출하다 提交
모집하다 招募	직원을 뽑다 选拔职员

어휘 연습 词汇练习

● 위에서 알맞은 것을 골라 문장을 완성하십시오. 选择上面恰当的词汇，完成句子 。

새로운 가족을 찾습니다.

저희 서점에서 함께 일할 ＿＿＿＿＿＿＿＿＿＿ㅂ/습니다.

성실한 분이면 누구든지 환영합니다.

관심이 있는 분은 ＿＿＿＿＿＿＿아/어/여 주십시오.

이력서는 이메일로 ＿＿＿＿＿＿＿아/어/여 주시기 바랍니다.

- 근무 시간: 오전 10시 ～ 오후 6시
- 서류 제출: job@book.com
- 문의 전화: 02) 9876-5432

서울서점

취업 관련 어휘 2 与就业相关的词汇 2

자격 资格	**우대** 优待	**조건** 条件
주 5일 근무 每周五日工作制	**대기업** 大企业	**중소기업** 中小企业

어휘 연습 词汇练习

- **위에서 알맞은 것을 골라 문장을 완성하십시오.** 选择上面恰当的词汇，完成句子。

    (1) 이 식당은 70세 이상 할머니, 할아버지께 50% 할인을 해 주는 ＿＿＿＿＿＿ 서비스가 있다.

    (2) 이 회사는 크기가 작은 ＿＿＿＿＿＿(이)지만 이 회사의 제품들은 사람들에게 많은 인기를 끌고 있다.

    (3) 집을 구하려고 부동산에 갔는데 가격이나 기간 등 원하는 ＿＿＿＿＿＿이/가 맞지 않아서 계약을 하지 못했다.

    (4) 대학교에 입학하려면 먼저 지원 ＿＿＿＿＿＿을/를 확인하고 문제가 없으면 필요한 서류를 준비해 대학교에 제출하면 된다.

만 못하다

接在名词后，用于比较两个对象时。表示主语的水平或程度不如만 못하다前出现的内容。

어제 + 만 못하다 → 어제만 못하다   동생 + 만 못하다 → 동생만 못하다

가 다음 주가 시험인데 같이 도서관에 갈래요? 下周有考试，要不要一起去图书馆?

나 저는 도서관이 집만 못한 것 같아요. 그냥 집에서 할래요.
我在图书馆好像不如在家里。我在家里(念书)就好了。

식당에서 먹는 음식이 어머니가 만든 음식만 못해요. 在餐厅吃的食物不如妈妈煮的。

일을 하다가 그만두는 것이 시작을 하지 않는 것만 못하다.
做事做到一半就放弃，不如一开始就不要做。

1 〈보기〉와 같이 문장을 완성하십시오. 仿照例句，完成句子。

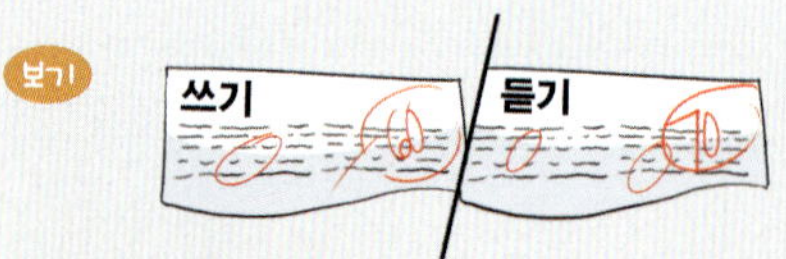

보기   쓰기 시험 성적이 듣기 시험 성적만 못해요.

(1)   (2)

출퇴근 시간에는 _________________   _________________

2 〈보기〉와 같이 대화를 완성하십시오. 仿照例句，完成对话。

보기

가 이번 방학에는 경주에 가 보려고 해요. 수업 시간에 많이 들었는데 한 번도 못 가 봤거든요.

나 맞아요. 아무리 들어도 한 번 보는 것만 못해요.

(1) 

가 내일 옷을 사러 백화점에 갈까 해요.

나 인터넷으로 사세요. 백화점에서 세일을 해도 _________________ 만 못하더라고요.

(2) 

가 피에르 씨, 다음 주부터 같이 스포츠센터에 다닐래요?

나 글쎄요, 저는 스포츠센터에서 운동하는 것이 _________________ 만 못한 것 같아요.

대신에/-는 대신에

接在名词或动词后，表示不做前面的内容，以后面的内容取而代之。也可以省略에，使用대신/-는 대신。

커피 + 대신에 → 커피 대신에	밥 + 대신에 → 밥 대신에
가 + 는 대신에 → 가는 대신에	먹 + 는 대신에 → 먹는 대신에

가 파티마 씨는 가족들과 헤어져 있어서 많이 외롭겠어요. 法提玛，和家人分开，很孤单吧。

나 아니에요. 가족 대신에 친구들이 있어서 외롭지 않아요.
不会。虽然家人不在身边，但是和朋友在一起，不觉得孤单。

친구는 인사를 하는 대신에 손을 흔들었다. 朋友没有打招呼，而是挥了挥手。

오늘부터 버스를 타는 대신 자전거를 타고 출근하기로 했다.
今天起，决定不搭公交车，要骑自行车上班。

1 건강을 위해서 생활 습관을 바꿨습니다. 무엇을 바꾸었는지 〈보기〉와 같이 문장을 완성하십시오.
为了健康改变了生活习惯。改变了什么? 仿照例句，完成句子。

보기 
아침마다 <u>빵 대신에 과일을 먹어요.</u>

(1) 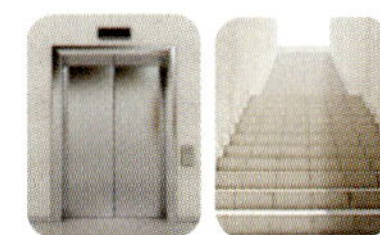　______________________

(2)　______________________

2 〈보기〉와 같이 대화를 완성하십시오. 仿照例句，完成对话。

보기 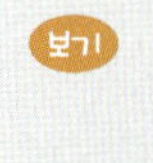
가 노트북이 고장 났는데 수리 센터에 전화해 볼까요?
나 <u>전화하는 대신에 직접 가서 물어보는 게 좋아요.</u>

(1) 
가 요즘은 지하철에서 사람들이 모두 스마트폰만 보고 있는 것 같아요.
나 맞아요. 그래서 저는 ______________________

(2) 
가 내일이 밍밍 씨 생일인데 케이크를 사 갈까요?
나 ______________________?

1 여러분은 회사를 선택할 때 무엇을 중요하게 생각합니까? 친구들과 이야기해 보십시오.

你们在选择公司时候，觉得什么是重要的？和朋友谈谈。

☐ 연봉　　　　　　☐ 근무 시간　　　　　☐ 안전한 회사

☐ 직장 분위기　　　☐ 직원 복지　　　　　☐ 적성에 맞는 일

2 〈보기〉와 같이 모집 공고를 보고 여러 회사의 조건을 비교해 보십시오.

仿照例句，阅读招募广告后，比较各家公司的条件。

	한국호텔	강남은행	서울무역
업무	고객 상담	사무직	영업
연봉	연봉 4,000만 원	연봉 3,200만 원	연봉 3,500만 원
근무 조건	주 6일 근무	주 5일 근무	주 5일 근무 자유 출퇴근
직원 복지	여름/겨울 휴가비 지원	해외 연수 지원	자녀 등록금 지원

보기

가　유나 씨, 여기 모집 공고 좀 보세요. 어떤 회사에 지원하는 사람이 많을까요?

나　신입 사원이라면 **연봉**을 제일 중요하게 생각할 거예요. **한국호텔이 연봉이 높아서** 인기가 많겠어요.

가　하지만 다른 곳에 비해서 **근무 시간이 긴 것 같아요.** 저는 **연봉 대신에 근무 조건을** 중요하게 생각하거든요.

나　요즘 대학생들은 **직원 복지도** 중요하게 생각해요. **직원 복지는 강남은행이 한국호텔만 못한 것 같아요.**

가　회사마다 조건이 달라서 잘 비교해 보고 선택해야겠어요.

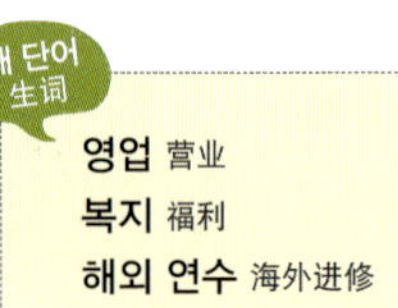

3 다음을 듣고 질문에 답하십시오. 听录音，回答问题。 **32**

(1) 남자는 왜 걱정을 하고 있습니까?

① 한국 문화를 잘 몰라서

② 졸업 후에 고향에 돌아가야 해서

③ 한국에서 취직을 못할 것 같아서

④ 자기가 무엇을 좋아하는지 몰라서

(2) 들은 내용과 같은 것을 고르십시오.

① 여자는 직장을 바꾼 적이 있다.

② 남자는 판매하는 일을 하고 싶다.

③ 남자는 적성에 맞는 일을 찾았다.

④ 여자는 한국 회사에서 일하고 싶어 한다.

4 다음을 듣고 질문에 답하십시오. 听录音，回答问题。 **33**

(1) 면접관이 남자에게 한 질문이 아닌 것을 고르십시오.

① 일을 해 본 경험

② 이 회사에 바라는 것

③ 이 회사에서 하고 싶은 일

④ 이 회사에 지원하게 된 이유

(2) 들은 내용과 같은 것을 고르십시오.

① 남자는 사무실에서 일할 때 즐거움을 느낀다.

② 남자는 이 회사에서 아르바이트를 한 적이 있다.

③ 남자는 직접 몸으로 배우는 것이 좋다고 생각한다.

④ 남자는 자동차 광고를 만들고 싶어서 지원하게 되었다.

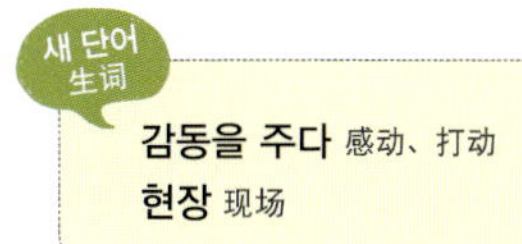

1 다음을 읽고 질문에 답하십시오. 阅读下文，回答问题。

　　시대에 따라 인기 있는 직업이 달라진다. 예전에는 남녀 대학생들에게 대학 교수나 교사가 인기가 많았지만 지금은 공무원이 가장 인기가 높은 것으로 조사되었다. 그 이유는 대학생들이 직업을 선택할 때 '안정성'을 가장 중요하게 생각하기 때문이었다. 대학생들은 '안정성' 다음으로는 '적성'을 중요하게 생각하고 있었다. 직업 선택 기준의 하나인 '연봉'은 실제로 '안정성'과 '적성'만 못하다고 생각하는 것으로 나타났다. 이것은 경제 상황이 나빠지면서 대학생들이 안정적인 직장을 원하게 된 것으로 보인다. 그러나 대학생들은 여전히 미래의 직장의 형태로 '공기업' 대신에 '대기업'을 희망하는 것으로 나타났고 많은 취업 준비생들은 대기업에 취직하기 위해 노력하고 있었다.

　　또 대학생들은 '직원에 대한 복지가 좋은 회사'와 '즐겁게 일할 수 있는 분위기의 회사'를 가장 일하고 싶은 직장으로 뽑았다.

(1)　위 글에서 이야기하지 <u>않은</u> 것을 고르십시오.

　① 대학생들의 직업 선택 기준　　　　② 대학생들이 원하는 복지 형태

　③ 대학생들이 일하고 싶은 직장　　　④ 대학생들이 희망하는 직장 형태

(2)　위 글의 내용과 같은 것을 고르십시오.

　① 대학생들에게 공기업이 가장 인기가 높았다.

　② 인기 있는 직업은 예전과 지금이 달라지지 않았다.

　③ 대학생들은 적성에 비해서 연봉을 중요하게 생각한다.

　④ 대학생들은 경제 상황의 영향으로 안전한 직장을 원하게 되었다.

2 다음을 읽고 질문에 답하십시오. 阅读下文，回答问题。

모집 부문		모집 인원	근무 지역
판매직	국내/해외 영업	0명	서울/부산
일반 사무직	회계	0명	서울/부산
지원 방법	이메일 접수(job@seoul.com) 2016. 12. 12.(월) ~ 2016. 12. 23.(금) 24시까지		
지원 자격	대학 졸업자		
우대 조건	• 성적 우수자 및 외국어 능통자 우대　　• 인턴 경험자 우대		

전형 절차	서류 심사 → 필기시험 → 면접시험 → 합격자 발표
제출 서류	• 이력서(자기소개서 포함) • 졸업 증명서, 성적 증명서
급여/연봉	연봉 3,500만 원 내외
근무 조건	• 주 5일 근무 • 하계 휴가 • 중식 제공 • 교통비, 교육비 지원 • 사내 동호회 활동 지원
기타	문의처: 서울무역 채용 담당자(02-1234-5678)

(1) 모집 공고를 보고 맞게 행동한 사람을 고르십시오.

　① 송경민 씨는 지원 서류를 우편으로 보냈다.

　② 박준성 씨는 이력서와 졸업 증명서만 제출했다.

　③ 이지민 씨는 재학생이기 때문에 지원하지 않았다.

　④ 민영주 씨는 회사에 서류를 제출한 후에 면접시험을 보려고 한다.

(2) 위 글의 내용과 다른 것을 고르십시오.

　① 신입 사원은 해외에서 근무한다.

　② 이 회사는 판매 사원을 뽑고 있다.

　③ 이 회사는 일주일에 5일만 출근한다.

　④ 이 회사는 일을 한 경험이 있는 사람을 우대한다.

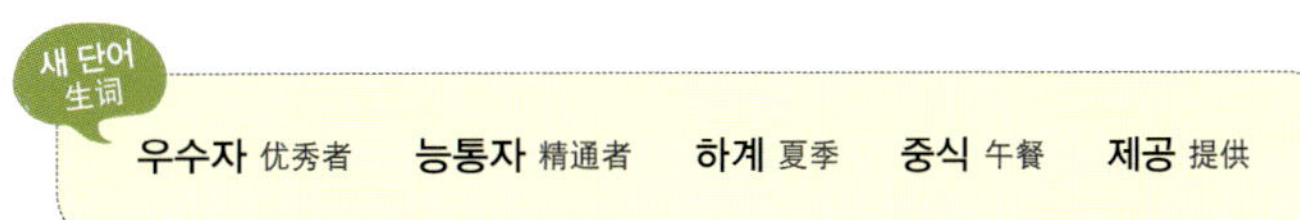

3 여러분은 어떤 회사에 취직하고 싶습니까? 〈보기〉와 같이 써 보십시오.

你们想去什么样的公司工作? 仿照例句写写看。

	보기	내가 원하는 조건
회사 종류	무역 회사	
업무	영업	
급여/연봉	연봉 3,500만 원	
근무 조건	주 5일 근무 교통비 지원	
특별히 원하는 것	해외 연수	

02

실수하지 않으려고 단어를 써서 책상에 붙여 놓았어요.

主题 职场生活

词汇 与职场生活相关的词汇 1 | 与职场生活相关的词汇 2

语法 -았/었/였던 | -아/어/여 놓다

课题 说明准备的工作

피에르 씨는 무엇 때문에 힘들어합니까? 皮埃尔为什么觉得辛苦?

여러분은 직장 생활을 해 본 적이 있습니까? 你们经历过职场生活吗?

대화 对话 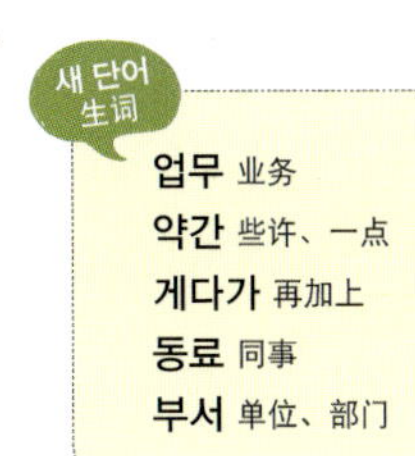 34

밍밍　피에르 씨, 회사 생활은 어때요? 힘들지 않아요?

피에르　프랑스에서 인턴으로 일할 때 했던 일과 비슷해서 업무는 괜찮은데
　　　　아직 회사 생활이 익숙하지 않아서 약간 힘들기는 해요.

밍밍　직장 생활이 처음인 데다가 프랑스와 한국이 직장 문화도 달라서
　　　더 힘들겠어요.

피에르　네, 게다가 회사에서 사용하는 단어들이 어려워서 외우기가 정말
　　　　힘들어요. 실수하지 않으려고 단어를 써서 책상에 붙여 놓았어요.
　　　　그런데 제가 실수할 때마다 동료들이 재미있어해요.

밍밍　그래도 함께 일하는 동료들이 좋은 사람들인가 봐요.

피에르　네, 우리 부서 동료들 덕분에 지금 다니는 회사가 더 마음에
　　　　들어요.

새 단어
生词

업무 业务
약간 些许、一点
게다가 再加上
동료 同事
부서 单位、部门

직장 생활 관련 어휘 1 与职场生活相关的词汇 1

승진하다 升迁	만족하다 满足
회사를 그만두다 辞去工作、辞职	회사를 옮기다 跳槽

어휘 연습 词汇练习

● 위에서 알맞은 것을 골라 글을 완성하십시오. 选择上面恰当的词汇，完成下文。

이동수 씨는 대학교를 졸업하고 부산에 있는 은행에 취직했습니다. 그런데 하루 종일 창구에 앉아서 일을 하는 것이 답답하고 마음에 들지 않았습니다. 그래서 _______________고 서울로 _______________았/었/였습니다. 새 회사는 자동차 판매를 하는 곳인데 일이 많아 항상 바쁘기는 하지만 전부터 해 보고 싶었던 일을 할 수 있어서 이동수 씨는 _____________고 있습니다.

직장 생활 관련 어휘 2　与职场生活相关的词汇 2

부서 单位、部门	업무 业务	야근 夜班	회식 聚餐
상사 上司	동료 同事	선배 前辈	후배 晚辈

어휘 연습 词汇练习

● **위에서 알맞은 것을 골라 문장을 완성하십시오.** 选择上面恰当的词汇，完成句子。

(1) 사람이 하던 ＿＿＿＿＿＿＿을/를 기계가 하면서 업무 속도가 빨라지고 있다.

(2) 우리 회사는 연말에 일이 많아서 밤늦게까지 ＿＿＿＿＿＿＿을/를 할 때가 많다.

(3) 직장 생활을 할 때는 일과 관계된 여러 가지를 윗사람인 ＿＿＿＿＿＿＿에게 보고해야 한다.

(4) 이민철 씨는 활발하고 적극적이어서 같은 사무실뿐만 아니라 다른 ＿＿＿＿＿＿＿의 사람들과도 친하다.

–았/었/였던

接在动词或形容词后，用于回想过去的事件或行为、状态，以说明之后的名词时。表示前面的过去事实没有持续到现在，已经结束。

가 + **았던** → 갔던　　　　먹 + **었던** → 먹었던　　　　일하 + **였던** → 일했던

가 지난달에 제주도에 갔을 때 가장 재미있었던 게 뭐예요?
上个月去济州岛的时候，最有趣的是什么?

나 가장 재미있었던 것은 친구들과 바다에서 수영한 일이에요. 最有趣的是和朋友在海边游泳。

고등학생 때 자주 갔던 서점이 사라지고 극장이 생겼다.
上高中的时候经常去的书店消失，出现了戏院。

어렸을 때 읽었던 책을 다시 읽어 보니까 아주 새로웠다.
小时候读过的书，现在再读一次，觉得很新鲜。

1 이유나 씨의 중학교 졸업 사진을 보고 있습니다. 〈보기〉와 같이 문장을 완성하십시오.
现在正看着李裕那的初中毕业照片。仿照例句，完成句子。

보기　여기는 제가 다녔던 중학교예요.

(1) 이 옷은 제가 ＿＿＿＿＿＿＿＿＿＿＿＿＿＿＿

(2) 이 사람은 ＿＿＿＿＿＿＿＿＿＿＿＿＿＿＿＿＿

(3) ＿＿＿＿＿＿＿＿＿＿＿＿＿＿＿＿＿＿＿＿＿＿

2 〈보기〉와 같이 대화를 완성하십시오. 仿照例句，完成对话。

보기

가 이것 좀 보세요. 나무가 많이 자랐지요?

나 네, 작았던 나무가 많이 컸네요.

(1) 

가 민수 씨, 서울무역이라는 회사를 알아요?

나 네, 제가 2년 전에 ＿＿＿＿＿＿＿＿＿＿＿＿＿＿＿

(2) 

가 밍밍 씨, 혹시 제 모자 봤어요?

나 네, 왕리 씨가 ＿＿＿＿＿＿＿＿ 교실에 있던데요.

–아/어/여 놓다

接在动词后，表示前面的行动结束后，该状态或情况继续维持。

> 사 + **아 놓다** → 사 놓다　　　　　만들다 + **어 놓다** → 만들어 놓다
>
> 청소하 + **여 놓다** → 청소해 놓다

가 리타 씨, 어디예요? 저는 커피숍에 있어요. 丽塔，你在哪里？我在咖啡厅。

나 5분 후에 도착해요. 제 커피도 주문해 놓으세요. 5分钟后到。也帮我点杯咖啡。

휴가철에 여행을 가려면 비행기 표를 예약해 놓는 것이 좋다.
想要假期的时候去旅行，最好先买好机票。

---

1 회사에서 야유회를 가기로 했습니다. 무엇을 준비했습니까? 〈보기〉와 같이 문장을 완성하십시오.
公司决定去野餐。要准备什么？仿照例句，完成句子。

야유회 준비
☑ 숙소
☑ 자동차
☑ 음식
☑ (　　　)

보기 　숙소를 예약해 놓았어요.

(1)　자동차를 _______________________

(2)　음식을 _______________________

(3)　_______________________

---

2 〈보기〉와 같이 대화를 완성하십시오. 仿照例句，完成对话。

보기 

가 피에르 씨, 아직 퇴근 안 했어요?

나 내일 회의가 있어서 <u>복사해 놓고</u> 가려고요.

(1) 

가 유나 씨, 집 근처인데 뭘 좀 사 가지고 갈까요?

나 아니에요. 제가 김밥을 _______________________ 그냥 오세요.

(2) 

가 자르갈 씨, 뭘 찾아요?

나 메모지에 전화번호를 _______________________ 메모지가
없어졌어요.

1 〈보기〉와 같이 여러분이 준비한 일을 다른 사람에게 설명해 보십시오.

仿照例句，将你们准备的工作向其他人说明。

	행사	업무	준비한 내용
보기	내일 회의	• 회의 자료 • 음료수 • 식당 예약	• 서류를 복사하다 • 주스와 커피를 준비하다 • 지난번과 같은 식당을 예약하다
(1)	다음 주 야유회	• 장소 • 도시락 • 식당 예약	• 경치가 좋은 장소를 찾다 • 회사 근처 식당에 주문하다 • 작년과 같은 장소를 예약하다
(2)	다음 달 체육 대회	• 운동 종목 • 운동복 • 상품	• 직원들이 좋아하는 종목으로 고르다 • 직원들이 뽑은 단체복으로 주문하다 • 직원들에게 인기 있는 상품을 준비하다

가   피에르 씨, **내일 회의** 준비는 다 되었어요?

나   네, **회의 자료와 음료수**를 준비했고 회의가 끝난 후에 식사할 식당을 예약했습니다.

가   제가 도와줄 일은 없나요?

나   아, 괜찮습니다. 서류는 미리 복사해 놓았고, 음료수는 주스와 커피를 준비해 놓았습니다. 그리고 식당도 지난번에 갔던 식당으로 예약해 놓았습니다.

가   와, 벌써 준비를 다 해 놓았네요. 행사 전날 한 번 더 확인하는 것도 잊지 마세요.

나   네, 알겠습니다.

2 다음을 듣고 질문에 답하십시오. 听录音，回答问题。 **35**

(1) 여자의 생각이 <u>아닌</u> 것을 고르십시오.

　① 한국 직장인들은 일을 많이 한다.

　② 주말에 쉬지 못하면 일할 때 더 힘들다.

　③ 주말에 출근하지 않으려면 야근을 해야 한다.

　④ 주말에도 일을 하면 가족들과 사이가 멀어질 것이다.

(2) 들은 내용과 같은 것을 고르십시오.

　① 남자는 오늘 늦게까지 회사에서 일을 했다.

　② 남자의 직장 동료들은 밤늦게까지 일을 한다.

　③ 남자는 출퇴근이 자유로운 회사에 다닌 적이 있다.

　④ 요즘은 자신이 원하는 시간에 출근하는 회사가 많다.

3 다음을 듣고 질문에 답하십시오. 听录音，回答问题。 **36**

(1) 여자에 대한 설명으로 맞지 <u>않는</u> 것을 고르십시오.

　① 여자는 취직한 지 얼마 되지 않았다.

　② 여자는 중요한 업무를 하고 싶어 한다.

　③ 여자는 같은 부서 선배들을 귀찮게 한다.

　④ 여자는 회사에서 간단한 업무를 하고 있다.

(2) 들은 내용과 같은 것을 고르십시오.

　① 남자는 처음에 일할 때 업무를 잘 알고 있었다.

　② 여자의 선배들은 여자에게 잘 가르쳐 주지 않는다.

　③ 선배들은 질문을 많이 하는 것을 좋게 생각할 것이다.

　④ 모르는 것을 한꺼번에 물어보면 선배들이 좋아하지 않는다.

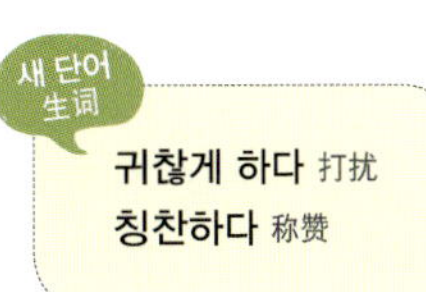

① **다음을 읽고 질문에 답하십시오.** 阅读下文，回答问题。

> 한국에서 회사에 다니는 외국인 직원들은 한국 직장을 어떻게 생각할까?
>
> 한국의 직장 문화 중 외국인들의 눈에 부정적으로 보이는 것도 있고 긍정적으로 보이는 것도 있었다. 대부분의 외국인들은 긴 업무 시간과 야근, 직장 상사와의 관계에 대해서는 불만이 많았다. 반면에 직장 동료나 선후배 관계에 대해서는 한국의 직장 문화 중 가장 좋은 점이라고 생각하고 있었다.
>
> 다양한 국적의 외국인들에게 자신이 근무했던 한국 직장에 대해 물어보았는데 다음과 같이 대답하였다.

"이런 점이 좋아요."
• 좋은 동료들과 가족처럼 가깝게 지내면서 일한다. (로베르토, 32, 이탈리아)
• 선배가 후배에게 모든 일을 가르쳐 준다. (왕웨이, 28, 중국)
• 식사비와 교통비를 지원해 준다. (대니얼, 29, 미국)

"이런 점은 나빠요."
• 야근을 많이 하고 주말에도 일을 한다. (지미, 37, 캐나다)
• 일이 끝났어도 상사가 퇴근해야 집에 갈 수 있다. (소피, 28, 프랑스)
• 불만을 말하지 않는다. 상사와 자유롭게 이야기하지 못한다. (존, 41, 호주)

(1) 외국인들이 한국 직장에 대해 이야기하지 <u>않은</u> 것은 무엇입니까?

　① 근무 시간

　② 직장 동료

　③ 급여와 연봉

　④ 상사와의 관계

(2) 한국 직장에 대한 외국인들의 생각과 <u>다른</u> 것을 고르십시오.

　① 선후배 간의 관계가 편하지 못하다.

　② 상사 때문에 퇴근이 자유롭지 못하다.

　③ 한국 회사의 업무 시간에 대해 부정적이다.

　④ 상사에게 불편한 점을 자유롭게 이야기하지 못한다.

한 설문 조사에 따르면 신입 사원 10명 중 4명이 회사를 옮기고 싶어 하고 현재의 직장 생활에 만족하지 못하고 있다고 대답했다. 무엇이 직장 생활을 힘들고 어렵게 만드는 것일까? 어떻게 하면 직장 생활을 잘할 수 있을까?

첫째, 대인 관계가 중요하다. 좋은 대인 관계를 시작하기 위해서는 무엇보다 선배나 동료들에게 좋은 이미지를 남겨야 한다. 신입 사원에 대한 이미지는 업무 능력보다 복장, 표정, 목소리에서 나타나는 인상과 태도로 결정된다. 따라서 만나는 사람에게 먼저 다가가서 밝은 얼굴로 인사하는 것과 같은 기본 예절이 아주 중요하다. 밝고 긍정적인 태도는 주변 사람들에게 좋은 인상을 주기 때문에 기억에 남는 신입 사원이 될 수 있을 것이다.

둘째, 업무 태도이다. 좋은 사람이 되는 것도 중요하지만 회사에서는 일을 잘해야 한다. 그러나 신입 사원에게는 대단한 업무를 주는 것이 아니기 때문에 실수를 줄이기 위해 항상 메모를 해 놓거나 모든 일을 적극적으로 하는 업무 태도가 가장 중요하다.

셋째, 자기 계발이 필요하다. 신입 사원에게 업무에 도움이 되는 자격증이나 어학 공부를 하는 것은 꼭 필요하다. 그러나 입사하자마자 하는 것보다 일을 하면서 자신이 힘들거나 어려웠던 업무와 관계된 것을 공부하는 것이 좋다.

새로운 환경에서 처음부터 잘하기는 어렵다. 빨리 적응하려고 서두르지 말고 자신이 할 수 있는 것부터 하나씩 천천히 한다면 직장 생활에도 잘 적응할 수 있을 것이다.

(1) 위 글에서 이야기하지 <u>않은</u> 것을 고르십시오.

① 현재의 직장에 만족해야 한다.

② 적극적인 업무 태도가 중요하다.

③ 업무에 도움이 되는 공부를 해야 한다.

④ 선배나 동료에게 좋은 이미지를 남겨야 한다.

(2) 위 글의 내용과 같은 것을 고르십시오.

① 직장 생활에 최대한 빨리 적응해야 한다.

② 직장 생활에서 좋은 대인 관계가 중요하다.

③ 신입 사원은 무엇보다 업무 능력이 중요하다.

④ 회사에 취직하자마자 자기 계발을 시작하는 것이 좋다.

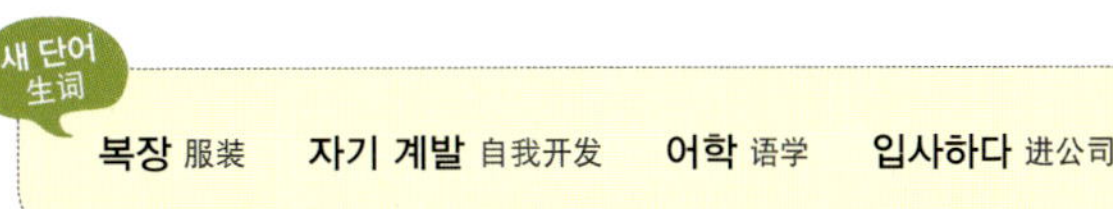

03

제가 만든 음식을 얼마나 잘 먹는지 몰라요.

主题 志愿服务

词汇 与志愿服务活动相关的词汇 1 | 与志愿服务活动相关的词汇 2

语法 –던데 | 얼마나 –(으)ㄴ/는지 모르다

课题 推荐志愿服务活动

민수 씨는 주말에 무엇을 합니까? 敏洙周末做什么?

여러분은 봉사 활동을 해 본 적이 있습니까? 你们做过志愿服务活动吗?

대화 对话 🎧37

리타	민수 씨, 민수 씨가 좋아하는 가수가 콘서트를 하던데 주말에 같이 갈래요?
민수	어떡하죠? 이번 주말은 보육원에 봉사 활동을 하러 가야 해요.
리타	와, 민수 씨는 봉사 활동도 하는군요.
민수	혼자 가는 건 아니고 회사에서 같이 가는 거예요. 한 달에 한 번씩 보육원을 방문해서 청소나 빨래도 해 주고 요리를 해서 아이들과 같이 식사도 하고 와요.
리타	정말 좋은 일을 하고 있네요. 그래도 주말에 못 쉬니까 좀 힘들겠어요.
민수	아니에요. 오히려 봉사 활동을 다녀오면 기분이 좋아지는걸요. 아이들이 제가 만든 음식을 얼마나 잘 먹는지 몰라요.

03 제가 만든 음식을 얼마나 잘 먹는지 몰라요. **133**

봉사 활동 관련 어휘 1 与志愿服务活动相关的词汇 1

봉사를 하다/봉사 활동을 하다 做志愿服务/做志愿服务活动	보람이 있다/없다 有/没有价值
보람을 느끼다 感到有价值	자원봉사 志愿服务
의료봉사 医疗服务	통역 봉사 口译服务

어휘 연습 词汇练习

- **위에서 알맞은 것을 골라 문장을 완성하십시오.** 选择上面恰当的词汇，完成句子。

(1) 컵에 묻은 펜을 지우려고 열심히 닦았지만 노력한 ＿＿＿＿＿＿＿＿고 힘들기만 했다.

(2) 한 달에 한 번씩 가족들과 함께 몸이 불편한 사람들을 위해 ＿＿＿＿＿＿＿을/를 하고 있다.

(3) 요리사들은 자기가 만든 요리를 다른 사람들이 맛있게 먹는 모습을 보면서 ＿＿＿＿＿＿＿ ㄴ/는다고 한다.

(4) 연세가 많으신 할머니께서 아침마다 학교 앞 횡단보도에서 아이들을 위해 교통 신호를 안내하는 ＿＿＿＿＿＿＿고 계신다.

봉사 활동 관련 어휘 2　与志愿服务活动相关的词汇 2

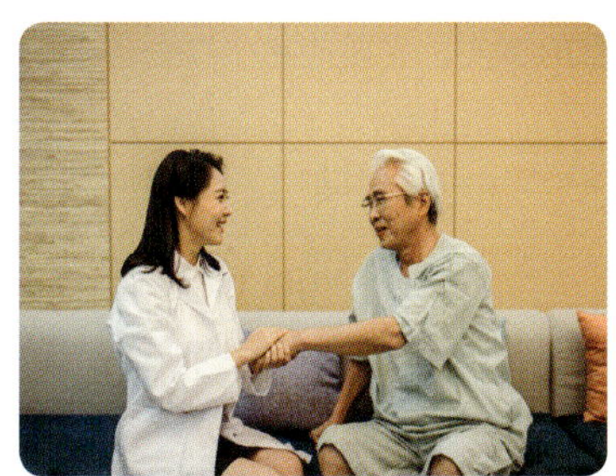

사회복지시설

社会福利设施

보육원

保育院

양로원

养老院

어휘 연습　词汇练习

- **위에서 알맞은 것을 골라 쓰십시오.** 选择上面恰当的词汇，填空。

    (1) 가족과 함께 살 수 없는 할머니, 할아버지들께서 함께 지내는 곳　　　　（　　　　　　）

    (2) 부모나 가족이 없는 아이들이 함께 생활하고 있는 곳　　　　　　　　（　　　　　　）

    (3) 어린이, 노인, 장애인 등 어렵고 힘든 사람들을 돕기 위해 만들어진 곳　（　　　　　　）

-던데

接在动词或形容词后，用于为了在后句中说明或提问、建议、命令某件事，而在前句中提示与此相关的信息时。前句的内容必须是话者过去亲身经验或观察的事实。主要使用于口语。

가 + 던데 → 가던데	먹 + 던데 → 먹던데
예쁘 + 던데 → 예쁘던데	좋 + 던데 → 좋던데

가 반 친구들과 식사를 하려고 하는데 어디가 좋을까요? 要和班上朋友吃饭，去哪里好呢？

나 학교 앞에 있는 한식당이 음식이 맛있던데 한번 가 보세요.
学校前面的韩国餐厅食物很好吃，请去吃一次看看。

자르갈 씨가 농구를 잘하던데 가르쳐 달라고 해야겠어요. 吉日嘎拉篮球打得好，得向他请教才行。

눈이 많이 내렸던데 걸어갈 때 조심하세요. 下了不少雪，走路的时候请小心。

1 오늘은 청소 봉사 활동을 하러 왔습니다. 무엇을 해야 합니까? 〈보기〉와 같이 문장을 완성하십시오.
今天来做清扫志愿服务活动。应该做什么？仿照例句，完成句子。

보기 <u>수도가 안 잠기던데</u> 고쳐 주세요.

(1) _________________________________ 버려 주세요.

(2) _________________________________ 새것으로 바꿔 주세요.

(3) _________________________________ 걸어 주세요.

얼마나 –(으)ㄴ지/는지 모르다

接在动词或形容词后，表示前面内容的程度相当了不起。

가 + 는지 모르다 → 얼마나 자주 가는지 모르다

예쁘 + ㄴ지 모르다 → 얼마나 예쁜지 모르다

가 흐엉 씨도 이 영화배우를 좋아해요? 赫昂也喜欢这位电影明星吗？

나 그럼요, 웃는 모습이 얼마나 멋있는지 몰라요. 当然啰，微笑的样子不知道有多么迷人呢。

가 어제 공연은 재미있었어요? 昨天的表演有趣吗？

나 네, 공연장에 사람들이 얼마나 많이 왔는지 몰라요. 是的，表演场不知道来了多少人呢。

1 부산에 여행을 다녀왔습니다. 무엇이 어땠는지 〈보기〉와 같이 대화를 완성하십시오.

去釜山玩了回来。玩了什么，玩得怎么样？仿照例句，完成对话。

가 부산의 바다는 어땠어요?

나 부산의 바다가 <u>얼마나 예쁜지 몰라요.</u>

(1) 

가 바다에서 무엇을 했어요?

나 친구들과 보트를 탔는데 _______________

(2) 

가 무슨 음식을 먹었어요?

나 생선회를 먹었는데 _______________

(3) 

가 어떤 곳을 구경했어요?

나 절에 갔는데 단풍이 _______________

(4) 

가 무엇이 가장 기억에 남아요?

나 번지점프요. 처음 해 봤는데 _______________

1 여러분은 어떤 봉사 활동을 해 보고 싶습니까? 〈보기〉와 같이 써 보십시오.
你们想做什么样的志愿服务活动？仿照例句写下来。

	좋아하거나 잘하는 것	원하는 봉사 활동
보기	그림 그리기	사람들과 함께하는 활동

2 〈보기〉와 같이 친구에게 맞는 봉사 활동을 소개해 주십시오. 仿照例句，介绍适合朋友的志愿服务活动。

보기 벽화 그리기	보육원 방문 활동	병원 통역 봉사 활동
건물 벽에 그림 그리기	아이들에게 그림 가르치기	외국인에게 환자 통역해 주기
그림 그리는 것을 좋아하는 사람	아이들과 이야기하는 것을 좋아하는 사람	한국어를 잘하는 사람
• 오랫동안 서 있어야 하다 • 낡은 벽이 아름답게 달라지다	• 아이들과 노느라 쉬지 못하다 • 아이들이 즐거워하다	• 병원에서 사용하는 단어가 어렵다 • 같은 나라 사람을 도울 수 있다

가　흐엉 씨, 이번 방학에 봉사 활동을 해 볼래요?

나　네, 좋아요. 그런데 한 번도 해 본 적이 없는데 무엇을 하면 좋을까요?

가　흐엉 씨는 그림 그리는 것을 좋아하던데 아이들에게 그림을 가르치는 봉사 활동은 어때요?

나　저는 아이들과 지내 본 적이 없어서 아이들과 이야기하는 게 힘들 것 같아요.

가　그럼 **벽화 그리는** 봉사 활동은 어때요? 사람들과 건물 벽에 그림을 그리는 일이에요.

나　그건 한번 해 보고 싶어요. 사람들과 함께하는 활동을 하고 싶거든요.

가　그림을 그릴 때 **오랫동안 서 있는** 것이 조금 힘들기는 하지만 **낡은 벽이 아름답게 달라져서** 얼마나 기분이 좋은지 몰라요.

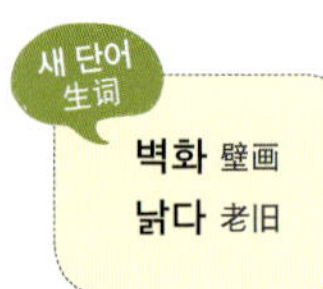

3 다음을 듣고 질문에 답하십시오. 听录音，回答问题。 **38**

(1) 남자가 병원에서 하지 <u>않는</u> 일은 무엇입니까?

① 환자들에게 병원 안내를 해 준다.

② 환자들이 약을 사는 것을 도와준다.

③ 의사의 설명을 환자에게 통역해 준다.

④ 환자들이 서류 작성하는 것을 도와준다.

(2) 맞으면 ○, 틀리면 × 하십시오.

① 병원에서 통역 봉사를 하려면 한국어를 잘해야 한다. (　　　)

② 남자는 예전에 통역 봉사자의 도움을 받은 적이 있다. (　　　)

③ 여자는 오래전부터 병원에서 봉사 활동을 하고 싶었다. (　　　)

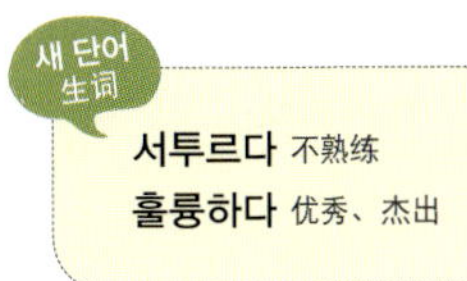

4 다음을 듣고 질문에 답하십시오. 听录音，回答问题。 **39**

(1) 들은 내용과 같은 것을 고르십시오.

① 자원봉사를 한 경험을 소개한 편지이다.

② 집 주인은 사람들에게 도와 달라고 부탁했다.

③ 자원봉사자들은 집이 물에 잠긴 사람들을 도와주었다.

④ 빨래를 하던 자원봉사자는 손을 다쳐서 빨갛게 부었다.

(2) 다음 중 자원봉사자들이 한 일이 <u>아닌</u> 것은 무엇입니까?

① 장마 피해를 입은 집을 청소해 주었다.

② 장마 피해를 입은 사람들을 위로해 주었다.

③ 물에 잠긴 집에서 그릇들을 찾아 씻어 주었다.

④ 피해를 입은 사람들에게 옷과 이불을 사다가 주었다.

1 다음을 읽고 질문에 답하십시오. 阅读下文，回答问题。

2007년 12월 7일 아름답던 서해 바다가 검은색으로 변했다. 충청남도 태안 앞바다에 있던 유조선이 사고가 나서 약 1만 3천 톤의 기름이 유조선에서 흘러나와 태안 앞바다를 가득 덮었다. 이 사고 때문에 아름다운 바닷가가 검게 변하고 양식장의 수산물들은 먹을 수 없게 되었다. 태안에 살고 있던 사람들은 사고가 너무 컸기 때문에 무엇을 어떻게 해야 할지 몰랐다. (㉠)

그런데 사고 소식이 전국에 알려진 후에 검게 변한 태안 앞바다에 자원봉사자들이 하나둘 모이기 시작했다. (㉡) 초등학생부터 80대 노인까지 전국 각 지역에서, 국내외에서 123만 명의 자원봉사자들이 태안으로 모여들었다. 자원봉사자들은 바다 위의 기름을 건져 내고 바닷가의 기름을 손으로 일일이 닦아 냈다. 기름을 닦아 낼 것이 부족해졌을 때는 전국에서 헌 옷 등 기름을 닦을 수 있는 것들을 모아 태안으로 보내 주었다. 그리고 열흘 후 불가능할 것 같았던 일이 일어났다. (㉢)

세계 각국의 전문가들은 1~2개월 정도 걸리는 일을 열흘 만에 해냈다고 '태안의 기적'이라고 부르며 놀라워했다. (㉣) 그리고 사고가 발생했을 때 전문가들은 태안 앞바다가 회복되려면 10년은 걸릴 것 같다고 했지만 2년이 지난 후 태안 앞바다는 제 모습을 찾아갔다. 자원봉사자들이 없었다면 이런 일은 일어날 수 없었을 것이다. '태안의 기적'은 바로 '자원봉사자의 기적'인 것이다.

(1) 다음 문장이 들어갈 알맞은 곳을 고르십시오.

> 검은 바다의 기름이 거의 사라지고 바닷가에는 은빛 모래가 보이기 시작했다.

① ㉠　　　　② ㉡　　　　③ ㉢　　　　④ ㉣

새 단어 生词

유조선 油轮　　흘러나오다 流出　　덮다 覆盖　　양식장 养殖场　　건져 내다 捞起
일일이 ——的　　기적 奇迹　　발생하다 发生　　회복하다 恢复　　은빛 银光

(2) 위 글의 내용과 <u>다른</u> 것을 고르십시오.

① 유조선의 사고 때문에 기름이 바다로 흘러나왔다.

② 태안 앞바다는 전문가의 생각보다 빨리 나아졌다.

③ 자원봉사자들은 손으로 바닷가의 기름을 청소했다.

④ 사고 소식이 알려진 후에 사람들은 돈을 모아서 보냈다.

2 **여러분은 봉사 활동을 해 본 적이 있습니까? 봉사 활동 경험에 대해 써 보십시오.**
你们做过志愿服务活动吗？写下志愿服务活动的经验。

- 어디에서 무엇을 했습니까?
- 무슨 일을 어떻게 했습니까?
- 무엇이 힘들었습니까?
- 기분이 어땠습니까?
- 앞으로 어떤 봉사 활동을 해 보고 싶습니까?

04

기부하는 방법이 생각만큼 복잡하지 않아요.

· · · · · · · ·

主题 捐赠

词汇 与捐赠相关的词汇 1 | 与捐赠相关的词汇 2

语法 만큼 | -(으)ㄴ/는데도

课题 介绍捐赠案例

유나 씨는 무엇을 하려고 합니까? 裕那想要做什么?

여러분은 기부를 해 본 적이 있습니까? 你们捐献过吗?

대화 对话

준이치　유나 씨, 무슨 짐이 그렇게 많아요? 여행 가요?

유나　아니요, 입지 않는 옷을 기부하려고 가지고 나왔어요.
저는 쇼핑을 많이 안 하는 편인데도 입지 않는 옷이 꽤 많더라고요.

준이치　입던 옷을 기부한다고요?

유나　네, 사람들이 기부한 옷을 팔아서 그 돈으로 어려운 사람들을 돕는 가게가 있어요.
전에는 안 입는 옷을 그냥 버렸는데 그 가게를 알고 나서는 헌 옷을 거기에 기부해요.

준이치　입지 않는 옷도 정리하고 다른 사람도 도울 수 있으니까 일석이조네요.
저도 안 입는 옷이 많은데 거기에 기부를 해야겠어요.

유나　준이치 씨도 그렇게 하세요. 기부하는 방법이 생각만큼
복잡하지도 않고 보람도 느낄 수 있어서 참 좋아요.

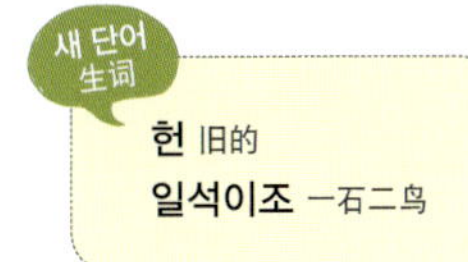

> **새 단어**
> 生词
> 헌 旧的
> 일석이조 一石二鸟

기부 관련 어휘 1　与捐赠相关的词汇 1

나누다 分享、平分	기부하다 捐赠	모금하다 募款

기부금 捐款	모금함 募款箱

어휘 연습　词汇练习

● **위에서 알맞은 것을 골라 문장을 완성하십시오.** 选择上面恰当的词汇，完成句子。

(1) 태풍 때문에 피해를 입은 사람들을 위해 전국에서 ＿＿＿＿＿＿＿＿＿＿고 있다.

(2) 겨울이 되면 도시마다 어려운 이웃을 돕기 위한 빨간색 ＿＿＿＿＿＿＿＿＿이 나타난다.

(3) 한 사업가가 자신이 다녔던 학교에 모든 재산을 장학금으로 ＿＿＿＿＿＿＿＿＿았/었/였다.

(4) 과자를 손에 든 아이가 과자를 친구들과 사이좋게 ＿＿＿＿＿＿＿＿＿아/어/여 먹는 모습이
예뻐 보였다.

기부 관련 어휘 2　与捐赠相关的词汇 2

불우 이웃 돕기 帮助不幸的邻居	소년 소녀 가장 养家少年、养家少女	노숙자 露宿街头者

어휘 연습　词汇练习

● **위에서 알맞은 것을 골라 쓰십시오.** 选择上面恰当的词汇，填空。

(1) 집 없이 길이나 공원에서 생활하는 사람　　　　　　　　　（　　　　　）

(2) 부모가 없어서 부모 대신에 부모 역할을 하는 어린이나 청소년　（　　　　　）

(3) 생활이나 상황이 힘들고 어려운 사람들에게 도움을 주는 것　（　　　　　）

만큼

接在名词后，表示与前面的内容相似的程度或限度。

> 이 + **만큼** → 이만큼   하늘 + **만큼** → 하늘만큼

저도 한국 사람만큼 한국어를 잘하고 싶어요. 我也希望像韩国人一样说好韩语。

아이들은 부모님을 하늘만큼 땅만큼 사랑한다고 말해요. 孩子们说爱父母比天高，比地厚。

가 피에르 씨는 한국 요리를 정말 좋아하나 봐요. 看来皮埃尔真的很喜欢韩国料理呢。

나 네, 저는 불고기만큼 맛있는 요리는 없는 것 같아요.
是的，我觉得好像没有比烤肉更好吃的料理了。

---

1 〈보기〉와 같이 대화를 완성하십시오. 仿照例句，完成对话。

너	나	생각	서울

> **보기** 가 장기 자랑에서 흐엉 씨가 춤추는 거 봤어?
>
> 나 응, 봤어. 흐엉 씨도 <u>너만큼 춤을 잘 추던데.</u>

(1) 가 리타 씨 고향은 서울처럼 차가 많이 막히지 않지요?

　　 나 아니요, 우리 고향도 ________________________________

(2) 가 많은 사람들 앞에서 발표를 했는데 떨리지 않았어요?

　　 나 저도 많이 떨릴 줄 알았는데 ________________________________

2 〈보기〉와 같이 문장을 완성하십시오. 仿照例句，完成句子。

질문	대답
세상에서 가장 훌륭한 사람이 누구라고 생각합니까?	어머니
세상에서 가장 아름다운 곳은 어디라고 생각합니까?	고향
세상에서 가장 어려운 것은 뭐라고 생각합니까?	외국어 공부
세상에서 가장 슬픈 일은 무엇이라고 생각합니까?	사랑하는 사람과 헤어지는 것

> **보기** 이 세상에 우리 어머니만큼 훌륭한 사람은 <u>없다고 생각합니다.</u>

(1) ________________________________고 생각합니다.

(2) ________________________________고 생각합니다.

(3) ________________________________고 생각합니다.

-(으)ㄴ/는데도

接在动词或形容词后，表示在前面的状态或情况下期待的结果，与后面的事实不同或相反。

가 + 는데도 → 가는데도	먹 + 는데도 → 먹는데도
예쁘 + ㄴ데도 → 예쁜데도	좋 + 은데도 → 좋은데도

3월인데도 날씨가 추워서 꽃이 피지 않는다. 尽管是三月，天气还很冷，花不开。

열심히 공부하는데도 성적이 오르지 않는다. 尽管认真学习，成绩还是没有起色。

이 가방은 품질이 좋은데도 잘 팔리지 않는다. 这个皮包的质量尽管好，却卖不太出去。

여러 번 말을 했는데도 친구는 오늘도 약속을 안 지켰다. 尽管说了好几次，朋友今天还是没遵守约定。

1 〈보기〉와 같이 문장을 완성하십시오. 仿照例句，完成句子。

볼 수 없고 들을 수 없다/시각장애인을 위해서 일하다

헬렌 켈러는 볼 수 없고 들을 수 없는데도 시각장애인을 위해서 일했다.

(1) 

소리를 듣지 못하다/아름다운 음악을 만들다

____

(2) 

99번 실패하다/포기하지 않다

____

2 〈보기〉와 같이 대화를 완성하십시오. 仿照例句，完成对话。

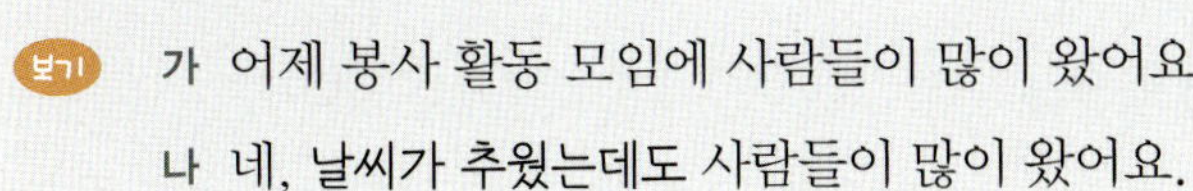

보기 가 어제 봉사 활동 모임에 사람들이 많이 왔어요?

나 네, 날씨가 추웠는데도 사람들이 많이 왔어요.

(1) 가 왕리 씨, 아직도 감기가 낫지 않았어요?

나 네, __________________________ 감기가 낫지 않네요.

(2) 가 유나 씨, 인터넷에서 김밥 할머니 이야기 봤어요?

나 네, __________________________ 해마다 보육원에 기부를 했다고 해요.

1 다음을 듣고 질문에 답하십시오. 听录音，回答问题。 **41**

(1) 들은 내용으로 알 수 <u>없는</u> 것은 무엇입니까?

① 모금을 하는 목적

② 모금을 하는 장소

③ 사랑의 열매의 의미

④ 사랑의 열매를 받는 방법

(2) 들은 내용과 <u>다른</u> 것을 고르십시오.

① 모금이 많이 될수록 사랑의 온도계가 올라간다.

② 여자는 사랑의 열매를 사람들에게 알리고 싶어 한다.

③ 여자는 한국 친구 덕분에 사랑의 열매를 알게 되었다.

④ 남자는 사랑의 열매를 어디에서 받을 수 있는지 알고 있었다.

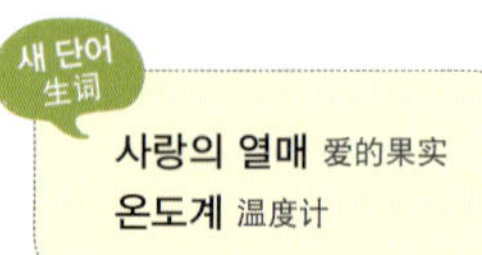

2 다음을 듣고 질문에 답하십시오. 听录音，回答问题。 **42**

(1) 여자는 왜 길 건너편에 있는 커피숍에 가려고 합니까?

① 시간이 많이 남기 때문에

② 그 커피숍의 분위기가 좋기 때문에

③ 그 커피숍의 커피를 좋아하기 때문에

④ 커피값의 1%를 기부할 수 있기 때문에

(2) 들은 내용과 <u>다른</u> 것을 고르십시오.

① 여자는 큰돈을 기부하고 싶어 한다.

② 남자는 앞으로 1% 기부를 할 생각이다.

③ 기부금으로 물이 부족한 나라를 도와준다.

④ 남자는 1% 기부 이야기를 들은 적이 있다.

 다음을 읽고 질문에 답하십시오. 阅读下文，回答问题。

> 　기부는 다른 사람을 돕기 위해 바라는 것이 없이 자신의 것을 주는 것이다. 예전에는 사람들이 특별한 때에 모금을 해야 기부를 많이 했는데 시간이 흐르면서 기부하는 것에도 많은 변화가 생겼다.
>
> 　예전에는 대부분의 사람들이 여름에 태풍 피해를 입은 사람들이나 겨울에 형편이 어려운 사람들을 돕기 위해 모금을 할 때 기부를 했다. 그런데 요즘은 모금을 하지 않는데도 개인적으로 기부를 하는 경우가 많아졌다. 그중에는 돌, 환갑잔치 같은 잔치나 결혼식 때 사람들이 축하하기 위해 주는 돈을 어려운 이웃을 돕기 위해 기부하는 경우도 있고, 가족의 생일이나 특별한 날을 기념하기 위해 기부를 하기도 한다.
>
> 　뿐만 아니라 기부를 하는 방법도 다양해졌다. 요즘은 시대에 맞게 스마트폰을 사용해서 기부를 하는 사람들도 많다. 물건을 살 때도 물건값의 일부를 기부하거나 공연을 보고 관람료를 기부하는 등 일상생활을 하면서 자연스럽게 기부할 수 있는 방법들도 있다. 또 돈이나 물건이 아닌 자신의 능력을 기부하는 재능 기부도 많아졌다. 머리 잘라 주기, 사진 찍어 주기 등 자신이 할 수 있는 일로 다른 사람을 도와주는 것이다.
>
> 　사회의 변화에 따라 기부에도 많은 변화가 생겨서 더 많은 사람들이 더 쉽게 기부할 수 있게 되었다.

(1)　무엇에 대한 글입니까?

　　① 기부의 변화

　　② 기부하는 방법

　　③ 기부의 좋은 점

　　④ 기부하는 사람들

(2)　위 글의 내용과 다른 것을 고르십시오.

　　① 기부를 하는 방법이나 종류가 다양해졌다.

　　② 쇼핑이나 문화생활을 하면서 기부를 할 수 있다.

　　③ 결혼식 때 받은 축하금을 기부하는 사람들이 있다.

　　④ 요즘도 대부분의 사람들은 모금을 할 때만 기부를 한다.

1 다음을 읽고 질문에 답하십시오. 阅读下文，回答问题。

전라북도 전주에는 특별한 비석이 있다. 그것은 '얼굴 없는 천사'를 기념하기 위한 비석이다. '얼굴 없는 천사'는 자신이 누구인지 알리지 않고 다른 사람들이 모르게 기부를 하는 사람을 의미한다. 전주에는 2000년부터 해마다 연말이 되면 다른 사람들 몰래 주민센터에 돈을 놓고 가는 어떤 한 사람을 기념하기 위한 '얼굴 없는 천사 비'가 있다.

그 사람은 지난 2000년 4월 초등학생에게 부탁해 58만 4천 원이 든 돼지 저금통을 전주의 한 주민센터에 보낸 후에 사라졌다. 그리고 지금까지 한 해도 빠뜨리지 않고 크리스마스 전후에 주민센터로 돼지 저금통과 현금을 보내고 있다. 그 사람이 지금까지 보내온 기부액은 4억 원에 가깝다.

그 사람은 50대의 남자로 추측되는데 언제나 주민센터에 전화를 걸어 돈을 두고 가니까 불우 이웃들에게 전해 달라는 말만 하고 전화를 끊었다. 주민센터 직원들이 서둘러 나가는데도 남자는 이미 사라지고 자동차나 나무 밑에 돈만 놓여 있을 뿐이었다.

전주시는 얼굴 없는 천사의 바람대로 기부금을 혼자 사시는 노인이나 소년 소녀 가장 등 불우이웃을 돕는 데 사용하고 있다. 그리고 얼굴 없는 천사의 이야기가 알려지면서 전주에서는 또 다른 얼굴 없는 천사들의 기부가 이어지고 있다고 한다.

(1) 위 글에서 알 수 <u>없는</u> 것은 무엇입니까?

   ① 얼굴 없는 천사의 의미

   ② 얼굴 없는 천사의 이름

   ③ 얼굴 없는 천사가 한 일

   ④ 얼굴 없는 천사 비를 만든 이유

(2) 위 글의 내용과 같은 것을 고르십시오.

   ① 사람들은 얼굴 없는 천사를 한 번도 만난 적이 없다.

   ② 얼굴 없는 천사를 찾기 위해서 기념 비석을 만들었다.

   ③ 얼굴 없는 천사는 기부금을 주민센터로 직접 가지고 왔다.

   ④ 기부금은 성적이 좋은 대학생들에게 장학금으로 주고 있다.

새 단어 生词

비석 石碑
천사 天使
빠뜨리다 漏掉
바람 心愿
이어지다 延续

2 여러분 나라에도 기부하는 사람들이 많이 있습니까? 여러분이 알고 있는 기부 이야기를 소개해 보십시오. 在你们的国家，也有很多捐赠的人吗？介绍你们知道的捐赠故事。

- 누가 무엇을 기부했습니까?
- 언제 어떻게 기부를 했습니까?
- 그 사람은 어떤 사람입니까?
- 그 사람은 왜 기부를 했습니까?

1 **아래에서 알맞은 것을 골라 문장을 완성하십시오.** 选择下面恰当的词汇，完成句子。

조건	자원봉사	업무	우대	보육원

(1) 지진 때문에 부모를 잃은 아이들이 ______________에서 함께 생활하게 되었다.

(2) 스포츠센터에서 5년 이상 이용한 사람들을 ______________ 고객으로 뽑아 선물을 보내 주었다.

(3) 학교에서는 학생들이 ______________을/를 할 수 있도록 사회복지시설을 소개해 주고 있다.

(4) 아침에 출근한 후에는 그날 해야 할 ______________을/를 먼저 확인하는 것이 좋다.

(5) 두 회사는 계약을 하기 위해 원하는 ______________을/를 이야기하고 서로 맞추려고 노력하고 있다.

2 **아래에서 알맞은 것을 골라 문장을 완성하십시오.** 选择下面恰当的词组，完成句子。

일자리를 구하다	나누다	보람을 느끼다
기부하다	회사를 그만두다	

(1) 한국에서는 잔치 음식을 많은 이웃과 ______________는 풍습이 있다.

(2) 한 카드 회사에서는 사용하지 않는 포인트를 ______________(으)ㄹ 수 있는 방법을 찾고 있다.

(3) 최영준 씨는 자신의 꿈인 요리사가 되기 위해 다니던 ______________았/었/였다.

(4) 큰 백화점이 생기면서 각 지역에서 ______________는 사람들이 많이 모여 들었다.

(5) 공원을 청소하시는 아저씨께서는 깨끗한 공원에서 아이들이 즐겁게 노는 것을 보면서 큰 ______________ㄴ/는다고 말씀하셨다.

3 아래에서 알맞은 것을 골라 문장을 완성하십시오. 选择下面恰当的词汇，完成句子。

> 게다가 　　　　이제 　　　　꽤 　　　　오히려 　　　　약간

(1) 음식을 먹을 때는 ＿＿＿＿＿＿＿ 싱겁게 먹는 것이 건강에 좋다.

(2) 아침에 늦게 일어났다. ＿＿＿＿＿＿＿ 버스도 놓쳐서 회사에 많이 늦었다.

(3) 그 회사는 인기가 많아서 신입사원을 뽑을 때마다 지원자가 ＿＿＿＿＿＿＿ 많다.

(4) 친구를 도와주려고 했는데 내가 실수를 해서 ＿＿＿＿＿＿＿ 친구가 힘들어졌다.

(5) 처음 한국에 왔을 때는 아무것도 몰라서 힘들었는데 ＿＿＿＿＿＿＿ 한국말도 생활도 익숙해져서 어려운 것이 별로 없다.

4 다음 중 ( )에 알맞은 것을 고르십시오. 选择恰当答案，填入( )中。

(1) 가 이사한 집은 어때요? 마음에 들어요?

　　나 아니요, 밝기는 하지만 방이 작아서 (　　　　).

　① 예전 집이잖아요 　　　　　　② 예전 집뿐이에요
　③ 예전 집이더군요 　　　　　　④ 예전 집만 못해요

(2) 가 이번 시험이 어땠어요?

　　나 (　　　　) 어려웠어요.

　① 중간시험만큼 　　　　　　② 중간시험이라도
　③ 중간시험 대신에 　　　　　④ 중간시험에 대해

(3) 가 근처 공원에서 바자회가 (　　　　) 가 봤어요?

　　나 아니요, 아직 못 가 봤어요. 이따가 한번 가 보려고요.

　① 열렸던데 　　　　　　② 열렸는데도
　③ 열리느라고 　　　　　④ 열리는 대신에

(4) 가 준이치 씨가 왜 안 오지요? 전화해 봤어요?

　　나 네, 제가 계속 (　　　　) 받지 않네요.

　① 전화하던데 　　　　　　② 전화한다면
　③ 전화하는데도 　　　　　④ 전화하는 반면에

(5) 가 지금까지 가장 (   ) 때는 언제예요?

　　나 대학교에 합격했을 때가 가장 기뻤어요.

　　① 기쁜　　　　　　　　　　　　　② 기뻤던

　　③ 기쁜 만큼　　　　　　　　　　④ 기쁜 대신에

5 아래에서 알맞은 것을 골라 대화를 완성하십시오. 选择下面恰当的语法，完成对话。

대신에	만큼	-던데
-(으)ㄴ/는데도	-았/었/였던	-아/어/여 놓다

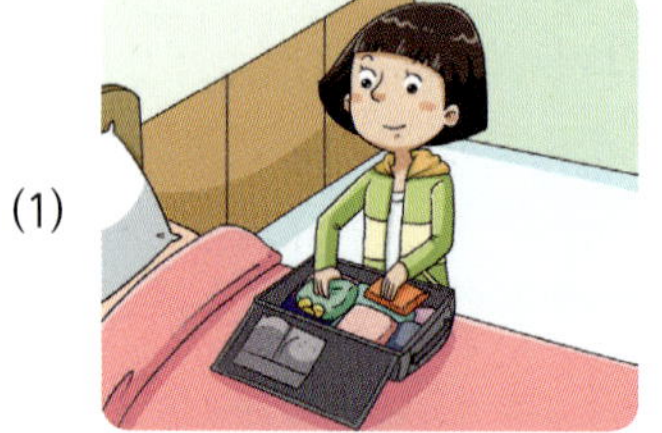

(1)　가 흐엉 씨, 여행 준비는 다 했어요?

　　나 네, 어젯밤에 다 ＿＿＿＿＿＿＿＿＿ 잤어요.

(2)　가 왜 그래요? 아는 사람이 있어요?

　　나 네, 지난 학기에 같이 ＿＿＿＿＿＿＿＿＿ 친구가 있네요.

(3)　가 왕리 씨는 친구들에게 크리스마스카드를 안 보내요?

　　나 저는 ＿＿＿＿＿＿＿＿＿ 문자 메시지를 보낼 거예요.

(4)　가 자르갈 씨는 오늘도 운동을 하러 갔어요?

　　나 네, ＿＿＿＿＿＿＿＿＿ 축구를 하러 갔어요.

(5) 

가 혹시 왕리 씨 봤어요?

나 1층에서 자르갈 씨를 _______________ 빨리 가 보세요.

6 다음을 듣고 무엇에 대한 이야기인지 고르십시오. 听录音，选择正确的谈话主题。 **43**

① 면접시험이 어려운 이유

② 면접시험을 볼 때 옷 입는 법

③ 면접시험을 잘 보기 위한 준비

④ 면접관에게 좋은 이미지를 주는 방법

7 다음을 듣고 둘은 내용과 <u>다른</u> 것을 고르십시오. 听录音，选择与内容不符的选项。 **44**

① 남자는 노인들의 건강을 꾸준히 관리해 주고 있다.

② 남자는 아는 사람의 소개로 이 마을에 오게 되었다.

③ 남자는 사회복지 단체와 함께 의료 활동을 하고 있다.

④ 남자는 노인들의 건강한 모습을 볼 때 보람을 느낀다.

8 다음을 듣고 질문에 답하십시오. 听录音，回答问题。 **45**

(1) 두 사람은 무엇에 대해 이야기하고 있습니까?

    ① 기부 문화

    ② 영화 홍보

    ③ 기부하는 습관

    ④ 유명인의 기부

(2) 들은 내용과 같은 것을 고르십시오.

    ① 여자는 유명인들 때문에 마음의 상처를 받았다.

    ② 남자는 유명인들이 기부하는 것을 좋아하지 않는다.

    ③ 여자는 유명인이 기부하는 것을 알리는 것이 좋다고 생각한다.

    ④ 남자는 유명인들이 기부 문화를 만드는 데 도움이 된다고 생각한다.

⑨ 다음 도표의 내용과 <u>다른</u> 것을 고르십시오. 选择与下面图表内容不符的一项。

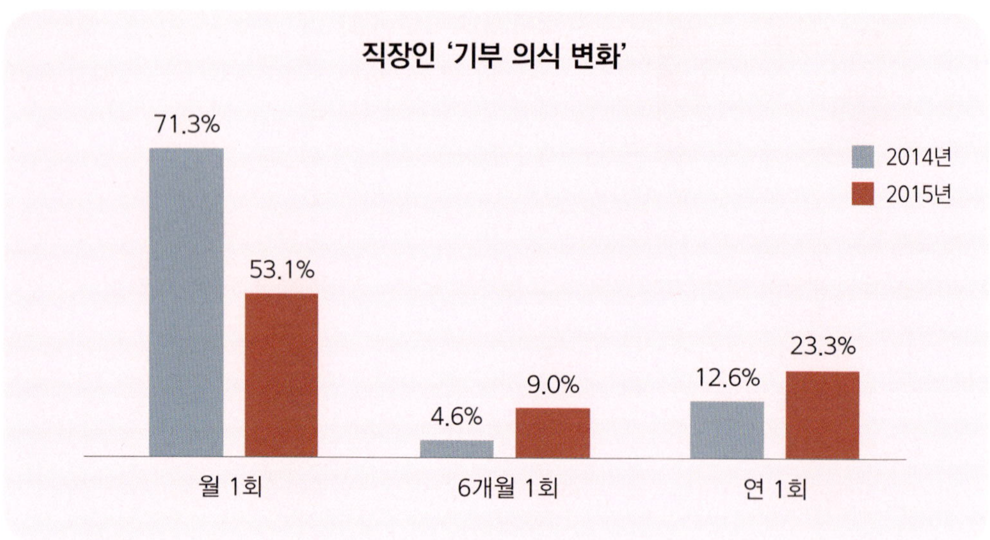

　이 도표는 직장인 1,500명을 대상으로 기부에 대해 설문 조사한 결과이다. '정기적으로 기부를 하고 있는가?'에 대해 85%가 '그렇다'고 답했다. '정기 기부 정도'에 대해서는 직장인의 ① <u>53.1%가 '월 1회'라고 답해 가장 높게 나타났다.</u> ② <u>이것은 2014년보다 18.2% 줄어든 것이다.</u> 반면에 '연 1회'라고 응답한 경우는 23.3%로 나타나 ③ <u>전년도보다 두 배 정도 늘어났다.</u> '6개월에 1회'라고 응답한 경우는 ④ <u>전년도와 비슷하게 나타났다.</u>

⑩ 다음을 읽고 질문에 답하십시오. 阅读下文，回答问题。

나는 오늘 친구와 함께 무료 급식 나눔 봉사 활동을 다녀왔다. '무료 급식 나눔'은 음식을 준비해서 혼자 사시는 노인들이나 노숙자들이 무료로 식사할 수 있도록 하는 나눔 활동인데 사회복지 단체나 종교 단체, 기업 등에서 많이 한다. 나는 몇 년째 사회복지 단체에서 무료 급식 나눔 봉사 활동을 하고 있는 친구의 소개로 이번에 함께하게 되었다.

우리는 아침 일찍 무료 급식을 하는 장소로 갔다. 이른 시간에도 많은 자원봉사자들이 도착해 일을 하고 있었는데 고등학생부터 연세가 많은 어르신까지 다양한 봉사자들이 함께하고 있었다. 점심시간까지는 아직 시간이 있었지만 500명의 식사를 준비해 놓아야 하기 때문에 다들 바쁘게 움직이고 있었다.

점심시간이 가까워지면서 식사를 하려는 사람들이 한두 명씩 모이기 시작했고 얼마 지나지 않아 수많은 사람들이 줄을 서기 시작했다. 갑자기 몰려드는 사람들 때문에 정신이 없는데도 봉사자들의 얼굴에는 웃음이 가득했다. 나는 음식이 사람들의 입맛에 맞지 않을까 걱정을 했는데 다행히 맛있다고 하면서 드셔 주셨다. 식사를 마치고 손을 잡아 주시면서 고맙다고 인사를 해 주시는 분들을 보면서 얼마나 보람을 느꼈는지 모른다. 처음 하는 일이라 힘들었지만 봉사 활동을 하기를 참 잘 한 것 같다.

(1) 무엇에 대한 글입니까?

① 봉사 활동 경험

② 혼자 사시는 노인들

③ 사회복지 단체 소개

④ 무료 급식 나눔의 좋은 점

(2) 위 글의 내용과 <u>다른</u> 것을 고르십시오.

① 나는 친구 덕분에 봉사 활동을 함께하게 되었다.

② 자원 봉사자들의 나이가 학생부터 노인까지 다양했다.

③ 봉사자들이 준비한 음식이 어르신들의 입맛에 잘 맞았다.

④ 무료 급식 나눔은 보육원에 가서 식사를 하게 하는 나눔 활동이다.

김장 나눔 越冬泡菜分享活动

在韩国有各式各样的分享活动，到了年底，可以看到更特别的分享活动。那就是"越冬泡菜分享活动"。越冬泡菜分享活动是共同制作韩国人餐桌上不可少的配菜"泡菜"，并分享给众人的活动。

韩国自古以来，有腌制并贮藏初冬3~4个月之间要吃的泡菜的风俗，称为"制作越冬泡菜(김장)"。因为越冬泡菜从准备到完成，需花费2~3天，而且一次腌制大量泡菜，是一个人难以完成的工作。所以以前邻居间互相帮助，腌制越冬泡菜；做好越冬泡菜后，再将泡菜分给众人食用。

每年到了初冬做越冬泡菜的季节，在许多企业及社会福利事业单位内，都会举办越冬泡菜分享活动，召集志愿服务者一起腌制泡菜，再分送给不能亲自腌制泡菜的独居老人或养家少年、养家少女等人。

"越冬泡菜分享活动"可以说正是展现韩国文化的特殊分享文化。

❶ 여러분 나라에는 어떤 나눔 활동들이 있습니까? 在你们的国家，有什么样的分享活动？

❷ 여러분 나라의 문화를 보여 주는 특별한 나눔 활동이 있습니까?
有展现你们国家文化的特别分享活动吗？

비를 맞지 않도록 우산을 가지고 다니세요.

主题 天气预报

词汇 与天气相关的词汇 | 与气温相关的词汇

语法 -ㄴ/는다니까 | -도록 1

课题 提案 | 建议

지금 날씨가 어떤 것 같습니까? 现在天气怎么样?

요즘 여러분 고향의 날씨는 어떻습니까? 最近你们故乡的天气怎么样?

대화 对话 46

자르갈	유나 씨, 혹시 안 쓰는 우산 있으면 하나 빌려줄 수 있어요?
유나	어머, 비를 많이 맞았네요. 비가 이렇게 많이 오는데 우산을 안 쓰고 왔어요?
자르갈	네, 비가 이렇게 많이 올 줄 모르고 우산을 안 가지고 나왔거든요.
유나	그래요? 저는 우산이 하나 더 있으니까 이걸 쓰세요.
자르갈	고마워요. 그런데 한국은 원래 이렇게 비가 자주 와요? 요즘 거의 매일 오는 것 같아요.
유나	비가 항상 이렇게 자주 오는 것은 아니고 요즘이 장마철이라서 그래요. 장마가 다음 주에 끝난다니까 그때까지는 비를 맞지 않도록 우산을 가지고 다니세요.

날씨 관련 어휘 与天气相关的词汇

안개가 끼다 起雾

구름이 끼다 多云

천둥이 치다 打雷

번개가 치다 闪电

눈이 내리다
下雪

비/소나기가 내리다
下雨/雷阵雨

(눈/비/소나기)이/가
그치다 停(雪/雨/雷阵雨)

건조하다 干燥　　　습하다 潮湿　　　무덥다 闷热

어휘 연습 词汇练习

● **아래에서 알맞은 것을 골라 문장을 완성하십시오.** 选择下面恰当的词汇，完成句子。

번개	천둥	안개	무덥다
건조하다	내리다	그치다	

(1) 이번 주는 30도가 넘는 ＿＿＿＿＿＿＿(으)ㄴ 날씨가 계속되겠습니다.

(2) 내일 오후까지 눈이 내리다가 저녁이 되면 눈이 ＿＿＿＿＿＿겠습니다.

(3) 가을에는 날씨가 많이 ＿＿＿＿＿＿아/어/여서 가습기를 찾는 사람들이 많다고 합니다.

(4) 짙은 ＿＿＿＿＿＿이/가 낀 곳이 많으니까 운전하실 때 조심하시기 바랍니다.

(5) 내일은 비가 많이 내리고 ＿＿＿＿＿＿와/과 ＿＿＿＿＿＿이/가 치는 곳이 많겠습니다.

기온 관련 어휘   与气温相关的词汇

최저 기온	최고 기온	영하	영상
最低气温	最高气温	零下	零上

기온이 올라가다	기온이 내려가다	기온이 떨어지다	일교차가 크다
气温上升	气温下降	气温下降	日夜温差大

어휘 연습   词汇练习

● **그림을 보고 위에서 알맞은 것을 골라 글을 완성하십시오.** 根据照片，选择上面恰当的词汇，完成下文。

오늘의 날씨를 말씀드리겠습니다.

지금 서울은 비가 내리고 있습니다.

오늘의 __________은/는 5도이고 __________은/는 17도입니다.

아침과 저녁의 __________이/가 크겠습니다. 감기 조심하시기 바랍니다.

내일은 __________ 3도로 기온이 __________겠지만 비는 내리지 않겠습니다.

-ㄴ/는다니까

接在动词或形容词后，用于以听见或读到而得知的事实为理由或根据，藉此提议或指示。是-ㄴ/는다고 하니까的缩略形。

> 오 + ㄴ다니까 → 온다니까 먹 + 는다니까 → 먹는다니까
>
> 따뜻하 + 다니까 → 따뜻하다니까 춥 + 다니까 → 춥다니까

가 오늘 오후에 비가 온다니까 우산을 가지고 가세요. 听说今天下午会下雨，出门请带伞。
나 아, 그래요? 알겠어요. 고마워요. 啊，是吗？我知道了。谢谢。

오늘은 날씨가 어제보다 춥다니까 옷을 따뜻하게 입으시기 바랍니다.
听说今天天气比昨天冷，衣服请穿得暖一点。

다음 주가 시험이라니까 열심히 공부합시다. 听说下周有考试，一起努力学习吧。

1 다음 안내문을 읽고 〈보기〉와 같이 문장을 완성하십시오. 读布告仿照例句，完成句子。

한국어능력시험 안내

♣ 시험 일시: 11월 16일(일) 12시 00분(11시 40분까지 교실에 도착해야 합니다.)

♣ 시험 장소: 한국대학교 101호 ♣ 준비물: 수험표, 신분증

♣ 신청 기간: 9월 14일~9월 23일 ♣ 신청 방법: 온라인 접수

※ 수험표와 신분증이 없으면 시험을 볼 수 없습니다.

보기 11시 40분까지 <u>교실에 도착해야 한다니까</u> 늦지 마세요.

(1) 한국대학교 101호에서 ________________ 잘 찾아오세요.

(2) 수험표와 신분증을 ________________ 잘 챙기세요.

(3) 9월 23일까지 ________________ 기간을 꼭 확인하세요.

(4) ________________ 신청 방법을 잘 확인해 보세요.

(5) 그리고 수험표와 신분증이 없으면 ________________
잊지 말고 꼭 가지고 오세요.

-도록 1

接在动词或部分形容词后，表示作为之后出现之行为的目的或理由。

지나가 + **도록** → 지나가도록   낫 + **도록** → 낫도록

가 감기가 빨리 낫도록 주말에는 푹 쉬십시오. 为了让感冒快点好起来，周末请好好休息。

나 네, 그렇게 하도록 하겠습니다. 好的，我会那样做的。

왕리 씨가 이해할 수 있도록 자세히 설명했다. 为了让王力可以理解，很仔细地说明了。

앞으로 이런 실수를 하지 않도록 조심하겠습니다. 以后会更加小心，避免再犯这样的错误。

---

1 〈보기〉와 같이 문장을 완성하십시오. 仿照例句，完成句子。

> **보기** 아주 중요한 시험이니까 꼭 <u>합격할 수 있도록</u> 열심히 준비하세요.

(1) 다음 학기에 4급으로 ＿＿＿＿＿＿＿＿＿＿ 열심히 공부하세요.

(2) 생일 전에 선물을 ＿＿＿＿＿＿＿＿＿＿ 빠른 우편으로 보내세요.

2 〈보기〉와 같이 문장을 완성하십시오. 仿照例句，完成句子。

> **보기** 날씨가 갑자기 추워져서 그런지 감기에 걸린 사람들이 많아졌어요.
> <u>감기에 걸리지 않도록</u> 옷을 따뜻하게 입으세요.

(1) 너무 늦게 출발하면 기차를 놓칠 것 같아요.
　　＿＿＿＿＿＿＿＿＿＿＿＿ 빨리 출발합시다.

(2) 기온이 영하로 떨어져서 길에 쌓여 있던 눈이 다 얼었어요.
　　길이 미끄러우니까 ＿＿＿＿＿＿＿＿＿＿＿＿ 조심하세요.

❶ 다음을 보고 〈보기〉와 같이 이야기해 보십시오. 仿照例句，说说看。

	보기	(1)
일기 예보	이번 주부터 강추위 -10℃ / -3℃	다음 주부터 무더위 후 장마 20℃ / 30℃

보기

토니　흐엉 씨, 일기예보 봤어요? 이번 주부터 무척 추워진대요.

흐엉　아니요, 못 봤는데 얼마나 춥대요?

토니　이번 주에는 기온이 영하 10도까지 내려간다니까 옷을 따뜻하게 입어야겠어요.

흐엉　그래요? 그럼 눈도 온대요?

토니　네, 눈도 많이 오고 바람도 많이 분대요.

흐엉　그래요. 눈이 온다니까 미끄러지지 않도록 조심해야겠네요.

2 다음을 듣고 질문에 답하십시오. 听录音，回答问题。 **47**

(1) 날씨 마케팅에 대한 설명으로 맞는 것을 고르십시오.

    ① 기업에서 날씨 마케팅을 많이 활용하지만 효과가 크지 않다.

    ② 요즘 비가 많이 와서 기업에서 물건을 많이 판매하지 못하고 있다.

    ③ 기업들이 물건을 판매하기 위해서 날씨를 활용하는 것을 날씨 마케팅이라고 한다.

    ④ 비가 오면 커피를 사서 마시는 사람뿐만 아니라 영화를 보러 가는 사람들이 줄어든다.

(2) 비가 오는 날씨를 활용한 마케팅의 예로 든 것이 <u>아닌</u> 것을 고르십시오.

    ① 백화점에서 고객들에게 우산을 씌워 준다.

    ② 커피숍에서 커피 한 잔을 사면 다른 한 잔을 더 준다.

    ③ 백화점에서 쇼핑을 하는 고객에게 커피를 무료로 준다.

    ④ 아이스크림 가게에서는 분홍색 우산을 쓰고 온 고객에게 아이스크림을 무료로 준다.

3 다음을 듣고 질문에 답하십시오. 听录音，回答问题。 **48**

(1) 다음 중 이야기하지 <u>않은</u> 것은 무엇입니까?

    ① 기온

    ② 바람

    ③ 일교차

    ④ 체감 온도

(2) 들은 내용과 <u>다른</u> 것을 고르십시오.

    ① 주말에는 제주도에 비가 많이 내릴 것이다.

    ② 바람 때문에 기온보다 더 춥게 느껴질 것이다.

    ③ 내일 서울의 낮 기온은 영상 1도까지 오를 것이다.

    ④ 내일 서울 아침에는 영하 6도까지 기온이 떨어질 것이다.

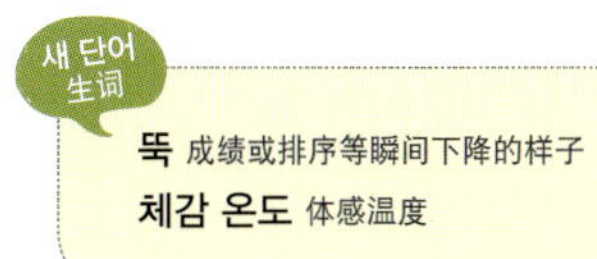

1 다음을 읽고 질문에 답하십시오. 阅读下文，回答问题。

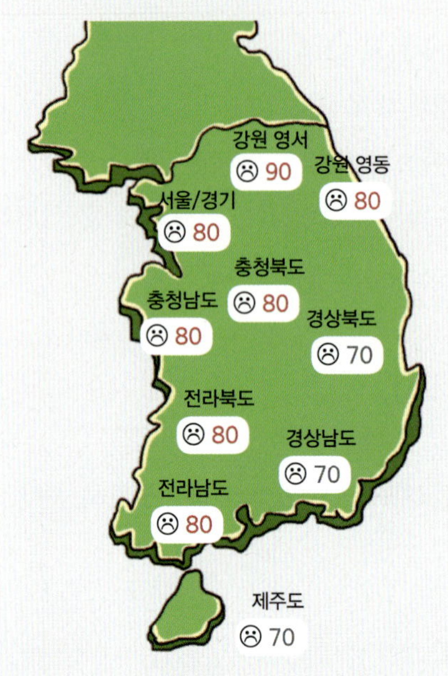

대부분 기온과 습도가 높은 날이 계속되는 무더운 여름이 되면 기분이 나빠지는 것을 느낄 때가 있다. 기온이 높아서 가만히 있어도 땀이 줄줄 나는 데다가 습도까지 높아서 답답하기 때문이다. 이런 날씨가 계속되면 일기예보에서 불쾌지수에 대한 이야기를 자주 한다. '불쾌지수'는 날씨 때문에 느끼게 되는 불쾌감의 정도를 숫자로 표현한 것이다. 불쾌지수는 0부터 100까지 있는데 불쾌지수가 70에서 79 사이일 때에는 일부 사람들이, 80에서 85 사이일 때에는 모든 사람들이 불쾌감을 느낀다. 그리고 불쾌지수가 85 이상이면 모든 사람들이 참을 수 없는 불쾌감을 느낀다.

한 연구 조사를 살펴보면 국적에 따라 불쾌함을 느끼는 불쾌지수가 다르다고 한다. 미국인들은 불쾌지수가 80이면 모든 사람들이 불쾌하다고 느꼈지만 한국인들은 불쾌지수가 83이 되어야 모든 사람이 불쾌하다고 느끼는 것으로 나타났다. 또 일본 사람들은 불쾌지수가 85일 때에도 모든 사람이 아니라 93%의 사람들만 불쾌하다고 느끼는 것으로 나타났다.

(1) 위 글에서 이야기하지 <u>않은</u> 것을 고르십시오.

① 불쾌지수의 의미

② 날씨와 불쾌감의 관계

③ 여름철 불쾌지수를 낮추는 방법

④ 국적에 따라 다르게 느끼는 불쾌감의 정도

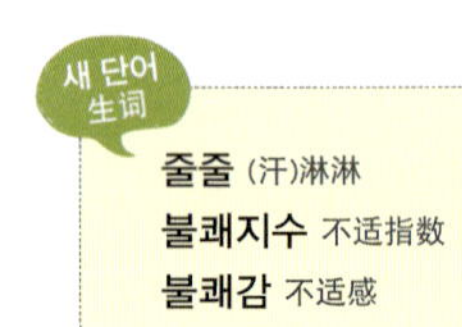

(2) 위 글의 내용과 <u>다른</u> 것을 고르십시오.

① 기온이 높고 습도가 높으면 불쾌지수가 높아진다.

② 일본인은 다른 나라 사람들에 비해 불쾌감을 덜 느끼는 편이다.

③ 불쾌지수가 70 미만일 때는 불쾌감을 느끼는 사람들이 많지 않다.

④ 미국인과 한국인은 불쾌지수가 80일 때 모든 사람들이 불쾌감을 느낀다.

2 다음을 읽고 질문에 답하십시오. 阅读下文，回答问题。

　　누구나 한 번쯤 식중독에 걸려서 고생해 본 적이 있을 것이다. 식중독은 상한 음식을 먹은 후에 열이 나고 배가 아픈 증상을 말하는데 이러한 식중독은 여름철뿐만 아니라 가을철에도 걸리기 쉽다. 가을철은 아침저녁으로는 날씨가 선선하지만 낮에는 여름만큼 기온이 올라서 식중독균이 자라기 쉽기 때문이다.

　　그렇다면 식중독에 걸리지 않기 위해서 어떻게 해야 할까? 식중독에 걸리지 않도록 하려면 다음 세 가지 주의 사항을 잘 지켜야 한다. 먼저, 모든 음식은 익혀서 먹고 물은 반드시 끓여서 마셔야 한다. 한번 조리된 음식도 먹기 전에는 다시 한 번 끓여서 먹는 것이 좋다. 하지만 주의할 것이 있다. 상한 음식은 끓여도 식중독균이 없어지지 않기 때문에 상한 음식은 절대로 먹지 말아야 한다. 둘째, 만들어 놓은 음식은 반드시 냉장고에 보관해야 한다. 그렇지만 냉장고 안에 두어도 음식이 상할 수 있기 때문에 냉장고 안에 오랫동안 두었다가 먹으면 안 된다. 셋째, 손을 자주 씻어야 한다. 특히, 요리를 하기 전과 후, 그리고 식사를 하기 전에 반드시 손을 씻어야 한다.

　　위의 주의 사항을 일상생활 속에서 잘 지킨다면 식중독을 예방할 수 있을 것이다.

(1)　위 글에서 이야기하지 <u>않은</u> 것을 고르십시오.

　　① 식중독을 예방할 수 있는 방법

　　② 식중독이 가을에 발생하는 이유

　　③ 식중독에 걸리면 나타나는 증상

　　④ 식중독에 걸렸을 때 해야 하는 일

(2)　위 글의 내용과 <u>다른</u> 것을 고르십시오.

　　① 물은 반드시 끓여서 마시는 것이 좋다.

　　② 만들어 놓은 음식이라도 먹기 전에 다시 끓여서 먹어야 한다.

　　③ 냉장고에 음식을 보관해도 오랫동안 두면 음식이 상할 수 있다.

　　④ 식중독균은 끓이면 없어지기 때문에 먹기 전에 끓여서 먹어야 한다.

새 단어
生词

식중독 食物中毒
식중독균 食物中毒细菌
주의사항 注意事项
주의하다 注意
조리하다 调理
보관하다 保管

02

이번 지진으로 인한 피해는 별로 크지 않대요.

리타 씨가 무엇에 대해 말하고 있습니까? 丽塔正在说什么?

여러분은 자연재해를 경험한 적이 있습니까? 你们经历自然灾害吗?

대화 对话   49

리타 뉴스를 보니까 피에르 씨 고향에서 지진이 났다던데 피에르 씨 집은 괜찮아요?

피에르 이번에 지진이 난 곳은 우리 고향에서 좀 멀리 떨어진 곳이라서 저희 집은
괜찮았어요. 지명이 비슷해서 사람들이 자주 혼동해요.

리타 아, 다행이네요. 저는 피에르 씨 고향에서 지진이 난 줄 알고 걱정했어요.

피에르 그렇지 않아도 오늘 친구들이 고향 집은 괜찮냐고 전화를 많이 했어요.

리타 그렇군요. 그런데 지진이 난 곳은 어떻대요? 사람들이 많이 다치진 않았대요?

피에르 갑자기 일어난 일이라서 많은 사람들이 놀라긴 했지만
다행히 이번 지진으로 인한 피해는 별로 크지 않대요.

새 단어
生词

지진이 나다 发生地震
떨어지다 距离、掉落
지명 地名
혼동하다 混淆、错乱
다행히 幸好

자연재해 관련 어휘 与自然灾害相关的词汇

지진 地震

태풍 台风

홍수 洪水

가뭄 干旱

폭설 暴雪

폭우 暴雨

폭염 酷热

어휘 연습 词汇练习

● **위에서 알맞은 것을 골라 문장을 완성하십시오.** 选择上面恰当的词汇，完成句子。

(1) _______________이/가 일어나서 많은 건물이 부서졌다.

(2) 비가 너무 많이 내려서 _____________이/가 났다.

(3) 너무 오랫동안 비가 안 와서 _____________이/가 들었다.

(4) _____________ 때문에 눈이 쌓여서 도로에 차가 다니기 어렵다.

사건/사고 관련 어휘 3　与意外/事故相关的词汇 3

화재가 발생하다
发生火灾

불을 끄다
灭火

도둑이 들다 闹贼

도둑을 맞다 遭窃

물건을 훔치다 偷东西

피해를 입다 受害　　부상을 입다 受伤　　화상을 입다 受烧伤　　사망하다 死亡

어휘 연습 词汇练习

● **아래에서 알맞은 것을 골라 글을 완성하십시오.** 选择下面恰当的词汇，完成下文。

화재가 발생하다	화상을 입다	피해를 입다	사망하다

오늘 새벽 12시 20분쯤에 서울 강남구에 있는 대형 서점에서 ________________

았/었/였습니다. 이 화재로 인해 매장 정리를 하고 있던 직원 10여 명이 ________________

고 병원에 입원했습니다. 이번 화재로 서점 1층 내부가 불에 타면서 서점 주인은 수천만 원의

________________았/었/였습니다. 소방서에서는 전기 때문에 불이 난 것으로 보고

정확한 화재 원인을 조사하고 있습니다.

(으)로 인해서/(으)로 인한

接在名词后，表示作为后句的原因。(으)로 인해서后接动词；(으)로 인한后接名词。(으)로 인해서 也可以省略为(으)로 인해的形态使用。主要用于书面语。

공사 + 로 인해서 → 공사로 인해서　　　지진 + 으로 인해서 → 지진으로 인해서

큰 일교차로 인해서 감기 환자가 많아졌다. 日夜温差大，造成感冒病人增加。

스트레스로 인해서 건강이 안 좋아진 사람들이 많다. 很多人因为压力造成健康变差。

어젯밤 내린 폭설로 인해서 고속도로가 많이 막힌다. 昨晚下的暴雪，造成现在高速公路阻塞。

어제 지진이 일어났지만 이번 지진으로 인한 피해는 크지 않았다.
昨天发生了地震，但是这次地震造成的损害不大。

1 〈보기〉와 같이 문장을 완성하십시오. 仿照例句，完成句子。

홍수	흡연	독감	가뭄	태풍	폭설

> **보기** 폭설로 인해서 비행기가 결항되었다.

(1) ________________ 환자들이 점점 늘어나고 있다.

(2) 지나친 ________________ 암 발생률이 증가하고 있다.

(3) 어젯밤 ________________ 많은 사람들이 피해를 입었다.

(4) 서울시에서는 ________________ 피해를 막기 위해 장마철이 오기 전에 여러 가지 준비를 하고 있다.

새 단어 生词

결항되다 停航

ㅡㄴ/는다던데

接在动词或形容词后，用于以听见或读到而得知的事实为根据，于后句表示自己的意见或提出疑问、确认、提案、命令时。是-ㄴ/는다고 하던데 的缩略形。

가 + ㄴ다던데 → 간다던데　　　먹 + 는다던데 → 먹는다던데
아프 + 다던데 → 아프다던데　　좋 + 다던데 → 좋다던데

가 혹시 불고기 만드는 방법을 아세요? 你知道料理烤肉的方法吗?

나 저는 잘 몰라요. 유나 씨가 요리를 잘한다던데 유나 씨에게 물어보세요.
　 我不太清楚。听说裕那厨艺好，请向裕那问问看。

이번 시험이 어렵다던데 열심히 준비합시다. 听说这次考试很难，请好好准备。

리타 씨가 고향에 갔다던데 언제 갔는지 아세요? 听说丽塔回故乡了，知道她什么时候走的吗?

1 〈보기〉와 같이 문장을 완성하십시오. 仿照例句，完成句子。

보기 감기에 유자차가 좋다던데 한번 드셔 보세요.

(1) _______________________________________

(2) _______________________________________

2 〈보기〉와 같이 대화를 완성하십시오. 仿照例句，完成对话。

보기

가 컴퓨터를 사려고 하는데 어디에서 사야 할지 모르겠어요.

나 인터넷에서 사면 싸다던데 인터넷에서 찾아보세요.

(1) 

가 흐엉 씨의 생일 파티 때 무엇을 준비해야 할지 모르겠어요.

나 _______________________________________

(2) 

가 학교에서 출입국관리사무소에 어떻게 가는지 모르겠어요.

나 _______________________________________

1 여러분은 친구들의 나라에 대해서 어떤 이야기를 들었습니까? 关于朋友们的国家，你们听到什么样的事情?

나라	들은 내용
한국	"지진이 자주 일어나지 않아요."
러시아	"초등학교 1학년부터 고등학교 3학년까지 12년 동안 반 친구들이랑 선생님이 바뀌지 않아요."
중국	"못 먹는 음식이 없어요."
몽골	
베트남	
사우디아라비아	

2 위의 표를 보고 〈보기〉와 같이 이야기해 보십시오. 看上表仿照例句，练习对话。

리타　민수 씨, **한국에서는 지진이 일어나지 않는다**던데 정말 그래요?

민수　지진이 자주 안 나기는 하는데 전혀 안 나는 건 아니에요.

리타　그래요? 저는 고향에 있을 때 **한국에서는 지진이 일어나지 않는다**고 들었어요.

민수　그랬군요. 저도 러시아에 대해서 들은 것이 있어요. **러시아에서는 초등학교 1학년부터 고등학교 3학년까지 12년 동안 반 친구들이랑 선생님이 바뀌지 않는다**던데 정말이에요?

리타　네, 우리나라에서는 초등학교부터 고등학교까지 선생님도 안 바뀌고 반 친구들도 안 바뀌어요.

민수　그렇군요. 한국과 많이 다르네요.

3 다음을 듣고 들은 내용과 같은 것을 고르십시오. 听录音，选择正确答案。 **50**

① 학생들은 큰 부상을 입었다.

② 경찰은 편의점에 든 도둑을 잡았다.

③ 경찰서에서 학생들에게 상을 주기로 했다.

④ 흐엉 씨가 일하는 편의점에 도둑이 들었다.

4 다음을 듣고 질문에 답하십시오. 听录音，回答问题。 **51**

(1) 다음 중 이야기하지 <u>않은</u> 것은 무엇입니까?

　① 엘리베이터 사고가 난 원인

　② 엘리베이터 사고가 자주 나는 장소

　③ 엘리베이터에 대해서 잘못 알고 있는 것

　④ 엘리베이터 사고가 났을 때 신고하는 방법

(2) 들은 내용과 <u>다른</u> 것을 고르십시오.

　① 엘리베이터에 갇혀 있어도 숨을 쉴 수 있다.

　② 엘리베이터 고장 신고를 할 때에는 119에 주소를 꼭 말해야 한다.

　③ 엘리베이터 고장으로 인한 사고가 났을 때 문을 억지로 열면 안 된다.

　④ 엘리베이터가 고장이 나면 119에 전화하거나 경비실에 연락해야 한다.

1 다음을 읽고 글을 쓴 목적이 무엇인지 고르십시오. 阅读下文，回答问题。

> 행복아파트 주민 여러분, 안녕하십니까?
>
> 다음 달 10일에 202동 501호로 이사를 올 사람입니다.
>
> 이사하기 전 5월 1일부터 5일까지 집을 수리하려고 합니다.
>
> 집을 수리하는 동안 시끄러운 소리가 나거나 먼지가 날 수 있습니다.
>
> 어린 아기들과 연세가 많으신 분들, 공부하는 학생들도 계실 텐데 불편하게 해 드려서 죄송합니다. 공사로 인해서 불편하시지 않도록 최선을 다하겠습니다. 그래도 불편한 점이 있으면 아래의 전화번호로 연락해 주시기 바랍니다.
>
> 연락처: 010-1234-1234

① 아파트를 수리해 달라고 말하기 위해서

② 이사를 하기 전에 이웃들에게 인사하기 위해서

③ 어린 아기들이 뛰지 않게 해 달라고 부탁하기 위해서

④ 공사 때문에 불편하겠지만 이해해 달라고 부탁하기 위해서

2 다음을 읽고 질문에 답하십시오. 阅读下文，回答问题。

> 한국대학교 자원봉사단이 지난 17일부터 18일까지 폭우로 인해서 피해를 입은 제주도 지역에서 자원봉사 활동을 했다. 120여 명의 봉사단은 물에 잠긴 집에서 가구와 가전제품 등을 꺼내서 깨끗한 물로 닦는 등 피해 지역 주민들을 돕기 위해 폭염 속에서 땀을 흘리며 열심히 일했다.
>
> 갑작스러운 피해로 슬픔에 빠져 있던 지역 주민들은 "속상한 마음에 집을 치울 생각도 못하고 있었는데 이렇게 도와주니 큰 힘이 된다."며 고마움을 표시했다.
>
> 자원봉사단에는 외국인 학생들도 포함되어 있었는데 중국에서 온 왕리 씨는 "한국에 와서 처음으로 자원봉사에 참여했는데 정말 큰 보람을 느꼈다."고 하면서 "피해를 입은 주민들이 빨리 일상생활로 돌아갈 수 있었으면 좋겠다."고 말했다.
>
> 한국대학교 자원봉사단은 2010년부터 해마다 자연재해를 입은 지역을 방문하여 어려운 이웃들과 함께하고 있다.

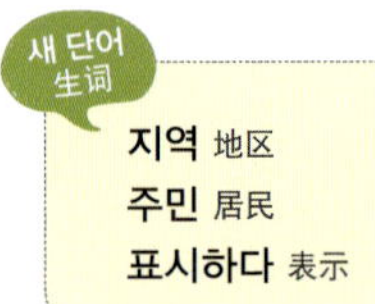

(1) 다음은 무엇에 대한 이야기입니까?

　① 자원봉사의 필요성

　② 자원봉사 활동 내용

　③ 자연재해 피해 내용

　④ 자원봉사 참여 방법 안내

(2) 위 글의 내용과 같은 것을 고르십시오.

　① 자원봉사자들은 피해를 입은 주민들과 함께 슬퍼했다.

　② 날씨가 추워졌지만 자원봉사자들은 땀이 날 정도로 열심히 일을 했다.

　③ 한국대학교 학생들이 비 때문에 피해를 입은 제주도에 가서 자원봉사 활동을 했다.

　④ 한국대학교 자원봉사단은 2010년에도 제주도를 방문해서 자원봉사를 한 적이 있다.

3 **다음을 읽고 질문에 답하십시오.** 阅读下文，回答问题。

> 　겨울철은 화재가 많이 발생하는 시기이다. 화재를 예방하는 것이 가장 좋은 방법이지만 화재가 났을 때 어떻게 해야 하는지 몇 가지 방법만 알아도 피해를 줄일 수 있다.
>
> 　불이 난 것을 보면 먼저 "불이야!"하고 큰소리로 외쳐서 다른 사람들에게 알려야 한다. 또한 엘리베이터를 이용하지 않고 계단을 이용해서 피해야 한다. 화재가 나면 대부분 정전이 되어서 엘리베이터가 멈추고 실내가 유독가스로 가득 차기 때문이다. 그렇기 때문에 복도와 계단을 이용하여 안전한 곳으로 피해야 한다. 아래층으로 나갈 수 없을 때에는 옥상으로 피해야 한다. 연기가 많을 때는 한 손으로 코와 입을 젖은 수건 등으로 막고 몸을 낮춰서 이동해야 한다. 연기 아래쪽에 맑은 공기가 있기 때문이다. 출구로 나갈 수 없다면 연기가 방 안으로 들어오지 못하도록 옷이나 이불을 물에 적셔서 문틈을 막고 구조를 기다려야 한다.

(1) 이 사람은 왜 이 글을 썼습니까?

　① 화재의 위험성을 알리려고　　　② 화재 대피 방법을 알리려고

　③ 화재의 주요 원인을 알리려고　　④ 화재 대피로의 중요성을 알리려고

(2) 위 글의 내용과 <u>다른</u> 것을 고르십시오.

　① 화재가 났을 때 계단으로 피해야 한다.

　② 화재가 나면 연기를 마시지 않도록 코와 입을 막아야 한다.

　③ 화재가 났는데 출구가 없을 때는 방 안에서 구조를 기다려야 한다.

　④ 화재가 나면 유독가스가 아래에 차기 때문에 몸을 낮게 하면 안 된다.

03

스마트폰이 우리 생활에 편리함을 주는 것은 사실이에요.

主题 互联网

词汇 与互联网相关的用法 ｜ 与互联网相关的词汇

语法 에 의하면 ｜ –(으)ㅁ

课题 传达信息 ｜ 叙述意见

두 사람은 무엇에 대해 이야기하고 있습니까? 这两人正在谈论什么事情?

여러분은 스마트폰을 하루에 몇 시간 정도 이용합니까? 你们一天使用智能手机几个小时?

대화 对话 52

리타	요즘 지하철을 타면 사람들이 다 스마트폰만 보는 것 같아요.
준이치	그렇지요? 전에는 지하철을 타면 신문이나 책을 읽는 사람들이 많았는데 요즘엔 그런 사람들을 보기 힘든 것 같아요.
리타	맞아요. 그런데 지하철에서뿐만이 아닌 것 같아요. 얼마 전에는 식당에 갔는데 한 가족이 대화는 하지 않고 휴대전화만 보면서 밥을 먹더라고요.
준이치	저도 그런 경우를 본 적이 있어요. 인터넷에서 신문 기사를 읽었는데 그 기사에 의하면 10대들은 하루에 7시간 이상 스마트폰을 이용한대요.
리타	그래요? 생각보다 더 오래 이용하네요.
준이치	스마트폰이 우리 생활에 편리함을 주는 것은 사실이지만 스마트폰을 그렇게 오래 사용하는 것은 문제인 것 같아요.

03 스마트폰이 우리 생활에 편리함을 주는 것은 사실이에요.　181

인터넷 관련 표현 与互联网相关的用法

글/정보/자료/사진/동영상/프로그램 文章/信息/照片/视频/节目	을/를 올리다 上载 을/를 내려받다 下载 을/를 검색하다 检索 을/를 삭제하다 删除

어휘 연습 词汇练习

● **아래에서 알맞은 것을 골라 문장을 완성하십시오.** 选择下面恰当的词汇，完成句子。

내려받다	올리다	검색하다	삭제하다

(1) 

인터넷에서 사진을 ________________았/었/였다.

(2) 

여행을 하면서 찍은 사진을 인터넷에 ________________
았/었/였다.

(3) 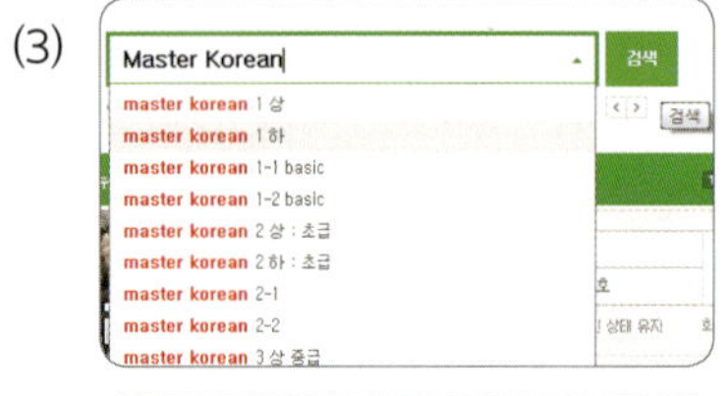

과제에 필요한 자료를 인터넷에서 ________________
았/었/였다.

(4) 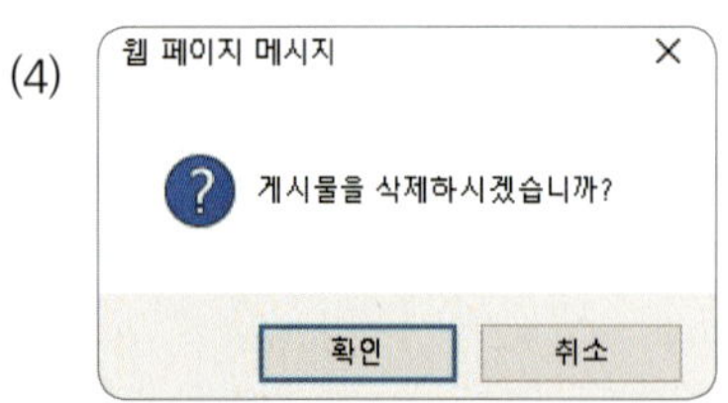

인터넷에 쓴 글을 ________________았/었/였다.

인터넷 관련 어휘 与互联网相关的词汇

홈페이지 网页

카페 韩国社群平台(贴吧)

| 회원 가입 注册、加入会员 | 아이디 账号 | 비밀번호 密码 |

| 로그인 登入 | 로그아웃 登出 |

어휘 연습 词汇练习

- **아래에서 알맞은 것을 골라 글을 완성하십시오.** 选择下面恰当的词汇，完成下文。

| 카페 | 아이디 | 로그인 | 회원 가입 | 비밀번호 | 로그아웃 |

요즘 책보다 인터넷으로 자료를 찾는 사람들이 많아졌다. 인터넷으로 다양한 자료를 찾을 수 있지만 인터넷 ___________에 있는 자료를 보려면 먼저 ___________을/를 해야 한다. 우선 인터넷에서 사용하는 이름인 ___________을/를 정한 후에 ___________을/를 정해야 한다. 그리고 ___________을/를 한 후에 그 카페의 회원으로 가입을 해야 한다.

에 의하면

接在名词后，用于引用后句的某个事实，并指出引用之内容的出处或根据时。

> 뉴스 + 에 의하면 → 뉴스에 의하면   책 + 에 의하면 → 책에 의하면

뉴스에 의하면 다음 주부터 교통 요금이 오른다고 한다. 根据新闻，说是下周开始交通费用将会上涨。

일기예보에 의하면 내일부터 기온이 뚝 떨어질 거라고 한다.
根据天气预报，说是明天开始气温将会骤降。

선생님 말씀에 의하면 90점 이상을 받아야 장학금을 받을 수 있다고 한다.
根据老师的话，说是要拿到90分以上，才可以拿到奖学金。

설문 조사 결과에 의하면 정보를 찾기 위해서 인터넷을 하는 사람이 가장 많은 것으로 나
타났다. 根据问卷调查的结果，使用互联网搜寻信息的人最多。

---

1 〈보기〉와 같이 문장을 완성하십시오. 仿照例句，完成句子。

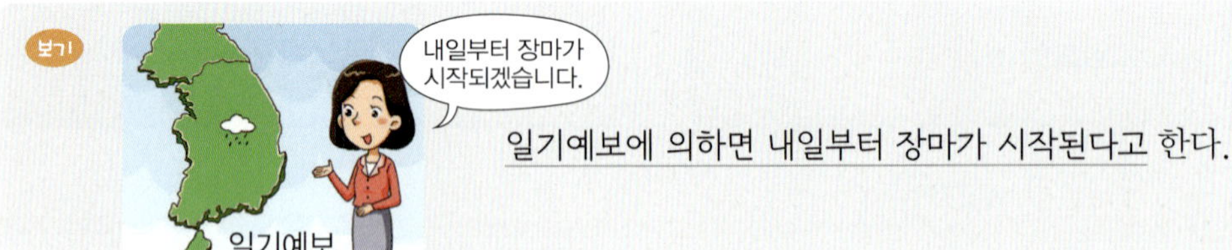

일기예보에 의하면 내일부터 장마가 시작된다고 한다.

(1)

연구 조사 결과

__________________________________ 한다.

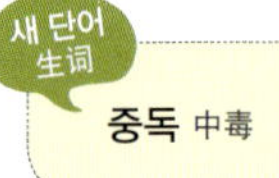

(2)

설문 조사 결과

__________________________________ 한다.

(3)

뉴스

__________________________________ 한다.

―(으)ㅁ

接在动词或形容词后，用于将动词或形容词改变为名词形时。也用于在笔记或介绍文中简单记录某个事实时。

가 + ㅁ → 감	읽 + 음 → 읽음	살 + ㅁ → 삶
기쁘 + ㅁ → 기쁨	젊 + 음 → 젊음	돕 + 음 → 도움

한국에 온 후에 나의 꿈을 찾아서 열심히 일하고 있다. 来韩国之后，找到我的梦想，认真地工作中。

대학 합격 소식을 들은 그녀는 기쁨을 감추지 못했다. 听见大学合格消息的她，隐藏不住喜悦。

과제는 이메일로 제출하기 바람. 希望课题以电邮提交。

한 번 지나간 시간은 다시 오지 않음을 항상 기억해야 한다.
要记住时间一旦流逝，就不会再回来。

1 〈보기〉와 같이 문장을 완성하십시오. 仿照例句，完成句子。

보기 학교 홈페이지에 자료를 올려놓았습니다.

(1) 회원 가입을 해야 자료를 내려받을 수 있습니다.

(2) 회원 가입을 하지 않은 학생은 먼저 회원 가입을 하기 바랍니다.

보기 학교 홈페이지에 자료를 올려놓았음.

(1) _______________________________

(2) _______________________________

2 〈보기〉와 같이 문장을 완성하십시오. 仿照例句，完成句子。

보기 설문 조사 결과를 통해 20대가 SNS를 가장 많이 이용함을 알 수 있었다.

(1) 설문 조사 결과를 통해 _______________________________

(2) 설문 조사 결과를 통해 _______________________________

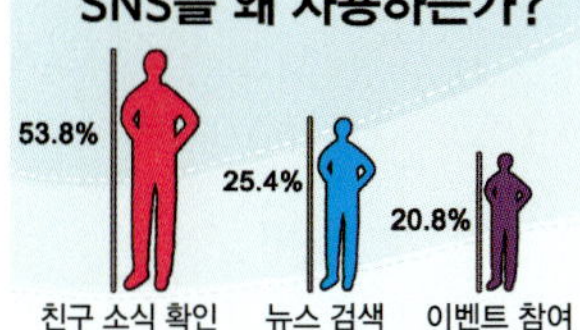

1 설문 조사 결과를 보고 다음과 같이 이야기해 보십시오. 看问卷调查结果，仿照下文说说看。

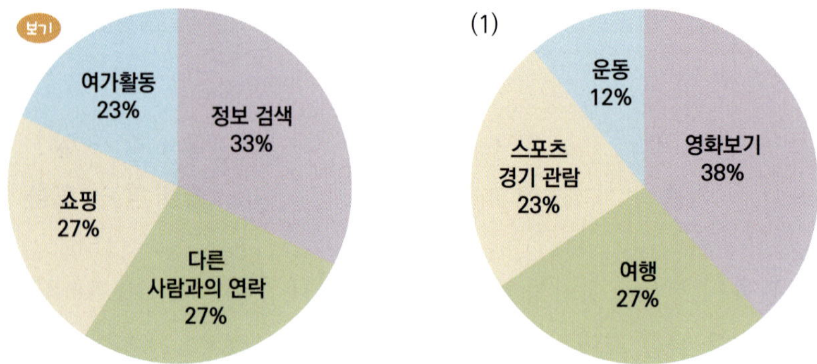

	보기	(1)
설문 조사 기관	한국대학교	서울시
설문 조사 대상	한국대학교 학생 300명	서울시 20~30대 직장인 1,000명
설문 조사 주제	스마트폰 사용 실태	희망하는 여가활동

보기

　최근 스마트폰을 사용하는 사람들이 많아졌습니다. 한국대학교에서 **학생 300명**을 대상으로 스마트폰 사용에 대해서 설문 조사를 했습니다. 조사 결과에 의하면 **정보를 검색하기 위해서** 스마트폰을 사용하는 사람들이 가장 많은 것으로 나타났습니다. 그다음으로는 **다른 사람과의 연락, 여가활동, 쇼핑**을 하기 위해서 스마트폰을 사용한다는 응답이 뒤를 이었습니다.

2 다음을 듣고 질문에 답하십시오. 听录音，回答问题。 🎧 **53**

(1) 남자가 이어서 할 행동으로 알맞은 것을 고르십시오.
　① 카페에 자료를 올린다.
　② 카페에 회원 가입을 한다.
　③ 도서관 홈페이지에 들어간다.
　④ 도서관 홈페이지에 회원 가입을 한다.

(2) 들은 내용과 같은 것을 고르십시오.
　① 여자는 선생님께 이메일을 보낼 것이다.
　② 남자는 여자에게 카페에 들어가서 회원 가입을 하라고 했다.
　③ 여자는 도서관 홈페이지에 들어가서 자료를 검색해서 찾았다.
　④ 선생님께서 아직 카페에 회원으로 가입을 하지 않은 친구들이 있다고 하셨다.

3 다음을 듣고 질문에 답하십시오. 听录音，回答问题。 🎧 **54**

(1) 다음 중 이야기하지 <u>않은</u> 것은 무엇입니까?
　① 블로그를 하는 이유
　② 블로그에 올리는 내용
　③ 블로그를 하면 좋은 점
　④ 블로그를 이용하는 방법

(2) 들은 내용과 <u>다른</u> 것을 고르십시오.
　① 여자는 블로그에 한국을 소개하는 글을 올리고 있다.
　② 남자는 한국에 오기 전에 한국에 대한 정보를 검색하기가 힘들었다.
　③ 여자는 고향에 있는 가족과 친구들을 위해서 인터넷에 사진을 올린다.
　④ 남자는 블로그를 하면서 한국에 있는 다른 외국인 친구들을 사귀었다.

1 **다음을 읽고 질문에 답하십시오.** 阅读下文，回答问题。

> 요즘 현대인들은 직접 매장에서 상품을 구매하는 오프라인 쇼핑뿐만 아니라, 온라인 쇼핑, 모바일 쇼핑 등 다양한 유형의 쇼핑을 즐긴다. 그렇다면 상품을 구매하기 전에 소비자들은 어떻게 그 상품에 대한 정보를 얻는 것일까?
>
> 한 설문 조사 결과에 의하면 상품을 구매하기 전에 인터넷을 검색하여 가격을 비교하거나 블로그 리뷰를 검색하는 경우가 많은 것으로 나타났다. 블로그 리뷰가 구매 결정에 직접적인 영향을 준 적이 있냐는 질문에 '있다'는 대답이 69%, '없다'는 대답이 31%로 많은 사람들이 블로그 리뷰를 검색해 봄을 알 수 있었다. 블로그 리뷰를 검색하는 상품 및 서비스는 맛집(57.7%), 제품(22%), 여행(11.9%), 서비스(5.1%), 문화/예술(3.3%) 순서로 나타났다. 그러나 이렇게 블로그 리뷰를 검색한 뒤 이것을 믿고 상품을 구입했거나 서비스를 이용한 후에 후회한 적이 있냐는 질문에는 '있다'는 대답이 40.8%, '없다'는 대답이 59.2%로 나타났다. 후회한 적이 없다는 사람이 후회한 적이 있다는 사람보다 많았으나, 후회했다는 사람 또한 많은 것을 보니까 무조건 블로그 리뷰를 믿고 구입하기보다 참고만 하는 것이 더 좋을 것으로 보인다.

(1) 이 글의 중심 생각을 고르십시오.

① 상품을 구입하기 전에는 반드시 블로그 리뷰를 검색해 보는 것이 좋다.

② 상품을 구입할 때는 오프라인 쇼핑보다 인터넷 쇼핑을 이용하는 것이 좋다.

③ 상품을 구입한 후에는 다른 사람을 위해서 블로그 리뷰를 남기는 것이 좋다.

④ 상품을 구입할 때 무조건 블로그 리뷰를 믿는 것보다 참고만 하는 것이 좋다.

(2) 위 글의 내용과 <u>다른</u> 것을 고르십시오.

① 사람들이 가장 많이 검색하는 블로그 리뷰는 맛집이다.

② 요즘 사람들은 오프라인, 온라인, 모바일 등으로 쇼핑을 즐긴다.

③ 사람들은 물건을 사기 전에 인터넷으로 상품을 가격을 비교해 본다.

④ 블로그 리뷰를 믿고 물건을 산 후에 후회하는 사람이 후회하지 않는 사람보다 많다.

새 단어 生词

구매하다 购买
리뷰 评价
구매 결정 购买决定

2 다음을 보고 빈칸에 알맞은 말을 쓰십시오. 看下图，将正确的答案写入空格内。

- 조사 대상: 한국에서 공부하고 있는 외국인 유학생 738명

- 설문 조사 내용

(1) 기회가 된다면 한국에 계속 살고 싶습니까?

네 67.9%	아니요 32.1%

(2) 그렇다면 그 이유는 무엇입니까?

한국인과 한국 문화가 좋아서 48.3%	생활환경이 좋아서 24.3%	안전 해서 14.2%	기타 13.2%

_________________________________을/를 대상으로 _________________에 대해서

조사했다.

　조사 결과에 의하면 _________________ㄴ/는다는 응답이 _________________았/었/였고,

_______________다는 응답이 _____________(으)로 나타났다. _____________(으)니/

는 이유로는 _______________(이)라는 응답이 _______________(으)로 가장 많았다. 이번

조사로 한국에 _________________________________(으)ㅁ을 알 수 있었다.

04

장학금은 두 학기 이상 못 받는다더니 꼭 그런 건 아닌가 봐요.

主题 传闻

词汇 与传闻相关的用法 1 | 与传闻相关的用法 2

语法 -다니요? | -ㄴ/는다더니

课题 反问 | 传达信息

두 사람이 무엇에 대해 이야기하는 것 같습니까? 两个人像是在谈论什么?

여러분은 어떤 소문을 들어 본 적이 있습니까? 你们听过什么样的传闻?

대화 对话 🎧 55

리타 준이치 씨, 왕리 씨 소식 들었어요?

준이치 소식을 듣다니요? 무슨 소식이요?

리타 왕리 씨가 이번 학기에 또 장학금을 받았대요.

준이치 그래요? 잘됐네요. 그런데 장학금은 두 학기 이상 못 받는다더니
꼭 그런 건 아닌가 봐요.

리타 저도 그런 줄 알았는데 아니었나 봐요. 왕리 씨가 아르바이트를 하면서
공부하느라 힘들어했는데 장학금을 받게 되어서 정말 기뻐하더라고요.

준이치 왕리 씨의 부모님께서도 정말 자랑스러워하시겠네요.
그런 걸 보고 고생한 보람이 있다고 하나 봐요.

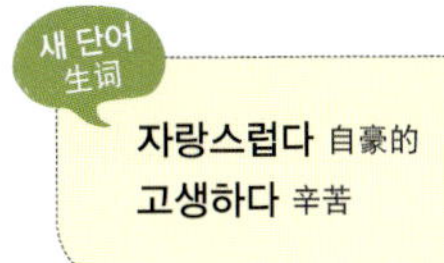

소문이 있다	소문을 내다	소문이 나다	소문이 퍼지다
据传、有消息	张扬	消息传开	传言扩散

어휘 연습 词汇练习

● **위에서 알맞은 것을 골라 대화를 완성하십시오.** 选择上面恰当的词汇，完成对话。

(1)　가 왕리 씨, 여자 친구가 생겼다는 게 정말이에요? 학교 사람들이 벌써 다 알던데요.

　　나 아, 그래요? 학교에 벌써 다 ＿＿＿＿＿＿＿＿＿＿았/었/였군요.

(2)　가 다음 달에 고향에 돌아간다는 얘기를 들었는데 어떻게 된 거예요?

　　나 네, 갑자기 고향에 가게 됐어요. 그런데 벌써 ＿＿＿＿＿＿＿＿＿았/었/였어요?

(3)　가 내일 새로운 학생이 전학 온다는 ＿＿＿＿＿＿＿던데 어느 나라 학생인지 알아요?

　　나 글쎄요, 저도 잘 모르겠는데요.

(4)　가 그 음식점이 문을 닫을 거라는 소문이 있었는데 사실이 아니었대요.

　　나 저도 들었어요. 음식점이 갑자기 유명해지니까 그런 소문도 생기네요.

　　　 누가 그런 ＿＿＿＿＿＿＿＿＿＿＿＿았/었/였을까요?

소문 관련 표현 2　与传闻相关的用法 2

입이 가볍다 嘴巴不牢

입이 무겁다 口风紧

귀가 얇다 耳根子软

귀가 가렵다 耳朵发热

어휘 연습 词汇练习

● **위에서 알맞은 것을 골라 문장을 완성하십시오.** 选择上面恰当的词汇，完成句子。

(1) 미나 씨는 ＿＿＿＿＿＿＿＿＿아/어/여서 다른 사람의 말을 잘 믿어요.

(2) 그 사람은 ＿＿＿＿＿＿＿＿＿(으)니까 비밀 얘기는 하지 마세요.

(3) 민수 씨는 ＿＿＿＿＿＿＿＿＿(으)니까 다른 사람에게 얘기하지 않을 거예요.

(4) 우리가 계속 왕리 씨의 이야기를 해서 지금 왕리 씨의 ＿＿＿＿＿＿＿＿＿겠어요.

–다니요?

接在动词或形容词后，用于对听见而得知的事实感到惊讶时，或是该事实与自己所知道的事实不同，无法相信或予以否定时。名词后接(이)라니요?。

가 + **다니요?** → **가다니요?**　　　먹 + **다니요?** → **먹다니요?**

크 + **다니요?** → **크다니요?**　　　춥 + **다니요?** → **춥다니요?**

가 리타 씨가 시험에 떨어졌대요. 听说丽塔考试落榜了。

나 매일 공부만 하는 리타 씨가 시험에 떨어지다니요? 말도 안 돼요.
　　每天埋头苦读的丽塔落榜了? 不可能的。

가 흐엉 씨의 고향에는 겨울이 없지요? 赫昂的故乡没有冬天吧?

나 겨울이 없다니요? 눈은 오지 않지만 겨울이 있어요. 没有冬天? 虽然不下雪，但是有冬天。

1 〈보기〉와 같이 대화를 완성하십시오. 仿照例句，完成对话。

> **보기** 가 내일 한국 문화 수업 시간에 할 발표 준비는 잘하고 있어요?
>
> 　　　나 <u>발표라니요?</u> 그게 무슨 말이에요?

(1) 가 저 커피숍에서 파는 커피가 한 잔에 20,000원이래요.

　　나 _______________________? 너무하네요.

(2) 가 내일까지 이 일을 다 해야 한대요.

　　나 _______________________? 시간이 없는데 어떡하지요?

2 〈보기〉와 같이 대화를 완성하십시오. 仿照例句，完成对话。

> **보기** 가 왕리 씨는 김치를 안 좋아하지요?
>
> 　　　나 <u>김치를 안 좋아하다니요?</u> 제가 김치를 얼마나 좋아하는데요.

(1) 가 박 선생님이 그렇게 무섭다면서요?

　　나 _______________________? 얼마나 친절하신데요.

(2) 가 내일 회의는 취소된 것 맞지요?

　　나 _______________________? 9시에 시작한다던데요.

−ㄴ/는다더니

接在动词或形容词后，用于对之前听见而得知的消息或情况说出自己的想法时。是−ㄴ/는다고 하더니的缩略形。

가 + ㄴ다더니 → 간다더니   먹 + 는다더니 → 먹는다더니
흐리 + 다더니 → 흐리다더니   덥 + 다더니 → 덥다더니

가 나 다음 달에 결혼해. 我下个月结婚。

나 결혼을 안 하고 혼자 산다더니 네가 제일 먼저 결혼하는구나.
你说不结婚，要独自生活，结果你最早结婚呀。

오늘 날씨가 덥다더니 별로 덥지 않아서 다행이다. 听说今天天气热，但幸好不太热。

리타 씨가 몇 달 동안 매일 발음 연습을 했다더니 발음이 정말 좋아진 것 같다.
听说丽塔每天练习发音，发音好像真的变好了。

1 〈보기〉와 같이 대화를 완성하십시오. 仿照例句，完成对话。

보기

가 어제 간 식당은 어땠어요?

나 유명한 식당이라더니 생각보다 음식이 맛없었어요.

(1)

가 어제 본 영화는 어땠어요?
나 _______________________________

(2)

가 리타 씨는 요즘 어떻게 지내요?
나 _______________________________

2 〈보기〉와 같이 대화를 완성하십시오. 仿照例句，完成对话。

보기

가 저 이번에 장학금을 받았어요.

나 공부를 하나도 못 했다더니 또 장학금을 받았어요?

(1)

가 저 이거 처음 먹어 보는데 정말 맛있네요.
나 _______________________________

(2)

가 늦어서 미안해요.
나 _______________________________

04 장학금은 두 학기 이상 못 받는다더니 꼭 그런 건 아닌가 봐요.   **195**

1 여러분이 잘못 알고 있었던 사실에 대해서 〈보기〉와 같이 친구와 이야기해 보십시오.
对于你们记错的事实，仿照例句，与朋友谈谈。

흐엉　준이치 씨가 여자 친구랑 헤어졌다면서요?

자르갈　여자 친구랑 헤어지다니요?

흐엉　제 친구가 그러는데 준이치 씨가 여자 친구와 싸우고 헤어졌다던데요.

자르갈　며칠 전에 두 사람이 싸우기는 했지만 헤어지지는 않았어요.

흐엉　그래요? 두 사람이 헤어졌다더니 제가 잘못 알았나 봐요.

자르갈　그럴 수도 있지요.

 다음을 듣고 들은 내용과 <u>다른</u> 것을 고르십시오. 听录音，选择与内容不符的选项。 **56**

① 유명한 연예인들도 그 식당에 자주 다녀갔다.

② 그 식당은 유명한 텔레비전 프로그램에 나왔다.

③ 그날 준비한 재료가 떨어지면 식당 문을 닫는다.

④ 그 식당은 다른 동네에 있다가 학교 앞으로 이사를 왔다.

3 다음을 듣고 들은 내용과 <u>다른</u> 것을 고르십시오. 听录音，选择与内容不符的选项。 **57**

① 리아 씨는 할머니의 소식을 듣고 걱정을 했다.

② 흐엉 씨는 2주 전 동호회 모임에서 리아 씨를 만났다.

③ 리아 씨는 결혼 준비 때문에 학교에 나오지 않고 있다.

④ 자르갈 씨는 리아 씨에게 고향에 돌아갈 거라는 얘기를 들었다.

❶ 다음을 읽고 질문에 답하십시오. 阅读下文，回答问题。

한국에는 '낮말은 새가 듣고 밤말은 쥐가 듣는다.'와 '발 없는 말이 천리를 간다.'는 속담이 있다. '낮말은 새가 듣고 밤말은 쥐가 듣는다.'라는 속담은 아무리 비밀로 얘기한 것도 누군가 들을 수 있으니 항상 말을 조심해야 한다는 뜻이고 '발 없는 말이 천 리 간다.'라는 속담은 사람들이 하는 말은 동물 '말'과 달리 발이 없지만 아주 먼 곳까지 빨리 갈 수 있으니 말을 조심해야 한다는 의미이다. 두 속담의 공통점은 무엇일까? 두 속담은 모두 '소문'과 관계가 있다.

소문이란 그 내용이 사실인지 아닌지 알 수는 없지만 사람들 사이에 퍼져 있는 이야기 또는 정보를 말한다. 소문은 주로 말로 전해지는데 그 내용이 사실인 경우도 있지만 사실과 완전히 다른 거짓 정보인 경우도 있다. 소문이 퍼지는 동안 소문의 내용이 처음과 달라지거나 작은 이야기가 아주 큰 이야기로 바뀔 수 있기 때문이다. 또한 다른 사람들에게 알리고 싶지 않은 이야기가 소문이 나서 곤란해지는 경우도 있다. 그렇기 때문에 (㉠   )

(1) 위 글의 내용과 <u>다른</u> 것을 고르십시오.

① 소문은 사실이 아닌 경우가 대부분이다.

② 소문은 대부분 사람들의 말로 전해진다.

③ 거짓 소문이 퍼져서 곤란하거나 피해를 입는 경우가 있다.

④ 소문은 퍼지면서 원래의 내용과 다른 내용으로 바뀌기도 한다.

(2) (㉠   )에 들어갈 말로 알맞은 것을 고르십시오.

① 사람들에게 퍼진 소문에는 이유가 있다.

② 말만 잘하면 어려운 일이나 불가능한 일도 해결할 수 있다.

③ 내가 남에게 좋게 말을 해야 남도 나에게 좋게 말을 대해 준다.

④ 소문을 무조건 믿거나 들은 이야기를 함부로 다른 사람에게 전하면 안 된다.

 다음을 읽고 질문에 답하십시오. 阅读下文，回答问题。

(　　㉠　　) 입소문이란 사람의 말로 전해지는 소문이란 뜻이며, 입소문 마케팅은 상품을 구입하거나 이용한 사람들이 그 상품에 대한 좋은 소문을 내게 하는 마케팅 방법이다. 입소문 마케팅은 일반 광고보다 비용이 저렴하며 평소에 광고를 잘 접할 수 없는 사람들에게도 전해질 수 있다는 장점이 있다. (　　㉡　　) 블로거들에 의한 홍보가 효과가 좋고 반응 또한 빠르다는 것을 알기 때문이다. 한 설문 조사에 의하면 "입소문과 일반 광고 중 어느 것을 더 믿습니까?"라는 질문에 80% 이상의 사람들이 일반 광고보다 입소문을 더 믿는다는 설문 조사 결과가 나왔다고 한다. (　　㉢　　) 입소문 마케팅은 단순히 그 상품에 대한 장점만 이야기하는 것이 아니라 그 상품을 직접 사용하고 이용해 본 체험이 더해져 더욱 믿을 수 있다는 것이다. (　　㉣　　) 이러한 이유로 인해 기업들에서도 입소문 마케팅을 많이 이용하고 있다.

(1)　다음 문장이 들어갈 알맞은 곳을 고르십시오.

> 입소문 마케팅은 말로 전해지기도 하지만 블로그 또는 메신저 등을 통해서 하기도 한다.

① ㉠　　　　② ㉡　　　　③ ㉢　　　　④ ㉣

(2)　위 글의 내용과 같은 것을 고르십시오.
　　① 입소문 마케팅은 블로거들만 할 수 있다.
　　② 입소문 마케팅은 일반 광고보다 광고 비용이 더 든다.
　　③ 입소문 마케팅은 상품을 직접 사용한 경험을 알리는 것이다.
　　④ 입소문은 믿을 수 없기 때문에 사람들은 일반 광고를 더 믿는다.

 여러분 나라의 말과 관련된 속담을 소개하는 글을 쓰십시오. 介绍你们的国家中，与说话有关的俗谚。

　　• 여러분 나라의 속담 중 말과 관련된 속담에는 어떤 것이 있습니까?
　　• 그 속담은 무슨 뜻입니까?
　　• 어떨 때 그 속담을 씁니까?

1 **아래에서 알맞은 것을 골라 문장을 완성하십시오.** 选择下面恰当的词汇，完成句子。

영하	홈페이지	로그인	태풍	번개

(1) 이번 _____________(으)로 인한 피해가 심각합니다.

(2) 어젯밤에 폭우와 함께 천둥과 _____________이/가 계속 쳤다.

(3) 이메일을 확인하려고 하는데 _____________이/가 되지 않는다.

(4) 한국어능력시험을 보려면 한국어능력시험 _____________에 들어가서 신청해야 한다.

(5) 내일 하루 종일 비가 내린 후에는 기온이 _____________(으)로 뚝 떨어질 것이다.

2 **아래에서 알맞은 것을 골라 문장을 완성하십시오.** 选择下面恰当的词汇，完成句子。

건조하다	사망하다	검색하다	무덥다	내려받다

(1) 단어의 뜻을 몰라서 사전을 _____________아/어/여 봤다.

(2) 겨울철에는 날씨가 _____________기 때문에 가습기를 켜고 잔다.

(3) 어제 있었던 교통사고로 많은 사람들이 _____________았/었/였다.

(4) 숙제에 필요한 자료를 _____________(으)려고 카페에 회원 가입을 했다.

(5) _____________(으)ㄴ 여름 날씨 때문에 시원한 음료수를 사 먹는 사람들이 많아졌다.

3 **아래에서 알맞은 것을 골라 대화를 완성하십시오.** 选择下面恰当的词组，完成对话。

입이 무겁다	일교차가 크다	눈이 그치다	사진을 올리다	부상을 입다

(1) 가 폭설이 밤까지 계속되면 어떡하죠?

　　나 오후에는 _____________(으)ㄹ 것 같은데요.

(2) 가 왕리 씨가 좋아하는 선수는 왜 시합에 나오지 않았어요?

　　나 지난 시합 때 _____________아/어/여서 못 나온대요.

(3) 가 날씨가 꽤 추워졌는데요?

　　나 요즘 아침저녁으로 ______________(으)니까 감기 조심하세요.

(4) 가 제가 흐엉 씨에게 비밀을 얘기했는데 혹시 흐엉 씨가 다른 사람에게 얘기하면 어떡하죠?

　　나 걱정하지 마세요. 흐엉 씨는 ______________(으)니까 믿어도 돼요.

(5) 가 리타 씨, 뭐하고 있어요?

　　나 어머니께서 한국 생활을 궁금해 하셔서 블로그에 ______________고 있었어요.

4 다음 중 (　　)에 알맞은 것을 고르십시오. 選擇恰当答案, 填入(　　)中。

(1) 두 사람이 매일 (　　　　) 결국 헤어졌군요.

　　① 싸웠던데　　　　　　　　　　　　② 싸운다더니

　　③ 싸우는 대로　　　　　　　　　　　④ 싸우느라고

(2) 가 약을 먹어도 감기가 낫지 않네요.

　　나 감기에 레몬차가 (　　　　) 한번 드셔 보세요.

　　① 좋다니까　　　　　　　　　　　　② 좋으면서도

　　③ 좋은 바람에　　　　　　　　　　　④ 좋은 대신에

(3) 지갑을 (　　　　) 조심하세요.

　　① 잃어버려서　　　　　　　　　　　② 잃어버리던데

　　③ 잃어버릴까 봐　　　　　　　　　　④ 잃어버리지 않도록

(4) 가 우리 점심에 김치찌개를 먹을까요?

　　나 리타 씨는 매운 음식을 잘 못 (　　　　) 다른 음식을 먹으러 가면 어때요?

　　① 먹거나　　　　　　　　　　　　　② 먹는다던데

　　③ 먹기 위해서　　　　　　　　　　　④ 먹는 데다가

(5) 가 다음 주부터 교통비가 오른다던데 얼마나 오르는지 아세요?

　　나 (　　　　) 지금보다 500원 정도 오를 거래요.

　　① 신문 기사라도　　　　　　　　　　② 신문 기사 때문에

　　③ 신문 기사에 의하면　　　　　　　　④ 신문 기사에 비해서

 아래에서 알맞은 것을 골라 대화를 완성하십시오. 选择下面恰当的语法，完成对话。

> 에 의하면   (으)로 인해서   -도록   -ㄴ/는다던데   -다니요?

(1)

가 요즘 왕리 씨가 매일 도서관에서 ___________________ 정말이에요?

나 네, 한국어능력시험이 있어서 열심히 공부하고 있대요.

(2)

가 리타 씨가 고향에 돌아갔다는 게 정말이에요?

나 ___________________? 조금 전에 도서관에서 봤는데요.

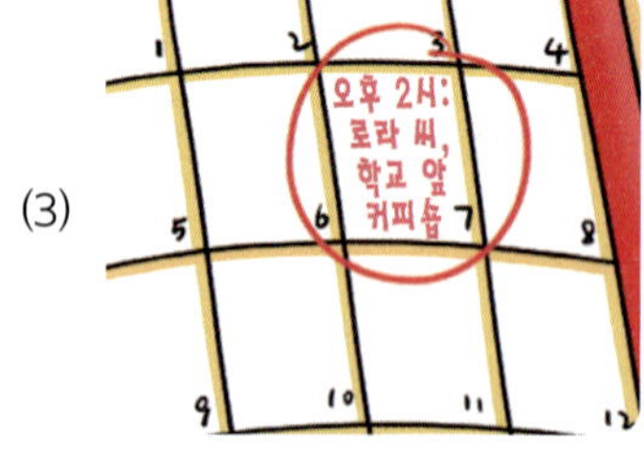

(3)

가 친구와의 약속을 잊어버려서 친구가 화가 많이 났어요.

나 다음엔 약속을 ___________________ 수첩에 꼭 써 놓으세요.

(4)

가 이번 주말에 여행을 가기로 했는데 비가 계속 오면 어떡하지요?

나 ___________________ 주말에는 비가 그친다니까 걱정하지 마세요.

(5)

가 자르갈 씨, 아직 숙제를 못 끝낸 거예요?

나 제 ___________________ 파일이 삭제되었거든요. 그래서 다시 하는 중이에요.

6 다음을 듣고 무엇에 대한 이야기인지 고르십시오. 听录音，选择正确的谈话主题。  **58**

① 도서관 홈페이지 회원 가입   ② 도서관 홈페이지 이메일 신청

③ 도서관 홈페이지 아이디 찾기   ④ 도서관 홈페이지 아이디 변경

7 다음을 듣고 질문에 답하십시오. 听录音，回答问题。 **59**

(1) 두 사람은 무엇에 대해 이야기하고 있습니까?

   ① 계절 변화   ② 일기예보

   ③ 계절 음식   ④ 한국의 사계절

(2) 들은 내용과 같은 것을 고르십시오.

   ① 한국 사람들은 계절마다 먹는 특별한 음식이 있다.

   ② 한국 사람들은 가을에 나물과 과일을 즐겨 먹는다.

   ③ 한국 사람들이 몸을 시원하게 하기 위해서 삼계탕을 먹는다.

   ④ 한국 사람들은 무더운 날씨 때문에 기운이 없을 땐 비빔밥을 먹는다.

8 다음 도표의 내용과 <u>다른</u> 것을 고르십시오. 选择与下面图表内容不符的一项。

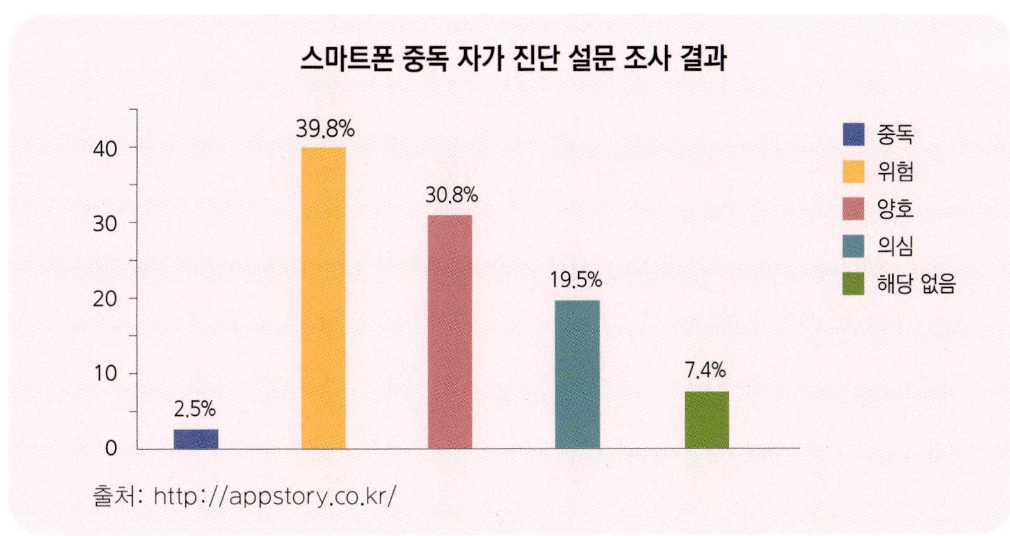

① 설문 조사 결과에 따르면 스마트폰 중독 위험이 있다는 응답이 가장 많았다.

② 스마트폰 중독 수준이 양호한 편이라는 대답이 두 번째로 많음을 알 수 있다.

③ 스마트폰 중독이 의심된다는 응답은 19.5%로 가장 높은 비율을 차지하고 있다.

④ 설문 조사 결과에 의하면 스마트폰에 완전히 중독되었다는 응답은 2.5%로 가장 적었다.

9 다음을 읽고 질문에 답하십시오. 阅读下文，回答问题。

인터넷 중독의 단계별 증상

01 초기 단계: 인터넷에 점점 몰입하기 시작
- 근무/수업 시간에 졸다가 꾸중을 듣거나 가끔 멍하니 앉아있다.
- 아침에 일어나기가 힘들어 지각하기도 한다.

02 중기 단계: 서서히 일상생활 부적응 발생
- 지각, 조퇴, 결석/결근을 자주 하게 된다.
- 업무/학업 능률이 저하되기 시작하고, 거짓말이나 주변 사람을 속이기 시작한다.

03 후기 단계: 금단, 내성 및 일상생활 장애 등 증상 심각
- 인터넷 사용 조절이 안되고, 충동적이며 행동 통제에 어려움을 느낀다.
- 가족이나 주변 사람들과 고립되어 있을 가능성이 크다.

　현대 사회에서 많은 것을 인터넷으로 해결할 수 있어 편리한 생활을 할 수 있지만 인터넷을 지나치게 사용함으로 인해 인터넷에 중독되는 사람들도 많아졌다. 인터넷 중독이란 인터넷을 너무 많이 사용하여 인터넷 사용에 대한 금단 증상이 나타나 이로 인하여 일상생활에 문제가 생기는 것을 말한다. 금단이란 인터넷을 하지 않으면 불안해하거나 우울해하다가 인터넷을 하는 순간 불안한 현상이 사라지는 것을 말하는데, 인터넷을 사용하지 않을 때에도 게임이나 채팅 등을 할 생각만 하고 이로 인해 집중력이 떨어진 상태가 계속된다. 또한 지금까지 본 자료보다 좀 더 자극적인 것을 찾아 나서기도 하는데 이것이 심각한 사람들은 가족이나 주변 사람들과 떨어져 있을 가능성이 크다. 따라서 인터넷에 중독되지 않도록 특별한 목적이 없이는 컴퓨터를 켜지 않으며 사용 시간을 가족들과 함께 결정하는 것이 좋다. 또한 인터넷 사용 이외에 운동이나 다른 취미 활동 시간을 늘리고 인터넷 때문에 식사나 자는 시간을 바꾸지 않아야 한다. 또한 컴퓨터를 사용할 때에도 옆에 알람 시계를 두어 사용하는 시간을 계속 확인하며 하는 것이 좋다. 인터넷은 우리 생활에 큰 도움이 되지만 이를 이용하는 목적에 맞게 적당히 사용하는 것이 중요하며 인터넷에 중독되지 않도록 해야 한다.

(1) 이 글의 중심 생각이 무엇입니까?

　① 인터넷에 중독되면 금단 증상이 나타난다.

　② 인터넷은 현대인들의 생활에 많은 도움을 준다.

　③ 인터넷을 이용 목적에 알맞게 적당히 사용해야 한다.

　④ 인터넷을 하면 중독이 될 수 있기 때문에 가능하면 사용하지 않는 것이 좋다.

(2) 위 글의 내용과 <u>다른</u> 것을 고르십시오.

　① 인터넷에 중독되면 우울해하거나 불안해한다.

　② 인터넷에 중독된 사람들을 더 자극적인 자료를 찾기도 한다.

　③ 인터넷에 중독되지 않으려면 가족과 함께 있을 때만 컴퓨터를 사용해야 한다.

　④ 인터넷에 중독되지 않기 위해서 특별한 목적이 있을 때만 컴퓨터를 이용하는 것이 좋다.

10 여러분은 어떤 방법으로 정보를 찾습니까? 소식을 전할 땐 어떻게 전합니까? 여러분이 정보를 찾거나 소식을 전할 때 주로 이용하는 방법 또는 매체에 대해서 쓰십시오. 你们以什么方法搜寻信息? 传达消息的时候，又是怎么传达? 请写下你们在搜寻信息或传达消息时，主要使用的方法(媒介)。

서울글로벌센터 首尔国际中心

　　首尔国际中心是外国人综合支援机关，扮演协助住在首尔的外国人像生活在自己国家一样的角色，同时也可以用英语、汉语、日语、越南语、蒙古语、菲律宾语、泰语、俄语、乌兹别克语等多国语言接受咨询与协助。在首尔市内7个外国人大量居住的地区，开办了世界村中心，在这里负责协助外国人定居首尔生活，并通过韩国文化教育介绍韩国。

　　主要业务为生活支援及信息提供、教育项目、文化项目、志愿服务项目等，可上门咨询、网上咨询、电话咨询。也通过与首尔国际中心、驻韩外国大使馆、外国人社群、劳工中心、警察局等的相互信息分享及联结，解决外国人不方便的地方。详细事项可以上http://global.seoul.go.kr/确认。

---

❶ 여러분은 한국에서 생활하면서 도움이 필요하거나 불편을 겪은 적이 있습니까?
你们住在韩国的时候，曾经需要协助或感到不便吗？

❷ 그때 어디에서 도움을 받았습니까? 那个时候从什么地方得到协助？

第 **10** 章

생활의 변화

01

고등학교에 다닐 때 연극을 했었어.

· · · · · · · ·

主题 传统故事

词汇 与传统故事相关的词汇 | -쟁이

语法 -았/었/였었- | -은/는 물론이고

课题 看图照顺序叙述 | 写传统故事

두 사람은 무슨 이야기를 하고 있습니까? 这两人正在谈论什么事情?

여러분은 연극을 본 적이 있습니까? 你们看过演剧吗?

대화 对话 🎧 60

피에르	이번 축제 때 '흥부와 놀부' 연극을 하기로 했어요.
리타	와, 그래요? 저도 고등학교에 다닐 때 연극을 했었는데 정말 재미있었어요. 그런데 '흥부와 놀부'는 어떤 내용이에요?
피에르	이 이야기는 욕심이 많은 형과 착한 동생의 이야기예요. 저는 놀부 역할을 맡았는데 놀부가 욕심 많은 형이에요.
리타	이번 연극에는 피에르 씨만 참여하나요?
피에르	아니요, 저는 물론이고 우리 반 친구들도 모두 참여해요. 자세한 내용은 공연에 와서 보세요. 재미있을 거예요.
리타	네, 정말 기대가 되네요. 꼭 보러 갈게요.

옛날이야기 관련 어휘 与传统故事相关的词汇

착하다 善良

복을 받다 得福

못되다 恶劣

벌을 받다 受罚

반성하다 反省

교훈을 주다 给予教训

교훈을 얻다 得到教训

어휘 연습 词汇练习

● **아래에서 알맞은 것을 골라 글을 완성하십시오.** 选择下面恰当的词汇，完成下文。

복을 받다	벌을 받다	반성하다	교훈을 얻다	교훈을 주다

나라마다 다양한 옛날이야기가 있지만 옛날이야기에는 늘 착한 사람과 못된 사람이 나온다.

이야기 속의 착한 사람은 다른 사람들을 도와주고 ＿＿＿＿＿＿＿＿ㄴ/는다. 그리고 못된 사람은

마지막에 ＿＿＿＿＿＿＿＿ㄴ/는다. 이런 옛날이야기를 듣고 아이들은 ＿＿＿＿＿＿＿＿게 된다.

–쟁이　名词后接쟁이，表示该名词的属性

욕심이 많다
贪心、贪得无厌
욕심이 나다 产生贪念
욕심을 내다 贪图

욕심쟁이 贪心鬼

겁이 많다 胆小易怯
겁이 나다 生怯
겁을 내다 胆怯、丧胆

겁쟁이 胆小鬼

고집이 세다 固执偏强
고집을 부리다 耍固执

고집쟁이 固执鬼

멋을 내다 凸显美
멋을 부리다 装扮、显摆美

멋쟁이 型男正妹、赶时髦的人

어휘 연습 词汇练习

● **위에서 알맞은 것을 골라 문장을 완성하십시오.** 选择上面恰当的词汇，完成句子。

> 보기　우리 누나는 외모에 관심이 많고 <u>멋 부리는</u> 것을 좋아한다.　　　　（ 멋쟁이 ）

(1) 나는 ＿＿＿＿＿＿＿아/어/여서 무서운 영화를 보면 밤에 화장실도 혼자 못 간다. （　　　）

(2) 옛날이야기에서 ＿＿＿＿＿＿＿고 못된 사람은 벌을 받고 착한 사람은 복을 받는다.

（　　　）

(3) 나는 ＿＿＿＿＿＿＿아/어/여서 다른 사람이 아무리 이야기해도 내 생각을 끝까지 바꾸지
않는다.　　　　　　　　　　　　　　　　　　　　　　　　　　　　　　　（　　　）

–았었/었었/였었–

接在动词与形容词后，表示过去某个行为结束，或是某种状态没有持续，造成过去与现在的差异。

가 + 았었다 → 갔었다   먹 + 었었다 → 먹었었다   좋아하 + 였었다 → 좋아했었다

가 동생이 어렸을 때부터 이렇게 키가 컸어요? 弟弟/妹妹从小时候开始就这么高吗?
나 아니요, 지금은 키가 큰데 어렸을 때는 아주 작았었어요. 不是的，现在很高，可是小时候很矮。

처음에 한국에 왔을 때는 한국어를 하나도 몰랐었어요. 一开始来韩国的时候，韩语一句都不会。

그 사람이 유명한 가수가 되기 전에는 저랑 친했었어요. 那个人在成为知名歌手前，和我很要好。

1 〈보기〉와 같이 대화를 완성하십시오. 仿照例句，完成对话。

> 보기 가 요즘도 등산을 자주 가요?
>
> 나 아니요, 전에는 <u>자주 갔었는데</u> 요즘에는 자주 못 가요.

(1) 가 왕리 씨, '한국 문화의 이해' 수업 들어 봤어요?

   나 네, 지난 학기에 그 수업을 ＿＿＿＿＿＿＿＿＿＿ 정말 재미있었어요.

(2) 가 김 선생님한테서 연락이 왔어요?

   나 네, 아까 ＿＿＿＿＿＿＿＿＿＿ 곧 오신다고 해요.

2 〈보기〉와 같이 문장을 완성하십시오. 仿照例句，完成句子。

> 보기 10년 전에는 <u>이 동네에 나무가 많았었는데 지금은 별로 많지 않아요.</u>

(1) 어렸을 때는 ＿＿＿＿＿＿＿＿＿＿＿＿＿＿＿＿＿＿＿＿

(2) 한국에 오기 전에는 ＿＿＿＿＿＿＿＿＿＿＿＿＿＿＿＿＿

-은/는 물론이고

接在名词后，表示"前面是理所当然的，后面也是如此"的意思。也写作 은/는 물론。之后的名词后面，与 도、까지 等助词一起使用。

친구들 + 은 물론이고 → 친구들은 물론이고   노래 + 는 물론이고 → 노래는 물론이고

가 집들이에 친구들을 초대했어요? 邀请朋友来乔迁宴了吗?

나 네, 친구들은 물론이고 선생님도 초대했어요. 是的，朋友是当然的，还邀请了老师。

이 옛날이야기에는 재미는 물론이고 감동도 있다. 这个传统故事不只有趣，也令人感动。

요즘은 휴대전화로 전화는 물론이고 인터넷 검색까지 할 수 있다.
最近手机不只能打电话，也可以搜寻互联网。

1 〈보기〉와 같이 문장을 완성하십시오. 仿照例句，完成句子。

> **보기** 한국어/중국어   리타 씨는 한국어는 물론이고 중국어도 잘해요.

(1) 평일/주말   왕리 씨는 ______________________________

(2) 전공과목/교양과목   매학기 ______________________________

2 〈보기〉와 같이 대화를 완성하십시오. 仿照例句，完成对话。

| 성적 | 뉴스 | 출석률 | 한국어 | 한국 드라마 | 한국 문화 |

> **보기** 가 4급 반으로 가려면 성적이 좋아야 하지요?
>
> 나 네, 진급하려면 성적은 물론이고 출석률도 좋아야 해요.

(1) 가 한국 생활을 잘 하려면 어떻게 해야 할까요?

나 ______________________________

(2) 가 피에르 씨는 한국어 발음이 참 좋아요. 어떻게 연습하셨어요?

나 저는 텔레비전을 보면서 발음 연습을 했어요. ______________________

1 다음은 '흥부와 놀부' 이야기의 주요 장면입니다. 그림을 보고 친구와 이야기해 보십시오.
以下是"兴夫与孬夫"故事的主要场景。请看图与朋友谈谈。

1

2

3

4

5

6

7

8

9

2 다음을 읽고 질문에 답하십시오. 阅读下文，回答问题。

흥부와 놀부

옛날에 욕심 많은 놀부와 마음 착한 흥부가 살았습니다. 부모님은 사시던 집을 놀부와 흥부에게 주시고 사이좋게 같이 살라고 하셨지만 놀부는 부모님이 돌아가신 후에 흥부에게 가족들을 데리고 집에서 나가라고 했습니다. 어쩔 수 없이 집에서 나온 흥부는 아주 가난하게 살았습니다.

그러던 어느 날 흥부는 나무에서 떨어진 제비를 치료해 줬습니다. 다음 해 봄에 제비는 흥부 집에 찾아와서 감사의 의미로 흥부에게 박씨를 줬습니다. 마당에 심은 박은 잘 자랐습니다. 박이 더 커져서 흥부와 흥부 아내는 박을 반으로 잘랐습니다. '펑'하는 소리가 난 후에 박 안에서 돈은 물론이고 큰 집까지 나왔습니다. 흥부는 마을에서 가장 큰 부자가 되었습니다.

이 소식을 들은 놀부는 흥부처럼 부자가 되고 싶었습니다. 흥부의 이야기를 들은 후에 놀부는 일부러 제비의 다리를 부러뜨리고 제비를 치료해 줬습니다. 놀부도 제비한테서 박씨를 얻었고 박이 자란 후에 놀부도 박을 반으로 잘랐습니다. 그런데 박 안에서는 도깨비가 나와서 놀부에게 벌을 주고 놀부의 집을 부숴 버렸습니다. 놀부는 자신의 욕심 많은 행동을 반성했지만 이미 모든 것을 잃은 후였습니다.

(1) 이 이야기의 교훈을 고르십시오.

① 흥부처럼 착한 일을 하면 복을 받는다.

② 동물을 소중하게 생각하면 큰 부자가 될 수 있다.

③ 무슨 일이든지 욕심을 내면 도깨비에게 벌을 받게 된다.

④ 자신의 나쁜 행동을 반성하면 사람들에게서 용서를 받을 수 있다.

(2) 위 글의 내용과 같은 것을 고르십시오.

① 놀부는 자신의 행동을 반성하지 않았다.

② 흥부는 제비의 다리를 일부러 부러뜨렸다.

③ 흥부는 제비가 준 박씨를 놀부에게 나누어줬다.

④ 놀부의 박에서 나온 도깨비는 놀부의 집을 부쉈다.

새 단어 / 生词

가난하다 贫穷　　**제비** 燕子　　**박씨** 葫芦种子　　**심다** 种植　　**박** 葫芦　　**자라다** 生长

일부러 故意　　**부러뜨리다** 折断　　**얻다** 得到　　**도깨비** 鬼怪　　**부수다** 砸碎

1 다음을 듣고 여자의 생각으로 맞지 <u>않는</u> 것을 고르십시오. 听录音，选择与女性的想法不符的选项。 **61**

① 흥부처럼 살고 싶지 않다.

② 흥부가 성공한 것은 행운이었다.

③ 흥부가 가난해서 가족들이 힘들어했다.

④ 흥부는 자신의 어려움을 이겨 내려고 노력했다.

2 다음을 듣고 질문에 답하십시오. 听录音，回答问题。 **62**

(1) 들은 내용과 같은 것을 고르십시오.

① 한국 사람은 이 이야기를 잘 모른다.

② 호랑이는 하늘에 올라가서 해가 되었다.

③ 이 이야기와 비슷한 이야기가 다른 나라에도 있다.

④ 남매는 살려 달라고 기도했지만 호랑이에게 잡아먹혔다.

(2) 여자가 이어서 할 행동으로 알맞은 것을 고르십시오.

① 남자에게 빌린 책을 돌려준다.

② 도서관에서 옛날이야기 책을 빌린다.

③ 친구에게 한국 옛날이야기를 추천한다.

④ 남자에게 중국의 해와 달 이야기를 해 준다.

새 단어 生词

잡아먹다 抓来吃
남매 兄妹
도망을 가다 逃跑
줄 绳子

3 여러분 나라의 옛날이야기를 아래에 써 보십시오. 将你们国家的传统故事写在下面。

새 단어 生词

나무꾼 樵夫
정직하다 正直
나무를 하다 伐木
연못 池塘
금도끼 金斧头
은도끼 银斧头
쇠도끼 铁斧头
한편 另一方面

주인공	나무꾼	옛날 어느 마을에 나무꾼이 살았다.
		이 나무꾼은 착하고 정직했다.
		나무꾼은 매일 산에서 나무를 했다.
내용		그러던 어느 날 나무꾼이 나무를 하다가 연못에 도끼를 빠뜨렸다. 도끼를 잃어버린 나무꾼은 소리 내어 울었다. 그때 연못에서 갑자기 노인이 나타났다. 그리고 노인은 금도끼와 은도끼, 쇠도끼를 보여 주며 어느 것이 나무꾼의 것인지 물었다. 나무꾼은 금도끼와 은도끼는 자신의 것이 아니고 쇠도끼가 자신의 도끼라고 말했다. 나무꾼의 말을 들은 노인은 나무꾼에게 쇠도끼는 물론이고 금도끼와 은도끼까지 선물로 줬다. 한편 이 소문을 들은 욕심쟁이 나무꾼은 연못을 찾아가 일부러 도끼를 연못에 빠뜨렸다. 그리고 연못에서 나타난 노인에게 금도끼와 은도끼, 쇠도끼가 모두 자기의 것이라고 말했다. 그렇지만 사실을 알고 있는 노인은 욕심쟁이 나무꾼에게 벌을 주고 쇠도끼를 가져가 버렸다.
교훈		착한 사람은 복을 받고 못된 사람은 벌을 받는다.

주인공		
내용		
교훈		

02

엄마가 바지를 버릴까 말까 하셨어요.

• • • • • • • •

主题 流行(个性)

词汇 与流行相关的词汇 | -스럽다

语法 하도 -아/어/여서 | -(으)ㄹ까 말까 하다

课题 叙述烦恼 | 寻求建议

두 사람은 무슨 이야기를 하고 있습니까? 这两人正在谈论什么事情?

요즘은 무엇이 유행입니까? 最近流行什么?

대화 对话 🎧 63

유나　밍밍 씨, 이 바지 어때요? 촌스러워 보여요?

밍밍　아니요. 그렇지 않아도 바지가 하도 예뻐서 어디에서 샀냐고 물어보려던
　　　참이었어요. 처음 보는 바지인데 새로 샀어요?

유나　아니요, 엄마가 젊었을 때 입으시던 옷이에요. 엄마가 바지를 버릴까
　　　말까 하셨는데 마음에 들어서 제가 달라고 했어요.

밍밍　엄마가 멋쟁이셨나 봐요. 요즘 이런 바지가 유행이던데요.

유나　그래요? 20년 전에 유행했던 옷이 지금 다시 유행한다고 하니까
　　　참 재미있네요.

밍밍　그러게요. 원래 유행은 돌고 돈다고 하잖아요.

유행 관련 어휘　与流行相关的词汇

(패션/병/노래)이/가 유행하다
(流行/疾病/歌曲)流行

유행을 따르다
追随流行

유행에 앞서다
站在流行前线

유행에 뒤떨어지다
跟不上流行

유행이 바뀌다
流行改变

개성이 강하다
个性强烈

세련되다
时髦、干练

어휘 연습　词汇练习

● **아래에서 알맞은 것을 골라 글을 완성하십시오.** 选择下面恰当的词汇，完成下文。

유행하다	유행에 앞서다	유행을 따르다	개성이 강하다

명동이나 동대문을 다니다 보면 비슷한 옷차람의 젊은이들을 보게 된다. 이들을 보면 요즘 무엇이

_______________________(으)ㄴ/는지 쉽게 알 수 있다. 어떤 사람들은 이렇게 같은 옷차림을

하고 _______________________(으)ㄴ/는 젊은이들이 개성이 없다고 생각한다. 하지만 유행을

따르는 것이 개성이 없는 것이라고 할 수 없다. 이것도 젊은이들만의 멋과 개성이라고 할 수 있다.

─스럽다 充满……、像……样的

사랑스럽다 可爱的	어른스럽다 老成的	촌스럽다 俗气的
자연스럽다 自然的	부자연스럽다 不自然的	

어휘 연습 词汇练习

● **위에서 알맞은 것을 골라 문장을 완성하십시오.** 选择上面恰当的词汇，完成句子。

(1) 어린아이들이 노래를 부르는 모습은 참 귀엽고 _____________ㄴ/는다.

(2) 나는 증명사진을 찍을 때 _____________(으)ㄴ 표정을 짓기가 어렵다.

(3) 요즘 유행하는 옷도 20년 후에 사진으로 보면 아주 _____________아/어/여 보일 것이다.

(4) 밍밍 씨는 나이가 어리지만 아주 _____________ㄴ/는다. 그래서 친구들이 밍밍 씨에게 여러 가지 걱정이나 고민을 이야기한다.

하도 –아/어/여서

是表示程度非常严重或非常大的副词 하도，与表示原因的 아/어/여서 结合而成的形态。하도可与 아주、너무 交换使用。

많 + 아서 → 하도 많아서   적 + 어서 → 하도 적어서   잘하 + 여서 → 하도 잘해서

가 왕리 씨하고 왕저우 씨가 참 닮았는데 두 사람이 형제예요? 王力和王州像极了，两人是兄弟吗?

나 아니요. 처음에는 저도 두 사람이 하도 비슷하게 생겨서 형제인 줄 알았어요.
不是。一开始我也看他们两个长得非常像，以为是兄弟呢。

토마토가 건강에 하도 좋다고 해서 매일 한 개씩 먹고 있어요.
听说西红柿对健康非常好，所以我每天吃一颗。

밤에 잠이 하도 안 와서 따뜻한 물로 목욕을 했어요. 晚上实在睡不着，所以洗了温水澡。

1 〈보기〉와 같이 대화를 완성하십시오. 仿照例句，完成对话。

가 흐엉 씨, 머리 아픈 건 좀 어때요?

나 어제는 머리가 하도 아파서 아무것도 할 수 없었는데 약을 먹고 좋아졌어요.

(1) 

가 그 책을 아직도 다 못 읽었어요?

나 아니요, 다 읽었는데 ______________ 한 번 더 읽고 있어요.

(2)

가 왕리 씨, 귤 좀 먹어 보세요. 가게에서 먹어 봤는데
______________________ 한 상자를 샀어요.

나 정말 많이 샀네요. 고맙습니다.

2 〈보기〉와 같이 문장을 완성하십시오. 仿照例句，完成句子。

 시험이 하도 어려워서 한 문제도 못 풀었어요.

(1) ______________________ 아무 말도 안 했어요.

(2) 그 사람이 ______________________ 한국 사람인 줄 알았어요.

–(으)ㄹ까 말까 하다

接在动词后，表示行为的主体对于要不要做前面的行为，感到烦恼或犹豫。也可以使用고민이다、고민하다、생각이다、생각하다、망설이다 等用法，来代替 하다。

가 + ㄹ까 말까 하다 → 갈까 말까 하다　　먹 + 을까 말까 하다 → 먹을까 말까 하다

가 이번 방학 때 고향에 갈 거예요? 这次放假要回故乡吗?

나 아직 모르겠어요. 고향에 갈까 말까 생각 중이에요. 还不知道。正在想要不要回故乡。

가 어제 도서관에 갔어요? 昨天去了图书馆吗?

나 아니요, 도서관에 갈까 말까 하다가 비가 와서 그냥 집에서 쉬었어요.
没有，正想着要不要去图书馆，就下雨了，干脆待在家里休息。

1 〈보기〉와 같이 대화를 완성하십시오. 仿照例句，完成对话。

가 머리를 짧게 <u>자를까 말까 고민이에요.</u>

나 그래요? 리타 씨는 머리가 짧아도 잘 어울릴 것 같아요.

(1)

가 '흥부와 놀부' 연극 보러 갈 거예요?

나 글쎄요, ________________________

(2)

가 학교에서 집이 멀어서 이사를 갈까 해요.

나 그래요? 저도 월세가 올라서 ________________________

2 〈보기〉와 같이 대화를 완성하십시오. 仿照例句，完成对话。

보기 가 그 노트북 샀어요?

나 아니요, <u>노트북을 살까 말까 고민하다가 너무 비싸서 안 샀어요.</u>

(1) 가 왕리 씨도 오리엔테이션에 참석했지요?

나 네, ________________________

(2) 가 그 사람에게 좋아한다고 고백을 했어?

나 아니, ________________________

1 여러분은 요즘 할까 말까 고민하고 있는 것이 있습니까? 친구와 이야기해 보십시오.
你们最近有犹豫要不要做的事情吗？和朋友谈谈。

2 〈보기〉와 같이 이야기해 보십시오. 仿照例句，练习对话。

보기

피에르　**머리를 자를까 말까** 고민하고 있는데 네 생각은 어때?

밍밍　　지금 **머리도 괜찮은데** 왜 **자르려고** 해?

피에르　**날씨가 하도 더워서 자르면** 어떨까 해서.

밍밍　　그럼 요즘 **짧은 머리가 유행이라던데** 너도 한번 **잘라 보지** 그래?

피에르　**머리를 짧게 잘라 본 적이 없어서 어색할까 봐** 그래.

밍밍　　내 생각에는 **짧은 머리가 너에게도 잘 어울릴 것 같아.**

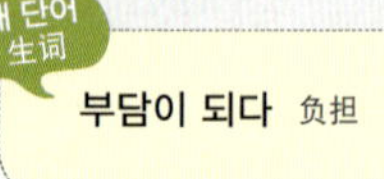

		보기	(1)	(2)
상황		머리를 자르다	휴대전화를 바꾸다	집을 학교 근처로 옮기다
고민	하고 싶은 이유	날씨가 너무 덥다	인터넷 속도가 너무 느리다	교통이 너무 불편하다
	망설이는 이유	머리를 짧게 잘라 본 적이 없다/어색하다	휴대전화가 너무 비싸다/부담이 되다	학교 근처는 월세가 비싸다/돈이 부족하다
조언	이유 1	짧은 머리가 유행이다/자르다	새로 나온 휴대전화가 좋다/바꾸다	학교 근처에 빈 방이 많이 있다/부동산을 찾아 가다
	이유 2	짧은 머리가 너에게도 잘 어울리다	사용하기에 불편하다면 바꾸는 게 좋다	학교 근처로 이사 가면 교통비가 들지 않아서 좋다

3 다음을 읽고 질문에 답하십시오. 阅读下文，回答问题。

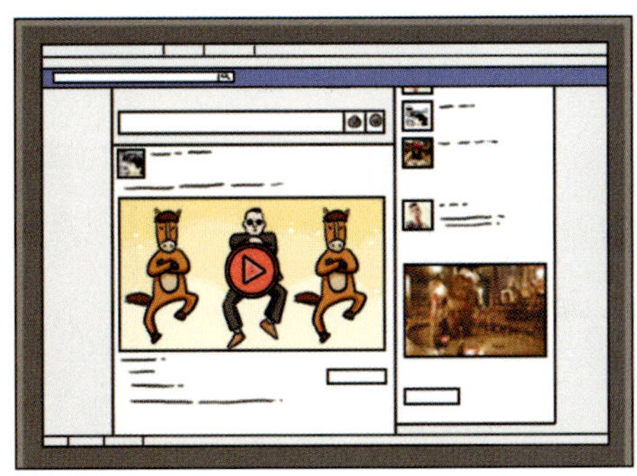

몇 년 전 싸이의 '강남스타일'이 전 세계적으로 인기를 끌었다. 한국 가수의 노래가 다른 나라에 있는 사람들에게 큰 관심을 받았는데, 여러 나라에서 같은 시기에 인기를 끌게 된 이유는 무엇일까? 이것은 SNS(Social Network Service)의 영향이라고 볼 수 있다. 물론 '강남스타일'은 이 노래만이 가지고 있는 가사, 멜로디의 독특함, 재미있는 춤 등 남녀노소 누구나 즐길 수 있는 요소를 갖고 있다는 장점이 있다. 하지만 SNS가 아니었다면 이렇게 크게 유행하지 못했을 것이다. 사람들이 세상과 소통하기 위해 자주 사용하는 SNS가 싸이의 '강남스타일'의 춤과 노래를 전 세계적으로 유행시킨 것이다. 요즘 이렇게 SNS에서 노래나 동영상이 전 세계적으로 유행하고 있는데 이것은 세계의 많은 나라가 옛날과 다르게 비교적 같은 문화를 공유하게 되었다는 것을 보여 준다.

(1) '강남스타일' 노래가 전 세계적으로 인기를 끈 이유가 <u>아닌</u> 것을 고르십시오.

　① 노래에 맞춰 추는 춤이 재미있어서

　② 세계의 많은 나라의 문화를 담고 있어서

　③ 이 노래만이 가지고 있는 특별함이 있어서

　④ SNS로 많은 사람들이 이 노래를 듣게 돼서

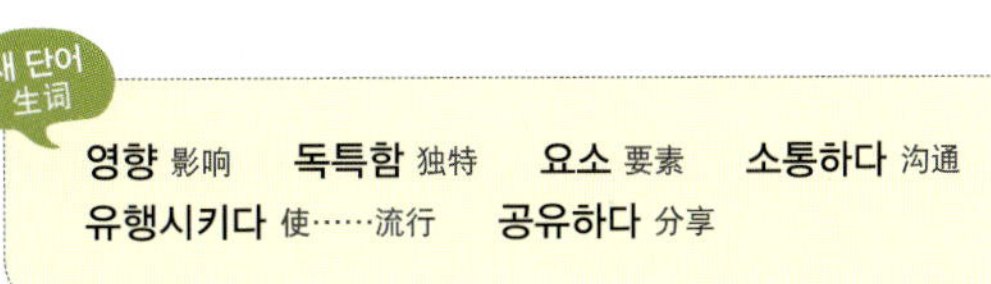

새 단어
生词

영향 影响　　**독특함** 独特　　**요소** 要素　　**소통하다** 沟通
유행시키다 使……流行　　**공유하다** 分享

1 그림을 보고 과거 한국에서 유행했던 것에 대해 이야기해 보십시오. 请看图片，说说过去韩国流行过的东西。

2 다음을 듣고 질문에 답하십시오. 听录音，回答问题。 **64**

(1) 옛날 물건이 인기 있는 이유가 <u>아닌</u> 것을 고르십시오.

   ① 힘든 현재의 삶을 위로해 주기 때문에

   ② 젊은 세대에게 희망과 꿈을 주기 때문에

   ③ 기성세대에게 아름다운 추억을 생각나게 하기 때문에

   ④ 과거의 추억이 복잡한 마음을 편안하게 해 주기 때문에

(2) 들은 내용과 같은 것을 고르십시오.

   ① 두 사람은 함께 백화점의 음악다방에 갔다.

   ② 예전의 백화점에는 엘리베이터 도우미가 없었다.

   ③ 예전에는 큰 티셔츠와 폭이 넓은 바지가 유행했다.

   ④ 백화점의 음악다방에서는 모든 손님들에게 무료로 차를 준다.

새 단어
生词

다방 茶房   **노래를 틀다** 播放音乐   **통이 넓은 바지** 宽筒裤

기성세대 老一代   **추억** 回忆   **젊은 세대** 年轻世代   **떠올리다** 回想起

3 다음을 듣고 질문에 답하십시오. 听录音，回答问题。 **65**

(1) 여자의 생각으로 맞는 것을 고르십시오.

① 옛날 노래는 요즘 노래보다 촌스럽다.

② 옛날 노래는 시간이 지나면 잊혀지기 쉽다.

③ 노래를 들으면서 공부하면 집중하기 힘들다.

④ 노래가 인기가 있는 것은 그만큼 좋기 때문이다.

(2) 들은 내용과 같은 것을 고르십시오.

① 두 사람은 같은 중학교에 다녔었다.

② 여자는 이 노래의 가사를 모두 안다.

③ 남자는 예전에 이 노래를 자주 들었었다.

④ 두 사람은 이 가수의 콘서트에 갈 것이다.

03

1년 만에 그렇게 많이 변했단 말이에요?

主题 都市的变化

词汇 与都市相关的词汇 | 与变化相关的用法

语法 –ㄴ/는단 말이에요? | 만 해도 1

课题 叙述与过去不同的事情 | 阅读关于壁画村的文章

두 사람은 무슨 이야기를 하고 있습니까? 这两人正在谈论什么事情?

여러분의 고향은 과거에 비해서 어떻게 변했습니까? 与过去相比，你们的故乡变得怎样了?

대화 对话 🎧 66

왕리   파티마 씨, 고향에 잘 다녀왔어요?

파티마   네, 가족도 만나고 먹고 싶었던 고향 음식도 실컷 먹고 왔어요.

왕리   저는 공부하느라고 고향에 못 갔는데 정말 좋았겠어요. 부럽네요.

파티마   그런데 고향에 갔더니 이것저것 몰라보게 달라져서 깜짝 놀랐어요.
1년 전만 해도 있던 오래된 시장이 없어지고 거기에 고층 건물이
생겼더라고요.

왕리   1년 만에 그렇게 많이 변했단 말이에요?

파티마   네, 고향에 갈 때마다 바뀌어서 한국보다 고향이 낯설게
느껴질 때가 있어요.

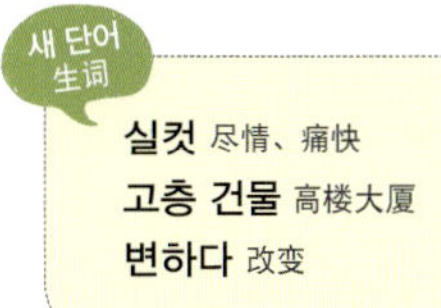

도시 관련 어휘 与都市相关的词汇

인구 人口	면적 面积	위치 位置
수도 首都	도시 都市	시골 乡下
(문화, 교통, 정치, 경제) 중심지 (文化、交通、政治、经济)中心地	발전하다/발전되다 发展/已发展	(으)로 유명하다 以……出名

어휘 연습 词汇练习

● **아래에서 알맞은 것을 골라 글을 완성하십시오.** 选择下面恰当的词汇，完成下文。

인구	면적	중심지	위치	도시

(1) 서울은 한국의 정치, 경제, 사회, 문화의 _______________(으)로 한국의 과거, 현재, 미래를 볼 수 있는 _____________이다.

(2) 서울은 한반도의 가장 가운데에 있고 _____________은/는 605.25㎢이다. 서울의 ________ 은/는 2016년을 기준으로 하여 1천만 명이 넘는다.

(3) 서울은 1394년에 조선의 수도가 되었다. 서울은 한국의 과거와 현재, 미래를 모두 볼 수 있어 역사가 흐르는 세계적인 _____________(이)라고 할 수 있다.

변화 관련 표현　与变化相关的用法

(값/물가/성적/온도)이/가 오르다
(价格/物价/成绩/温度)上升

(값/성적/온도)이/가 떨어지다
(价格/成绩/温度)下降

(인구/일/여가 시간/체중)이/가 늘다
(人口/工作/休闲时间/体重)增加

(인구/일/여가 시간/체중)이/가 줄다
(人口/工作/休闲时间/体重)减少

(학생 수/식사량/체중)이/가 증가하다
(学生数/食量/体重)增加

(학생 수/식사량/체중)이/가 감소하다
(学生数/食量/体重)减少

어휘 연습　词汇练习

● **아래에서 알맞은 것을 골라 글을 완성하십시오.** 选择下面恰当的词汇，完成下文。

오르다	내리다	증가하다	감소하다

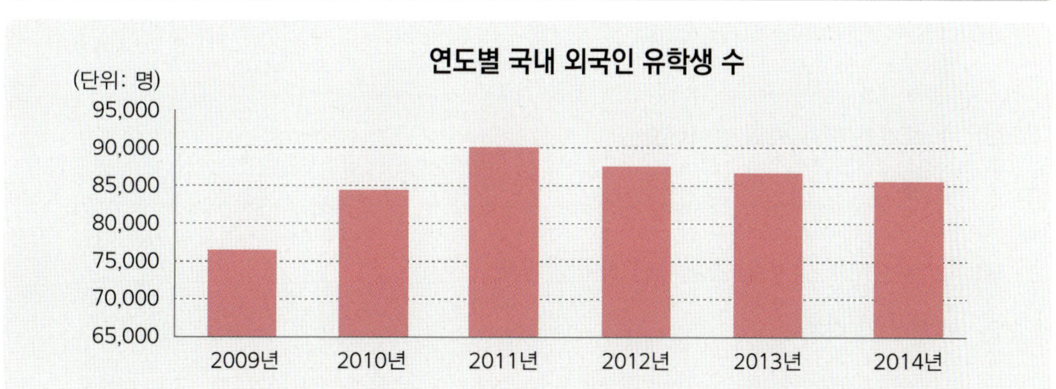

통계청에서 한국에 살고 있는 외국인 유학생의 수를 조사하였다. 이 자료에 의하면 2011년까지 한국에 살고 있는 외국인 유학생 수가 계속 ＿＿＿＿＿＿＿아/어/여서 9만 명에 이르렀다. 그러나 2012년부터 ＿＿＿＿＿＿＿기 시작하여 2014년에는 외국인 유학생 수가 84,891명이 되었다.

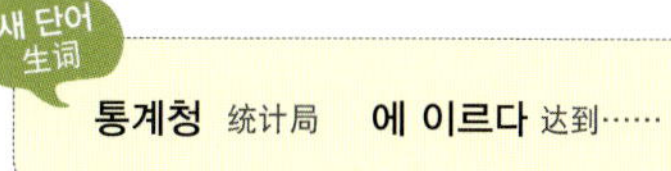

03 1년 만에 그렇게 많이 변했단 말이에요?　231

–ㄴ/는단 말이에요?

接在动词或形容词后，用于对听到而新得知的事实感到惊讶或感叹时，或是确认事实时。

> 가 + ㄴ단 말이에요? → 간단 말이에요?   먹 + 는단 말이에요? → 먹는단 말이에요?
> 크 + 단 말이에요? → 크단 말이에요?   춥 + 단말이에요? → 춥단 말이에요?

가 음식이 하도 맛있어서 밥을 세 그릇이나 먹었어요. 食物实在太好吃，饭吃了三碗。

나 그렇게 많이 먹었단 말이에요? 你说你吃了那么多啊？

가 김수정 선생님이 다음 달에 결혼하신대요. 听说金秀贞老师下个月结婚。

나 선생님이 결혼하신단 말이에요? 你说老师要结婚了？

1 〈보기〉와 같이 대화를 완성하십시오. 仿照例句，完成对话。

> 보기
> 가 지금 밖에 비가 아주 많이 오고 있어요.
> 나 지금 비가 온단 말이에요?

(1) 가 주말에 비행기 표가 없어서 내일 고향에 가게 되었어요.

나 ____?

(2) 가 서울의 인구는 약 천만 명이에요.

나 ____?

(3) 가 여기가 리타 씨의 집이에요.

나 와, ____?

(4) 가 저는 아직 남자 친구를 사귄 적이 없어요.

나 네? 한 번도 _____________________________________?

(5) 가 파티마 씨가 한국어능력시험 4급에 합격했어요.

나 _________________________________? 정말 잘됐어요.

만 해도 1

接在表示某个时间或时间点的表现后，用于说明该时间点的情况与现在的情况不同时。

10년 전 → 10년 전**만 해도**   지난주 → 지난주**만 해도**

가 여기는 사람도 많고 정말 복잡하군요. 这里人也很多，非常杂乱呢。

나 10년 전만 해도 여기가 이렇게 복잡하지 않았어요. 仅仅十年前，这里还没有这么杂乱。

가 지난주만 해도 날씨가 더웠는데 이제는 제법 쌀쌀하네요. 上周天气还很热，现在变得非常凉了。

나 네, 이제 겨울옷을 꺼내야겠어요. 是的，现在该拿出冬天的衣服才行了。

> **새 단어 生词**
> **제법** 非常

1 〈보기〉와 같이 문장을 완성하십시오. 仿照例句，完成句子。

| 30분 전 | 6개월 전 | 조금 전 | 어제 | 초등학생 때 | 고향에 있을 때 |

보기 <u>6개월 전만 해도</u> 한국말을 하나도 몰랐어요.

(1) ______________________________ 날씨가 따뜻했어요.

(2) ______________________________ 길이 이렇게 막히지 않았어요.

(3) ______________________________ 우산이 여기에 있었는데 우산이 없어졌어요.

(4) ______________________________ 할머니 댁에 자주 갔는데 지금은 거의 못 가요.

(5) ______________________________ 매운 음식을 잘 못 먹었는데 지금은 잘 먹어요.

1 다음은 과거와 현재의 도시의 모습입니다. 도시의 변화된 모습을 친구와 이야기해 보십시오.
以下是过去与现在的都市模样。和朋友谈谈都市改变后的模样。

1966년

2016년

2 〈보기〉와 같이 이야기해 보십시오. 仿照例句，练习对话。

보기

밍밍   자르갈 씨, **방학**에는 뭘 했어요?

자르갈   이번 **방학**에는 시골 할머니 댁에 다녀왔어요. 할머니 댁에 오랜만에 갔더니 많이 달라졌더라고요.

밍밍   뭐가 달라졌는데요?

자르갈   **몇 년 전**만 해도 관광객이 별로 없었거든요. 그런데 이번에 갔더니 관광객이 정말 많아졌더라고요.

밍밍   그럼 예전과 좀 달라졌겠어요.

자르갈   네, 호텔과 식당이 많이 생겼어요. 그래서 더 편해졌지요.

	보기	(1)	(2)
언제	방학	휴가	명절
어디	시골 할머니 댁	부산 친구 집	고향 집
얼마 만에 가다	몇 년	1년	5년
달라진 것	· 관광객이 많아지다 · 호텔과 식당이 많이 생기다	· 큰 쇼핑센터가 생기다 · 교통이 좀 복잡해지다	· 큰 공원이 생기다 · 공기가 좋아지다
결과	더 편하다	좀 불편하다	더 좋다

3 여러분의 고향은 과거와 어떻게 달라졌습니까? 무엇이 달라졌는지 써 보십시오.

你们的故乡相较于过去变得怎么样? 写下什么改变了。

> · 여러분이 태어난 곳은 어떤 곳입니까?
>
> · 살던 곳을 떠나고 얼마 만에 다시 갔습니까?
>
> · 여러분이 살던 곳은 과거와 무엇이 어떻게 달라졌습니까?

1 다음을 듣고 들은 내용과 같은 것을 고르십시오. 听录音，选择正确答案。 **67**

① 한 사람의 노력으로 한국공원 앞 사거리가 변했다.

② 한국공원은 깨끗한 공원이었지만 지금은 더러워졌다.

③ 예전에는 사람들이 아무 데나 쓰레기를 버리지 않았다.

④ 10년 전에는 한국공원 앞에서 질서를 지키는 사람이 많았다.

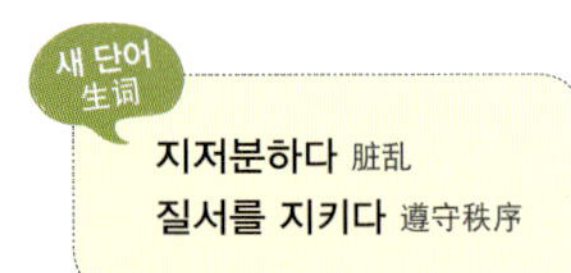

2 다음을 듣고 질문에 답하십시오. 听录音，回答问题。 **68**

(1) 대화의 내용과 관련 있는 그래프가 <u>아닌</u> 것을 고르십시오.

① 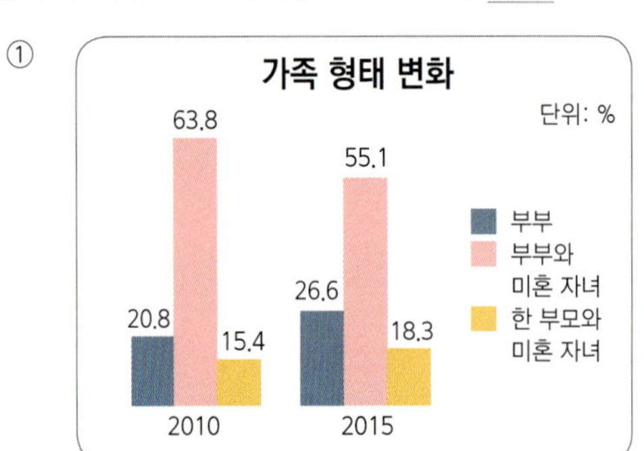

② 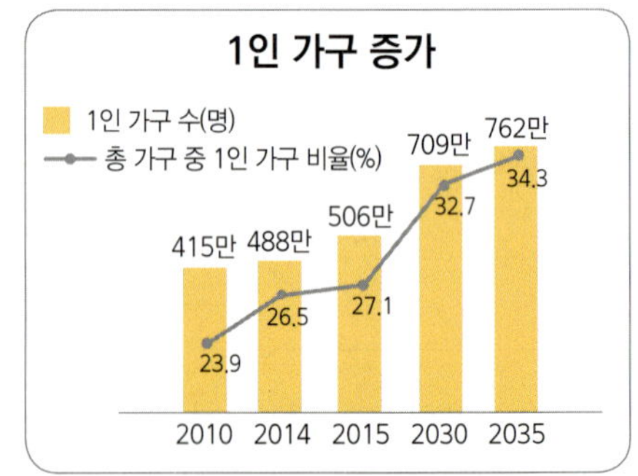

③

④ 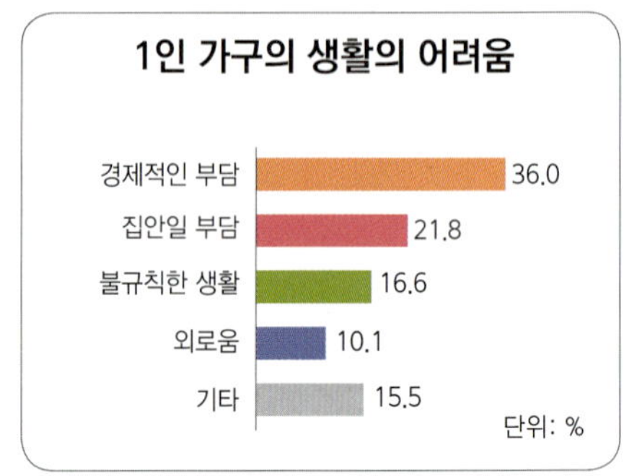

(2) 들은 내용과 같은 것을 고르십시오.

① 여자는 집안일이 많아서 스트레스를 받고 있다.

② 남자는 혼자 살면 불편한 점이 많다고 생각한다.

③ 남자는 회사가 멀어서 회사 근처에서 혼자 산다.

④ 여자는 앞으로 결혼하지 않고 혼자 살고 싶어 한다.

3 다음을 읽고 맞는 것을 고르십시오. 阅读下文，选择正确答案。

오래된 주택가가 완전히 바뀌었다. 낡은 벽에 알록달록 예쁜 색 옷을 입힌 것이다. 이곳은 서울에 있는 한 작은 마을인데, 2006년 66명의 화가들이 오래되어 많이 낡은 주택의 벽에 그림을 그리기 시작했다. 작가들의 개성에 따라 저마다 다른 모습의 벽화들이 완성되었다. 그 이후부터 일부러 이 마을을 찾는 사람이 생겨났고 외국인 관광객도 찾아올 정도로 인기가 높아졌다. 그 덕분에 최근 드라마와 영화 촬영 장소로도 인기를 끌고 있다. 이 벽화마을에 가면 벽화 앞에서 멋진 사진을 찍는 사람, 카페에 앉아 조용한 벽화를 지켜보는 사람들 등 자신만의 방법으로 이곳을 즐기는 사람들을 볼 수 있다. 화가들이 오래된 주택에 사는 주민들에게 작은 행복을 주기 위해 그린 벽화들이 이제는 모든 사람들에게 행복을 가져다주었다.

① 서울에 벽화마을이 많이 생기고 있다.

② 드라마를 찍은 후에 벽화마을이 유명해졌다.

③ 벽화마을은 외국인 관광객과 주민들을 위해 만들었다.

④ 벽화는 화가들이 낡은 주택에 사는 주민들을 위해 그렸다.

새 단어
生词

주택가 住宅	**완전히** 完全	**알록달록** 花花绿绿	**화가** 画家	**생겨나다** 出现

04

로봇 청소기로 청소하면 깨끗하게 안 될지도 모르잖아요.

主题 生活科学

词汇 与变化相关的词汇 | 与空闲相关的词汇

语法 –(으)ㄹ지도 모르다 | 얼마나 –ㄴ/는다고요

课题 推测 | 阅读关于汽车历史的文章

두 사람은 무슨 이야기를 하고 있습니까? 这两人正在谈论什么事情?

생활에 편리함을 주는 전자 제품에는 무엇이 있는지 이야기해 봅시다.
请谈谈有哪些带给生活方便的电子产品。

대화 对话 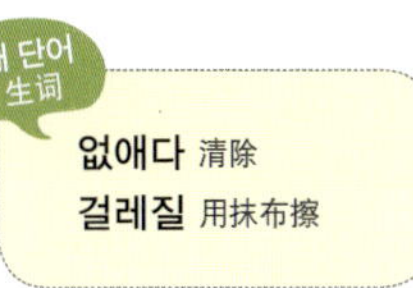

토니   리타 씨, 이 광고 좀 보세요. 로봇 청소기 광고인데 켜 놓기만 하면 혼자서 집안을
돌아다니면서 청소를 다 해 준대요. 정말 편하겠지요?

리타   글쎄요, 전 별로인데요. 로봇 청소기로 청소를 하면 깨끗하게 안 될지도 모르잖아요.

토니   그렇지 않을 것 같아요. 먼지를 없애는 것은 물론이고 걸레질까지 해 준대요.

리타   그래도 저는 직접 청소하는 게 나을 것 같아요.

토니   물론 사람이 청소하는 것만 못하겠지만 저는 하나 사야겠어요. 청소하는 게
얼마나 귀찮다고요.

변화 관련 어휘 与变化相关的词汇

이/가 사라지다 ……消失	이/가 나타나다 出现……
(으)로 변화하다 变成……	이/가 변화되다 ……改变
을/를 개발하다 开发……	이/가 개발되다 ……被开发

어휘 연습 词汇练习

● **아래에서 알맞은 것을 골라 문장을 완성하십시오.** 选择下面恰当的词汇，完成句子。

개발하다	답답하다	변화되다	사라지다	정확하다	편리하다

(1) 조금 전만 해도 내 옆에 있던 아이가 갑자기 ＿＿＿＿＿＿＿아/어/여서 당황했다.

(2) 나는 어제 배운 문법을 ＿＿＿＿＿＿＿게 이해하지 못했다.

(3) 부산시는 경치가 좋은 곳을 관광지로 ＿＿＿＿＿＿＿(으)려고 한다.

(4) 한국어를 잘하고 싶어서 열심히 공부하는데도 실력이 늘지 않아서 ＿＿＿＿＿＿ㄴ/는다.

(5) 매일 같은 생활이 지루했었는데 태권도를 배우고 나서 생활이 ＿＿＿＿＿＿＿았/었/였다.

여유 관련 어휘 与空闲相关的词汇

여유가 있다
有空闲

여유가 생기다
出现空闲

여유가 없다
没有空闲

여유를 가지다
带着空闲、从容

충분하다
充分

남다
剩下

모자라다
不够

어휘 연습 词汇练习

● **아래에서 알맞은 것을 골라 문장을 완성하십시오.** 选择下面恰当的词汇，完成句子。

| 남다 | 충분하다 | 모자라다 | 여유가 생기다 | 여유가 없다 | 여유를 가지다 |

(1) 이 식당에서는 먹다가 _________________(으)ㄴ/는 음식을 포장해 준다.

(2) 요즘 과제가 너무 많아서 고향 친구를 만날 _________________ㄴ/는다.

(3) 시간이 _________________아/어/여서 시험 문제를 세 개나 못 풀었다.

(4) 10만 원이면 음식 재료를 사기에 _____________ㄴ/는다고 생각했는데 돈이 조금 부족했다.

(5) 지난주까지 무척 바빴는데 방학을 하니까 _________________았/었/였다.

–(으)ㄹ지도 모르다

接在动词和形容词后，用于推测可能是某种情况，但是无法确认时。

오 + ㄹ지도 모르다 → 올지도 모르다   먹 + 을지도 모르다 → 먹을지도 모르다

크 + ㄹ지도 모르다 → 클지도 모르다   작 + 을지도 모르다 → 작을지도 모르다

가 지금 왕리 씨에게 전화를 해야겠어요. 现在得给王力打电话才行。

나 그래요? 그런데 지금 왕리 씨가 수업을 듣고 있을지도 몰라요.
是吗？但是也许现在王力在上课也不一定。

그 말을 하면 밍밍 씨가 화를 낼지도 몰라. 说那种话，也许明明会发脾气也不一定。

6시가 지났으니까 민수 씨가 퇴근을 했을지도 몰라요. 过6点了，也许敏洙下班了也不一定。

1 〈보기〉와 같이 대화를 완성하십시오. 仿照例句，完成对话。

보기

가 파티마 씨, 피에르 씨가 자리에 없는데 어디에 갔는지 아세요?

나 글쎄요. 아까 배가 고프다고 했어요. 피에르 씨가 빵을 사러
갔을지도 몰라요.

(1) 

가 파티마 씨가 모임에 온대요?

나 오늘 파티마 씨가 일이 있어서 ＿＿＿＿＿＿＿＿＿＿아/어/여요.

(2) 

가 왕리 씨, 흐엉 씨 전화번호 알아요?

나 아니요, 저는 몰라요. 밍밍 씨가 흐엉 씨하고 친하니까 ＿＿＿＿＿＿
＿＿＿＿＿＿＿＿＿＿아/어/여요.

(3) 

가 몽골 여행을 갈 때 무엇을 더 준비하면 될까요?

나 가을이지만 ＿＿＿＿＿＿＿＿＿＿＿＿＿＿＿＿＿＿＿(으)니까
두꺼운 옷을 준비하세요.

(4) 

가 지금 밖에 비가 와요?

나 아니요, 이따가 ＿＿＿＿＿＿＿＿＿＿＿＿아/어/여서 가져왔어요.

얼마나 - ㄴ/는다고요

接在动词或形容词后，与얼마나一起使用，用于向他人强调或自豪的说话时。接在动词后使用时，和자주、많이、잘等表示程度的副词一起使用。

> 가 + ㄴ다고요 → 얼마나 자주 간다고요　　읽 + 는다고요 → 얼마나 많이 읽는다고요
>
> 예쁘 + 다고요 → 얼마나 예쁘다고요　　귀엽 + 다고요 → 얼마나 귀엽다고요

가 지나 씨가 그 공연에서 노래를 부른다면서요? 지나 씨가 노래를 잘 불러요?
　　听说智娜在那场表演中演唱歌曲? 智娜很会唱歌吗?

나 그럼요, 지나 씨가 노래를 얼마나 잘 부른다고요. 当然啰，智娜不知道有多么会唱歌呢。

가 떡볶이는 너무 맵지 않아요? 年糕不会太辣吗?

나 아니요, 떡볶이가 얼마나 맛있다고요. 不会，年糕不知道有多么好吃呢。

---

1 〈보기〉와 같이 대화를 완성하십시오. 仿照例句，完成对话。

> **보기**　가 유미코 씨가 잡채를 만들 줄 알아요?
>
> 　　　나 물론이죠. 유미코 씨가 잡채를 <u>얼마나 맛있게 만든다고요.</u>

(1) 가 한국의 장마철에는 비가 많이 온다면서요?

　　나 그럼요, 비가 ＿＿＿＿＿＿＿＿＿＿＿＿＿＿＿＿＿＿＿＿＿＿＿＿

(2) 가 그 뮤지컬이 그렇게 재미있어요?

　　나 네, ＿＿＿＿＿＿＿＿＿＿＿＿＿＿＿＿＿＿＿＿＿＿＿＿＿＿＿＿＿

(3) 가 혼자 여행하는 게 힘들지 않았어요?

　　나 아니요, ＿＿＿＿＿＿＿＿＿＿＿＿＿＿＿＿＿＿＿＿. 좋은 사람들을 많이 만났거든요.

(4) 가 이번 주말에 놀이공원에 갈까요?

　　나 주말에요? 주말에 가면 ＿＿＿＿＿＿＿＿＿＿＿＿＿＿＿. 다음에 방학하면 갑시다.

1 여러분은 아래와 같은 일을 하는 사람을 본 적이 있습니까? 요즘은 이러한 직업을 가진 분들을 자주 볼 수 없습니다. 그 이유는 무엇입니까? 친구와 이야기해 보십시오. 你们看过做以下工作的人吗? 最近不常看到从事这种职业的人。原因是什么? 和朋友谈谈。

2 〈보기〉와 같이 이야기해 보십시오. 仿照例句, 练习对话。

토니	예전에는 전화를 걸면 받는 사람에게 전화를 바꿔 주는 사람이 있었는데 밍밍 씨도 아세요?
밍밍	그래요? 하지만 지금은 그 일을 하는 사람이 없잖아요.
토니	네, 그런데 옛날에는 이 일이 얼마나 인기가 많았다고요. 전화를 걸면 이 사람들이 전화를 받는 사람에게 연결해 줬어요.
밍밍	그렇군요. 지금은 사람 대신에 기계가 그 일을 하고 있지요.
토니	네, 앞으로 새로운 기술이 개발되면 여러 가지 직업이 사라질 거래요.
밍밍	그러겠네요. 앞으로는 자기가 하던 일이 사라지게 돼도 다른 일을 할 수 있도록 준비해야겠어요. 내가 하던 일이 앞으로 없어질지도 모르잖아요.

	보기	(1)	(2)
사라진 직업	전화를 걸면 받는 사람에게 전화를 바꿔 주는 사람	영화관의 간판을 그리는 사람	버스 안에서 요금을 받는 사람
그 직업에 대한 설명	이 일이 인기가 많았다	이 일을 하는 사람이 돈을 많이 벌었다	이 일을 하는 사람이 많았다
	전화를 걸면 이 사람들이 전화를 받는 사람에게 연결해 주다	영화가 개봉하기 전에 이 사람들이 간판에 영화 포스터를 그려 주다	이 사람들이 버스 요금을 받고 다음 정류장을 안내해 주다

앞으로 해야 할 일	자기가 하던 일이 사라지게 돼도 다른 일을 할 수 있도록 준비하다	어떤 일이 생길지 미리 생각해 보다	미래에 인기 있는 직업을 생각해 보다
이유	내가 하던 일이 앞으로 없어지다	없었던 직업이 새로 생기다	세상이 너무 빨리 바뀌다

3 예전에는 있었지만 지금은 사라진 직업이 있습니다. 사라진 이유는 무엇이라고 생각합니까? 또 미래에는 어떤 직업이 생겨날까요? 써 보십시오. 有的职业以前存在，但是现在消失了。你认为消失的原因是什么？又未来会出现什么样的职业？写下来。

> · 예전에 있었지만 지금은 사라진 직업이 있습니까? 그것이 무엇입니까?
>
> · 그 직업이 사라지거나 변한 이유는 무엇입니까?
>
> · 앞으로 어떤 직업이 생길 것 같습니까?

1 다음을 듣고 질문에 답하십시오. 听录音，回答问题。 **70**

(1) 남자의 생각으로 맞는 것을 고르십시오.

① 스마트폰은 자주 바꿀 필요가 없다.

② 스마트폰으로 시간을 절약할 수 있다.

③ 스마트폰을 자주 보지 않도록 해야 한다.

④ 스마트폰은 우리 생활에 반드시 필요하다.

(2) 들은 내용과 같은 것을 고르십시오.

① 여자는 스마트폰을 새로 샀다.

② 남자는 일할 때 스마트폰이 도움이 됐다.

③ 스마트폰은 우리 생활을 편리하게 해 준다.

④ 두 사람은 스마트폰 때문에 가족과 대화할 시간이 없다.

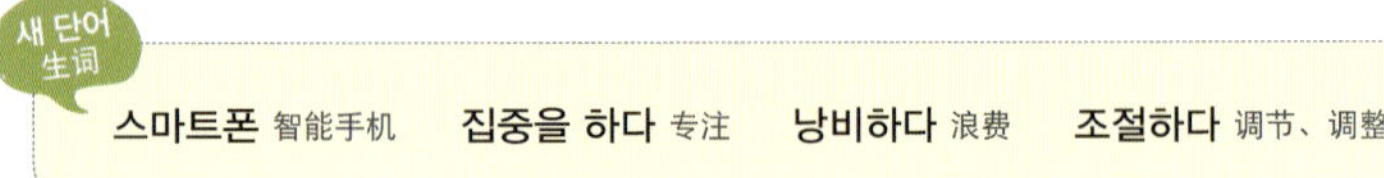

새 단어 / 生词

스마트폰 智能手机　　집중을 하다 专注　　낭비하다 浪费　　조절하다 调节、调整

2 다음을 읽고 질문에 답하십시오. 阅读下文，回答问题。

우리가 다른 곳으로 오고 갈 때 쉽게 이용할 수 있는 자동차는 과거에서 지금까지 어떠한 모습으로 변화했을까? 현재의 모습과 가장 비슷한 자동차는 17세기에 개발된 증기 자동차였다. 이 증기차는 물을 끓이면 나오는 증기의 힘으로 움직였다. 그러나 증기를 만드는 데에 시간이 오래 걸리고 차의 속도가 너무 느려서 개인용으로는 거의 사용하지 않았다. 그 후 계속된 노력으로 19세기에 오늘날의 자동차가 개발되었다. 그리고 최근 한 회사에서 사람이 운전하지 않고 스스로 운전하는 자동차를 개발하여 소개했다. 이 회사 관계자는 스스로 운전하는 자동차가 사람이 운전하는 것보다 더 안전하다고 한다. 그 이유는 기계가 사람과 달리 피로를 느끼지 않고 집중할 수 있기 때문이라고 한다. 아직 여러 가지 과정을 거쳐야 하겠지만 곧 사람이 운전하는 자동차 대신에 스스로 운전하는 자동차를 도로에서 볼 수 있을지도 모르겠다.

(1) 이 글의 제목으로 알맞은 것을 고르십시오.

① 자동차의 역사

② 자동차의 종류

③ 자동차의 장점

④ 자동차의 단점

(2) 위 글의 내용과 같은 것을 고르십시오.

① 증기 자동차는 주로 개인용으로 사용했다.

② 요즘 도로에서 무인 자동차를 많이 볼 수 있다.

③ 무인 자동차는 사람이 운전하는 차보다 안전하다.

④ 증기 기관차를 처음 만들었을 때 속도가 제법 빨랐다.

새 단어
生词

세기 世纪	**움직이다** 动、运作
증기 蒸汽	**속도** 速度
개인용 个人用	**관계자** 有关人员
피로를 느끼다 感到疲劳	
과정을 거치다 经过……的过程	

1 **아래에서 알맞은 것을 골라 문장을 완성하십시오.** 选择下面恰当的词汇，完成句子。

> 복 멋 여유 변화 교훈

(1) 이번 여행에는 특별한 계획이 없어서 더 ＿＿＿＿＿＿이/가 있다.

(2) 대부분의 옛날이야기는 듣는 사람에게 ＿＿＿＿＿＿을/를 준다.

(3) 요즘 자기만의 개성과 ＿＿＿＿＿＿(으)로 유행을 앞서는 사람들이 많아졌다.

(4) 혼자 한국에서 유학 생활을 하고 나서 나에게 여러 가지 ＿＿＿＿＿＿이/가 생겼다.

(5) 옛날이야기에 나오는 도깨비가 항상 무서운 것만은 아니다. 착한 사람에게 ＿＿＿＿＿을/를 주는 도깨비도 있다.

2 **아래에서 알맞은 것을 골라 문장을 완성하십시오.** 选择下面恰当的词汇，完成句子。

> 부리다 세련되다 개발하다 사라지다 모자라다

(1) 요즘 시험을 준비하느라고 잠이 ＿＿＿＿＿＿아/어/여서 늘 피곤하다.

(2) 그 사람은 나에게 인사를 하고 명동 거리의 사람들 속으로 ＿＿＿＿＿＿았/었/였다.

(3) 에리카 씨는 시골에서 도시로 회사를 옮긴 후에 더 ＿＿＿＿＿＿아/어/여졌다.

(4) 이 회사는 작은 회사였지만 새로운 컴퓨터 프로그램을 ＿＿＿＿＿＿아/어/여서 큰 회사가 되었다.

(5) 엄마가 안 된다고 했는데 아이가 계속 고집을 ＿＿＿＿＿＿아/어/여서 엄마한테 혼이 났다.

3 **아래에서 알맞은 것을 골라 문장을 완성하십시오.** 选择下面恰当的词汇，完成句子。

> 원래 실컷 제법 깜짝 일부러

(1) 요즘 가을이지만 날씨가 ＿＿＿＿＿＿ 춥다.

(2) 어제 친구하고 같이 코미디 영화를 보면서 ＿＿＿＿＿＿ 웃었다.

(3) 이 물건은 _______________ 값이 쌌지만 인기가 높아지면서 값이 비싸졌다.

(4) 놀부는 더 큰 부자가 되고 싶어서 _______________ 제비의 다리를 부러뜨렸다.

(5) 도서관에서 책을 읽고 있는데 갑자기 전화벨 소리가 들려서 _______________ 놀랐다.

4 **다음 중 (　　)에 알맞은 것을 고르십시오.** 选择恰当答案，填入(　)中。

(1) 가 파티마 씨는 운동을 자주 하세요?

　　나 아니요, 고향에 있을 때는 자주 (　　　　) 요즘에는 자주 못 해요.

　　① 운동하더니　　　　　　　　　　② 운동하던데

　　③ 운동했었지만　　　　　　　　　④ 운동하는 바람에

(2) 가 이번 방학 때 뭐 할 거예요?

　　나 방학 때 고향에 (　　　　) 고민 중이에요.

　　① 갈까 봐　　　　　　　　　　　② 가느라고

　　③ 갈까 말까　　　　　　　　　　④ 가는 대로

(3) 가 와, 저 부산에 처음 와요. 부산이 참 큰 도시네요.

　　나 네, 저는 부산에 10년 만에 다시 왔어요. (　　　　) 이렇게 높은 건물은 없었는데 많이
　　　　달라졌네요.

　　① 그때마다　　　　　　　　　　　② 그때라도

　　③ 그때만 해도　　　　　　　　　　④ 그때에 비해서

(4) 가 구름이 많은 걸 보니까 이따가 비가 (　　　　).

　　나 네, 우산을 준비해야겠어요.

　　① 올까 봐요　　　　　　　　　　　② 올 뻔했어요

　　③ 올 줄 모르겠어요　　　　　　　　④ 올지도 모르겠어요

(5) 가 수영 배우는 거 힘들지?

　　나 아니요, 얼마나 (　　　　)

　　① 재미있군요.　　　　　　　　　　② 재미있다고요.

　　③ 재미있다면서요?　　　　　　　　④ 재미있단 말이에요?

 아래에서 알맞은 것을 골라 대화를 완성하십시오. 选择下面恰当的语法，完成对话。

> -ㄴ/는단 말이에요?   하도 -아/어/여서   -(으)ㄹ지도 모르다
>
> -(으)ㄹ까 말까 하다   은/는 물론이고

(1) 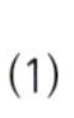

가 지금 밖에 눈이 와요.

나 네? 지금 ________________________?

(2) 

가 내일 소풍을 가는데 비가 오지는 않겠죠?

나 네, 비는 안 올 거예요. 하지만 바람이 많이 불 거라고 하니까
　　좀 ________________________

(3) 

가 어제 한국식당에는 잘 찾아갔어요? 거기 음식 정말 맛있죠?

나 가기는 했는데 ________________________
　　다른 식당에 갔어요.

(4) 

가 경주로 여행 갈 거예요?

나 아직 못 정했어요. ________________________

(5) 

가 한국어를 더 잘하고 싶은데 생각처럼 잘 안 되네요.

나 한국어를 잘하려면 ________________________도 잘
　　알아야 해요.

 다음을 듣고 들은 내용과 같은 것을 고르십시오. 听录音，选择正确答案。  71

① 여자는 공부할 때 휴대전화를 꺼내 놓지 않는다.

② 여자는 전자사전 기능이 없는 휴대전화를 쓴다.

③ 남자는 최근에 외국어를 배우려고 전자사전을 샀다.

④ 남자는 휴대전화가 있으면 공부에 집중하지 못한다.

> 새 단어
> 生词
>
> **지원되다** 支援

7 다음을 듣고 질문에 답하십시오. 听录音，回答问题。 **72**

(1) 두 사람은 무엇에 대해 이야기하고 있습니까?

　　① 똑똑한 신발의 장점　　　　　　② 똑똑한 신발의 단점

　　③ 똑똑한 신발을 신는 이유　　　　④ 똑똑한 신발의 개발 방법

(2) 들은 내용과 같은 것을 고르십시오.

　　① 남자는 이 신발을 개발했다.

　　② 남자는 이 신발을 신어 본 적이 있다.

　　③ 이 신발은 똑바로 잘 걸으면 빛이 나오지 않는다.

　　④ 이 신발은 밤에 길을 걷는 사람을 위해서 개발됐다.

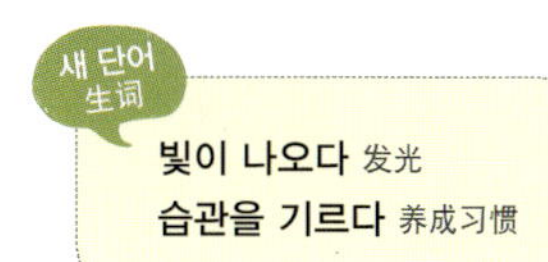

8 다음 도표의 내용과 <u>다른</u> 것을 고르십시오. 选择与下面图表内容不符的一项。

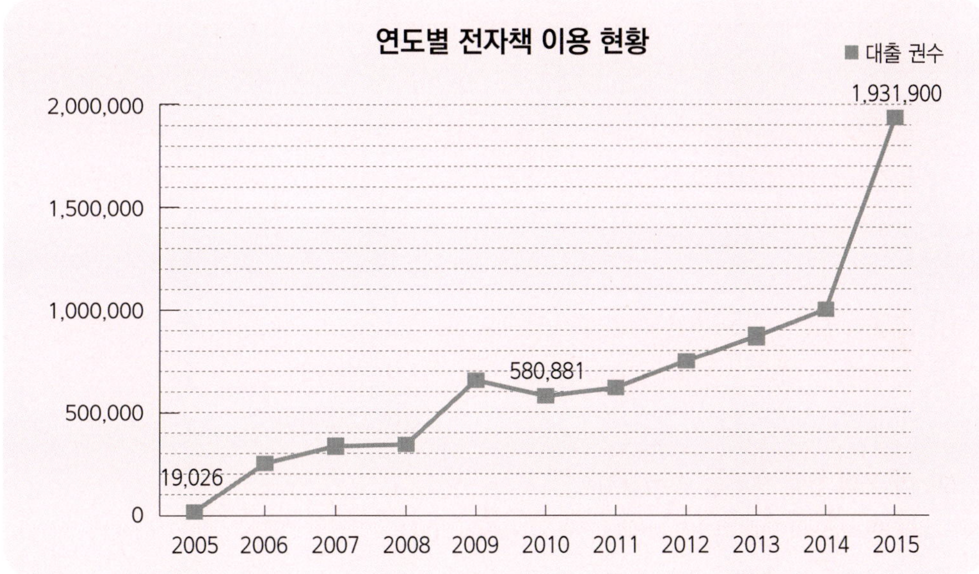

　　최근 무거운 종이책 대신에 전자책을 이용하는 사람들이 많아지고 있다. 한 사이버도서관
에서 ① <u>도서관을 이용하는 사람들이 한 해 동안 얼마나 많은 책을 빌려 갔는지</u>를 조사하였다.
도서관 이용하는 사람이 2005년에는 19,026권의 전자책을 빌렸고 2015년에는 1,931,900권
의 전자책을 빌렸다. 사람들이 빌려 간 전자책의 수가 ② <u>10년 전에 비해서 그 수가 약 100배
정도 증가했음</u>을 알 수 있었다. 전체적으로 꾸준히 그 수가 늘었는데 ③ <u>2010년에 대출 권수
가 약간 늘어난 것</u>을 알 수 있다. 그러나 2011년부터 사이버도서관에서 스마트폰 전자책 서비
스를 시작한 이후 이용 전자책의 수가 다시 증가했다. 이것은 ④ <u>스마트폰으로 전자책을 이용
하는 사람들이 많다</u>는 것을 보여 준다.

　　사람들은 '발명'이라고 하면 쉽게 생각할 수 없는 대단한 것을 생각해 내거나 만들어 내는 것을 생각한다. 그러나 늘 하던 생각을 조금만 바꾸면 우리도 생활을 편리하게 해 주는 것을 발명할 수 있다. 예를 들면 지우개가 달린 연필과 구부러지는 빨대가 대표적이다. 지우개가 달린 연필은 따로 떨어져 있던 연필과 지우개를 합친 간단한 발명품이다. 이 지우개가 달린 연필 덕분에 연필로 글씨를 쓰다가 지우개를 찾는 일이 줄었다. (　　㉠　　) 구부릴 수 있는 빨대도 생각을 바꾸어 만든 발명품이다. 아픈 아들을 돌보던 엄마가 '침대에 누워서 편하게 물을 마시는 방법이 없을까?' 하고 생각하다가 빨대에 작은 주름을 넣어서 빨대를 구부리기 편하게 만든 것이다. 이렇게 생각을 바꾸고 그것을 행동으로 옮기면 누구나 새로운 발명품을 만들 수 있다.

(1) (　㉠　)에 들어갈 알맞은 말을 고르십시오.

① 또한 　　　　　　　　　　② 그래서

③ 그러면 　　　　　　　　　④ 그렇지만

(2) 이 글의 중심 생각을 고르십시오.

① 생각을 바꾸면 누구나 발명품을 만들 수 있다.

② 생각한 것을 행동으로 옮기는 것은 대단한 일이다.

③ 자식을 사랑하는 부모의 마음은 늘 대단한 것을 생각하게 한다.

④ 아무나 하지 못하는 특별한 생각이 우리의 생활을 편리하게 해 준다.

발명 发明　　**대단하다** 了不得　　**구부러지다** 弯曲　　**빨대** 吸管

대표적이다 代表性的　　**합치다** 加在一起　　**주름** 纹路　　**구부리다** 打弯儿

10 생활을 더 편리하게 하기 위해 여러분이 만들고 싶은 물건에 대해 쓰십시오. 여러분은 어떤 물건을 만들고 싶습니까? 그 물건을 만들고 싶은 이유는 무엇입니까? 그 물건은 언제, 어떻게 사용하는 물건입니까? 请写下为了让生活更加便利，你们所想要制作的东西。你们想要制作什么样的东西？想要制作那个东西的原因是什么？是用在什么时候，怎么使用的东西？

한국의 건국신화 韩国的建国神话

　　从前，天神桓因有个名叫桓雄的儿子。比起天上的生活，桓雄更希望下到人间生活。所以桓因嘱咐桓雄要"使广大人类受益(弘益人间)"，并且给他治理人间的三个天赋，就送他下人间了。桓雄带领三千多人下到太白山山麓，这群人里面，有掌管雨的雨神、掌管风的风神、掌管云的云神等各种神，负责人类生活上需要的各种事情。但是某一天，一头熊和一头老虎来找桓雄，央求桓雄将自己变成人。桓雄把艾草和蒜给了熊和老虎，告诉他们100天内不见到阳光，只吃艾草和蒜，就能变成人。于是熊和老虎进到洞穴内，只吃艾草和蒜活下去。但是老虎忍耐不住饥饿，逃出了洞穴，而熊坚持下来，最后变成人。桓雄为这头熊取名为熊女，并且和熊女结婚，生了儿子。他们的儿子，正是古朝鲜第一个国王——檀君王俭。

❶ 한국 최초의 국가 이름은 무엇입니까? 韩国最早的国家名称是什么?

❷ 여러분 나라의 건국신화는 무엇입니까? 你们国家的建国神话是什么?

附录

끓다 - 끓이다
沸腾　　使煮沸

붙다 - 붙이다
贴　　　使贴上

눕다 - 눕히다
躺　　　使躺下

입다 - 입히다
穿　　　使穿上

쓰다 - 씌우다
戴　　　使戴上

씻다 - 씻기다
洗　　　使洗净

웃다 - 웃기다
笑　　　使笑

울다 - 울리다
哭　　　弄哭

깨다 - 깨우다
醒　　　叫醒

타다 - 태우다
搭乘　　使搭乘

서다 - 세우다
站立　　使站立

남다 - 남기다
留下　　使留下

第06章 문제와 해결

01 과제 제출이 내일까지인 줄 알았어요.

어휘 1 词汇 1

(1) 착각할
(2) 오해했어요
(3) 깜빡했다
(4) 쏟았거든요
(5) 떨어뜨려서요
(6) 깨뜨렸어요

어휘 2 词汇 2

핑계를 대지/사과한/잘못했어/용서해

문법 1 语法 1

1 (1) 학교 근처에 사는 줄 알았어요.
  (2) 준이치 씨와 도서관에 간 줄 알았어요
  (3) 시험에 합격할 줄 알았어요.
  (4) 김치찌개 만들기가 어려울 줄 알았어요

문법 2 语法 2

(1) 책을 큰 소리로 읽게 하셨습니다.
(2) 수업 시간에 한국어로만 이야기하게 하셨습니다.
(3) 주말마다 한국어로 일기를 쓰게 하셨습니다.
(4) 뉴스를 보면서 따라 하게 하셨습니다.

듣기/말하기 听/说

1 (1) ④   (2) ③
2 (1) ②   (2) ④

읽기/쓰기 读/写

1 (1) ③   (2) ②

02 휴대전화를 떨어뜨리는 바람에 액정 화면이 깨졌어요.

어휘 1 词汇 1

액정 화면이 깨졌다/충전하는/켜지지/꺼지기도/저장이 안 된다/인터넷 연결이 안 돼서

어휘 2 词汇 2

고장 났을/수리를 맡기기/망가진/이상이 있는지/고치는/수리할

문법 1 语法 1

1 (1) 지우지
  (3) 정해진
  (2) 떨어져
  (4) 미끄러지는

문법 2 语法 2

1 (1) 넘어지는 바람에
  (3) 매진되는 바람에
  (2) 비가 오는 바람
  (4) 고장이 나는 바람에

듣기/말하기 听/说

1 (1) ③   (2) ①
2 ④

읽기 读

1 (1) ②   (2) ③-②-④-①
2 (1) ×   (2) ○   (3) ×

03 가방을 못 찾을까 봐 걱정이에요.

어휘 1 词汇 1

잃어버렸어요/분실 신고를 했어요/분실물을 찾았다는/큰일이 났다고

어휘 2 词汇 2

주웠습니다/돌려주고/연락할

문법 1 语法 1

1 (1) 실망할까 봐
  (2) 떨어질까 봐
2 (1) 돈이 모자랄까 봐 돈을 빌렸어요.
  (2) 잊어버릴까 봐 메모하고 있어요.

문법 2 语法 2

1 (1) 먹고 올 걸 그랬어요.
  (2) 열심히 할 걸 그랬어요.
  (3) 고백할 걸 그랬어요.

(4) 먹지 말 걸 그랬어요.

(5) 사지 말 걸 그랬어요.

1 (1) ① (2) ①

2 (1) ③ (2) ④

1 (1) ② (2) ③

❹ 하마터면 오늘 지각할 뻔했어요.

(1) 사고를 냈다 (2) 사고를 당해서

(3) 사고가 나서

(1) 부상을 당했다 (2) 불이 난

(3) 물에 빠진 (4) 피해를 당한

1 (1) 넘어질 뻔했어요.

(2) 커피를 쏟을 뻔했어요.

(3) 사고가 날 뻔했어요.

(4) 못 탈 뻔했어요.

1 (1) 퇴근하는 길에

(2) 공항으로 가는 길에

(3) 학교에 오는 길에

2 (1) 우체국에 가는 길에

(2) 세탁소 가는 길에

1 (1) ② (2) ②

2 (1) ② (2) ④

1 (1) ② (2) ②

2 (1) ① (2) ①

❺ 다시 공부해 봅시다

1 (1) 밟고 (2) 망가졌다

(3) 오해하는 (4) 놓칠

(5) 습득했을

2 (1) 주인에게 돌려줬어요 (2) 수리를 맡겨서

(3) 이상이 생기면 (4) 사고가 난대요

(5) 핑계를 대면서

3 (1) 미리 (2) 벌써 (3) 아직

(4) 잠깐 (5) 자세히

4 (1) ④ (2) ③ (3) ②

(4) ③ (5) ②

5 (1) 볼 걸 그랬어. (2) 떨어뜨리는 바람에

(3) 깨졌어요. (4) 많을 줄 몰랐어요.

(5) 기다리게 했거든요.

6 (1) 현금이 있을 줄 알았는데

(2) 약속한 줄 몰랐다/약속이 있는 줄 몰랐다

(3) 한국 사람인 줄 알았다.

7 ①

8 ②

9 (1) ② (2) ②

10 ④

11 (1) ① (2) ③

第07章 건강

❶ 발표 준비를 하느라고 밤을 새웠거든요.

규칙적으로 해야 /편식을 하는/골고루 먹으려고/채식/육식/과식을 할/소식을 하도록 해

(1) 풍부한 (2) 지방 (3) 탄수화물/단백질

1 (1) 국내 여행이라도 (2) 차라도

(3) 그거라도 (4) 조금이라도

(5) 밤늦게라도

1 (1) 사느라고 (2) 노느라고

(3) 가느라고 (4) 하느라고

(5) 찾느라고

듣기/읽기 听/读

1 (1) ③   (2) ①
2 (1) ④   (2) ④
3 (1) ②   (2) ④

02 실외에 있는 시간을 줄이는 것이 좋아요.

어휘 ❶ 词汇 ❶

(1) 튼튼해져요   (2) 충분합니다
(3) 적당하다고   (4) 약해서

어휘 ❷ 词汇 ❷

(1) 다이어트를 해서   (2) 발효 식품
(3) 살이 많이 쪘어요   (4) 열량

문법 ❶ 语法 ❶

1 (1) 아이를 재워요.
    (2) 아이를 의자에 앉혔어요.
    (3) 아이에게 밥을 먹여요.
    (4) 아이에게 신발을 신겨요.

문법 ❷ 语法 ❷

1 (1) 적게 먹어야지요.   (2) 손을 씻어야지요.
    (3) 운동을 해야지요.   (4) 담배를 끊어야지요.
2 (1) 먼저 목표를 세워야지요.
    (2) 좋은 습관을 길러야지요.
    (3) 끝까지 포기하지 말아야지요.
    (4) 실패를 이겨내야지요.

듣기/말하기 听/说

1 (1) ④   (2) ③
2 (1) ②   (2) ④

읽기/쓰기 读/写

1 (1) ③   (2) ④

03 신문에서 읽은 대로 말해 준 것뿐이에요.

어휘 ❶ 词汇 ❶

(1) 수면/휴식/금연/음주
(2) 받았을/쌓인/풀리는/풀

어휘 ❷ 词汇 ❷

(1) 소화불량   (2) 빈혈
(3) 알레르기   (4) 비만

문법 ❶ 语法 ❶

1 (1) 선생님이 시키는 대로/가르쳐 준 대로
    (2) 인터넷에 쓰여 있는 대로
    (3) 먹는 대로
    (4) 제가 본 대로
    (5) 설명서대로

문법 ❷ 语法 ❷

1 (1) 비가 오더라고요.
    (2) 길이 너무 막히더라고요.
    (3) 사람이 많더라고요.
    (4) 어렵지 않더라고요.

듣기/읽기 听/读

1 (1) ②   (2) ③
2 (1) ③   (2) ④
3 (1) ③   (2) ④

04 소화가 안될 때 이 방법을 사용하곤 해요.

어휘 ❶ 词汇 ❶

전염병이 돌아서/전염이 될/도움이 된다고

어휘 ❷ 词汇 ❷

(1) 코를 골아서   (2) 재채기를 할
(3) 하품을 하면

문법 ❶ 语法 ❶

1 (1) 온다고요   (2) 안 된다고요
    (3) 4시에 출발한다고요   (4) 퇴근하셨다고요
2 (1) 음악을 듣곤 해요./맛있는 음식을 먹곤 해요.
    (2) 가족 사진을 보곤 해요./전화를 하곤 해요.

<table>
<tr><td>

듣기/읽기 听/读

1 (1) ③ (2) ①
2 (1) ① (2) ①
3 (1) ① (2) ②

05 다시 공부해 봅시다

1 (1) 열량 (2) 규칙적
(3) 소식 (4) 편식
(5) 수면
2 (1) 빠진 (2) 들어 있
(3) 효과가 있대요 (4) 스트레스를 푸는
(5) 유지하려면
3 (1) 적당히 (2) 충분히 (3) 꼭꼭
(4) 직접 (5) 가끔
4 (1) ④ (2) ② (3) ①
(4) ③ (5) ④
5 (1) 읽느라고 (2) 있는 대로
(3) 끝났더라고요. (4) 보곤 해요.
(5) 먹는다고요
6 (1) 맡기셨을 (2) 남았는데
(3) 알려야겠다 (4) 보여
7 ④
8 ③
9 (1) ③ (2) ②
10 ③
11 (1) ② (2) ③

第08章 일과 보람

01 대기업 대신에 중소기업에 지원하면 기회가 있을 거예요.

어휘 ❶ 词汇 ❶

직원을 뽑습니다/지원해/제출해

어휘 ❷ 词汇 ❷

(1) 우대 (2) 중소기업
(3) 조건 (4) 자격

</td><td>

문법 ❶ 语法 ❶

1 (1) 택시가 지하철만 못해요.
(2) 전자책이 종이책만 못해요.
2 (1) 인터넷으로 사는 것
(2) 등산하는 것

문법 ❷ 语法 ❷

1 (1) 커피 대신에 물을 마셔요.
(2) 엘리베이터 대신에 계단을 이용해요.
2 (1) 스마트폰을 보는 대신에 책을 읽으려고 해요.
(2) 케이크를 사 가는 대신에 만들어 가는 게 어때요

말하기/듣기 说/听

3 (1) ③ (2) ①
4 (1) ② (2) ③

읽기/쓰기 读/写

1 (1) ② (2) ④
2 (1) ③ (2) ①

02 실수하지 않으려고 단어를 써서 책상에 붙여 놓았어요.

어휘 ❶ 词汇 ❶

회사를 그만두고/회사를 옮겼습니다/만족하고

어휘 ❷ 词汇 ❷

(1) 업무 (2) 야근
(3) 상사 (4) 부서

문법 ❶ 语法 ❶

1 (1) 입었던 교복이에요.
(2) 같은 반에서 공부했던 친구예요.
2 (1) 다녔던 회사예요.
(2) 썼던 모자가

문법 ❷ 语法 ❷

1 (1) 빌려 놓았어요. (2) 사 놓았어요.
2 (1) 만들어 놓았으니까 (2) 써 놓았는데

말하기/듣기 说/听

2 (1) ③ (2) ③
3 (1) ③ (2) ③

</td></tr>
</table>

읽기 读

1 (1) ③ (2) ①
2 (1) ① (2) ②

03 제가 만든 음식을 얼마나 잘 먹는지 몰라요.

어휘 ❶ 词汇 ❶

(1) 보람이 없고 (2) 자원봉사
(3) 보람을 느낀다고 (4) 봉사를 하고

어휘 ❷ 词汇 ❷

(1) 양로원 (2) 보육원
(3) 사회복지시설

문법 ❶ 语法 ❶

1 (1) 쓰레기가 쌓여 있던데/컵이 깨져 있던데
   (2) 창문이 깨졌던데/전등이 어둡던데
   (3) 그림이 떨어져/놓여 있던데

문법 ❷ 语法 ❷

1 (1) 얼마나 신났는지 몰라요./얼마나 신나는지 몰라요.
   (2) 얼마나 신선했는지 몰라요./얼마나 신선한지 몰라요.
   (3) 얼마나 예뻤는지 몰라요.
   (4) 얼마나 무서웠는지 몰라요.

말하기/듣기 说/听

3 (1) ③ (2) ① × ② ○ ③ ×
4 (1) ③ (2) ④

읽기/쓰기 读/写

1 (1) ③ (2) ④

04 기부하는 방법이 생각만큼 복잡하지 않아요.

어휘 ❶ 词汇 ❶

(1) 모금하고 (2) 모금함
(3) 기부했다 (4) 나눠

어휘 ❷ 词汇 ❷

(1) 노숙자 (2) 소년 소녀 가장
(3) 불우 이웃 돕기

문법 ❶ 语法 ❶

1 (1) 서울만큼 차가 많이 막혀요.
   (2) 생각만큼 떨리지 않았어요.
2 (1) 이 세상에 우리 고향만큼 아름다운 곳은 없다
   (2) 이 세상에 외국어 공부만큼 어려운 것은 없다
   (3) 이 세상에 사랑하는 사람과 헤어지는 것만큼 슬픈 일은 없다

문법 ❷ 语法 ❷

1 (1) 베토벤은 소리를 듣지 못하는데도 아름다운 음악을 만들었다.
   (2) 에디슨은 99번 실패했는데도 포기하지 않았다.
2 (1) 약을 먹었는데도
   (2) 돈이 많지 않은데도

듣기/읽기 听/读

1 (1) ③ (2) ④
2 (1) ④ (2) ①
3 (1) ① (2) ④

읽기/쓰기 读/写

1 (1) ② (2) ①

05 다시 공부해 봅시다

1 (1) 보육원 (2) 우대
   (3) 자원봉사 (4) 업무
   (5) 조건
2 (1) 나누는
   (2) 기부할
   (3) 회사를 그만두었다
   (4) 일자리를 구하는
   (5) 보람을 느낀다고
3 (1) 약간 (2) 게다가
   (3) 꽤 (4) 오히려
   (5) 이제
4 (1) ④ (2) ①
   (3) ① (4) ③
   (5) ②

5 (1) 싸 놓고 (2) 공부했던

(3) 카드 대신에 (4) 비가 오는데도

(5) 기다리던데

6 ③

7 ③

8 (1) ④ (2) ④

9 ④

10 (1) ① (2) ④

第**09**章 소식과 정보

❶ 비를 맞지 않도록 우산을 가지고 다니세요.

어휘 ❶ 词汇 ❶

(1) 무더운 (2) 그치겠습니다

(3) 건조해서 (4) 안개

(5) 천둥/번개

어휘 ❷ 词汇 ❷

최저 기온/최고 기온/일교차/영하/내려가겠지만(떨어지겠지만)

문법 ❶ 语法 ❶

1 (1) 시험을 본다니까

(2) 준비하라니까

(3) 신청해야 한다니까

(4) 온라인으로 접수를 받는다니까/온라인으로 접수해야 한다니까

(5) 시험을 볼 수 없다니까

문법 ❷ 语法 ❷

1 (1) 진급할 수 있도록

(2) 받을 수 있도록

2 (1) 기차를 놓치지 않도록

(2) 넘어지지 않도록/미끄러지지 않도록

말하기/듣기 说/听

2 (1) ③ (2) ③

3 (1) ③ (2) ④

읽기 读

1 (1) ③ (2) ④

2 (1) ④ (2) ④

❷ 이번 지진으로 인한 피해는 별로 크지 않대요.

어휘 ❶ 词汇 ❶

(1) 지진 (2) 홍수 (3) 가뭄 (4) 폭설

어휘 ❷ 词汇 ❷

(1) 화재가 발생했습니다 (2) 화상을 입고

(3) 피해를 입었습니다

문법 ❶ 语法 ❶

1 (1) 독감으로 인한 (2) 흡연으로 인한

(3) 태풍으로 인해서 (4) 홍수로 인한

문법 ❷ 语法 ❷

1 (1) 푹 쉬어야 감기가 빨리 낫는다던데 푹 쉬세요.

(2) 음식을 골고루 섭취해야 면역력이 좋아진다던데 음식을 골고루 드세요.

2 (1) 흐엉 씨가 한국 음식을 좋아한다던데 비빔밥을 준비하면 어떨까요?

(2) 자르갈 씨가 지난주에 다녀왔다던데 자르갈 씨에게 물어보세요.

말하기/듣기 说/听

3 ④

4 (1) ② (2) ②

읽기 读

1 ④

2 (1) ② (2) ③

3 (1) ② (2) ④

❸ 스마트폰이 우리 생활에 편리함을 주는 것은 사실이에요.

어휘 ❶ 词汇 ❶

(1) 내려받았다 (2) 올렸다

(3) 검색했다 (4) 삭제했다

카페/회원 가입/아이디/비밀번호/로그인

1 (1) 연구 조사 결과에 의하면 스마트폰을 오래 사용하면 눈이 건조해진다고

   (2) 설문 조사 결과에 의하면 청소년 스마트폰 중독률이 18.4%나 된다고

   (3) 뉴스에 의하면 환율이 크게 상승했다고/올랐다고

1 (1) 회원 가입을 하면 자료를 내려받을 수 있음.

   (2) 회원 가입을 하지 않은 학생은 먼저 회원 가입을 하기 바람.

2 (1) 여자가 남자보다 SNS를 더 많이 이용함을 알 수 있었다.

   (2) 친구의 소식을 확인하기 위해서 SNS를 이용함을 알 수 있었다.

2 (1) ①　　　(2) ④

3 (1) ④　　　(2) ①

1 (1) ④　　　(2) ④

2 한국에서 공부하고 있는 738명의 외국인 유학생/기회가 된다면 한국에서 계속 살고 싶은지에/계속 살고 싶다는/67.9%였고/살고 싶지 않다는/32.1%로/계속 살고 싶어 하는/한국인과 한국 문화가 좋아서라는/48.3%로/계속 살고 싶어 하는 유학생이 더 많음

🄬 장학금은 두 학기 이상 못 받는다더니 꼭 그런 건 아닌가 봐요.

(1) 소문이 퍼졌군요　　(2) 소문이 났어요

(3) 소문이 있던데　　(4) 소문을 냈을까요

(1) 귀가 얇아서　　(2) 입이 가벼우니까

(3) 입이 무거우니까　　(4) 귀가 가렵겠어요

1 (1) 커피가 한 잔에 20,000원이라니요

   (2) 내일까지 다 해야 하다니요

2 (1) 박 선생님이 무섭다니요

   (2) 회의가 취소되다니요

1 (1) 영화가 무섭다더니 하나도 안 무섭던데요.

   (2) 오늘 많이 늦게 온다더니 생각보다 일찍 왔네요.

2 (1) 생선을 못 먹는다더니 잘 먹네요.

   (2) 오늘 많이 늦게 온다더니 생각보다 일찍 왔네요.

2 ④

3 ③

1 (1) ①　　　(2) ④

2 (1) ②　　　(2) ③

🄥 다시 공부해 봅시다

1 (1) 태풍　　　　　(2) 번개

   (3) 로그인　　　(4) 홈페이지

   (5) 영하

2 (1) 검색해　　　(2) 건조하기

   (3) 사망했다　　(4) 내려받으려고

   (5) 무더운

3 (1) 눈이 그칠　　(2) 부상을 입어서

   (3) 일교차가 크니까　　(4) 입이 무거우니까

   (5) 사진을 올리고

4 (1) ②　　　(2) ①

   (3) ④　　　(4) ②

   (5) ③

5 (1) 공부한다던데　　(2) 고향에 돌아가다니요

   (3) 잊지 않도록　　(4) 일기예보에 의하면

   (5) 실수로 인해서

6 ③

7 (1) ③　　　(2) ①

8 ③

9 (1) ③　　　(2) ③

01 고등학교에 다닐 때 연극을 했었어.

어휘 ❶ 词汇 ❶

복을 받는다/벌을 받는다/교훈을 얻게

어휘 ❷ 词汇 ❷

(1) 겁이 많아서 (겁쟁이)
(2) 욕심 많고 (욕심쟁이)
(3) 고집이 세서 (고집쟁이)

문법 ❶ 语法 ❶

1　(1) 들었었는데
　　(2) 연락이 왔었는데
2　(1) 피아노를 잘 쳤었는데 지금은 피아노를 잘 못
　　　쳐요.
　　(2) 매운 음식을 못 먹었었는데 지금은 매운 음식
　　　도 잘 먹어요.

문법 ❷ 语法 ❷

1　(1) 평일은 물론이고 주말에도 도서관에 가요.
　　(2) 전공과목은 물론이고 교양과목도 들어야 해요.
2　(1) 한국어는 물론이고 한국 문화도 잘 알아야 해요.
　　(2) 한국 드라마는 물론이고 뉴스도 자주 봤어요.

말하기/읽기　说/读

2　(1) ①　　　(2) ④

듣기/쓰기　听/写

1　④
2　(1) ③　　　(2) ②

02 엄마가 바지를 버릴까 말까 하셨어요.

어휘 ❶ 词汇 ❶

유행하는지/유행을 따르는

어휘 ❷ 词汇 ❷

(1) 사랑스럽다　　　(2) 자연스러운
(3) 촌스러워　　　(4) 어른스럽다

문법 ❶ 语法 ❶

1　(1) 하도 재미있어서　　(2) 하도 맛있어서
2　(1) 기분이 하도 나빠서　(2) 한국말을 하도 잘해서

문법 ❷ 语法 ❷

1　(1) 연극을 보러 갈까 말까 생각 중이에요.
　　(2) 이사를 갈까 말까 고민하고 있어요.
2　(1) 오리엔테이션에 참석할까 말까 하다가 참석
　　　했어요.
　　(2) 그 사람에게 좋아한다고 고백을 할까 말까 망
　　　설이다가 결국 고백을 못 했어.

말하기/읽기　说/读

3　(1) ②

말하기/듣기　说/听

2　(1) ②　　　(2) ③
3　(1) ④　　　(2) ③

03 1년 만에 그렇게 많이 변했단 말이에요?

어휘 ❶ 词汇 ❶

(1) 중심지　　　　　　(2) 면적, 인구
(3) 도시

어휘 ❷ 词汇 ❷

증가해서/감소하기

문법 ❶ 语法 ❶

1　(1) 내일 고향에 간단 말이에요
　　(2) 서울의 인구가 그렇게 많단 말이에요
　　(3) 리타 씨의 집이 이렇게 크단 말이에요
　　(4) 남자 친구를 사귄 적이 없단 말이에요
　　(5) 4급에 합격했단 말이에요

문법 ❷ 语法 ❷

1　(1) 어제만 해도　　　(2) 30분 전만 해도
　　(3) 조금 전만 해도　　(4) 초등학생 때만 해도
　　(5) 고향에 있을 때만 해도

듣기/읽기　听/读

1　①
2　(1) ①　　　(2) ②
3　④

04 로봇 청소기로 청소하면 깨끗하게 안 될지도 모르잖아요.

어휘 ❶ 词汇 ❶

(1) 사라져서　　　　(2) 정확하게
(3) 개발하려고　　　(4) 답답하다
(5) 변화되었다

어휘 ❷ 词汇 ❷

(1) 남은　　　　　　(2) 여유가 없다
(3) 모자라서　　　　(4) 충분하다고
(5) 여유가 생겼다

문법 ❶ 语法 ❶

1　(1) 모임에 못 올지도 몰라요
　　(2) 밍밍 씨가 알지도 몰라요
　　(3) 날씨가 많이 추울지도 모르니까
　　(4) 비가 올지도 몰라서

문법 ❷ 语法 ❷

1　(1) 얼마나 많이 온다고요.
　　(2) 얼마나 재미있다고요.
　　(3) 얼마나 즐거웠다고요/얼마나 재미있었다고요
　　(4) 사람이 얼마나 많다고요

듣기/읽기 听/读

1　(1) ③　　　　(2) ③
2　(1) ①　　　　(2) ③

05 다시 공부해 봅시다

1　(1) 여유　　　　(2) 교훈
　　(3) 멋　　　　　(4) 변화
　　(5) 복
2　(1) 모자라서　　(2) 사라졌다
　　(3) 세련돼졌다　(4) 개발해서
　　(5) 부려서
3　(1) 제법　　　　(2) 실컷
　　(3) 원래　　　　(4) 일부러
　　(5) 깜짝
4　(1) ③　　　　　(2) ③
　　(3) ③　　　　　(4) ④
　　(5) ②

5　(1) 눈이 온단 말이에요
　　(2) 추울지도 모르겠어요.
　　(3) 기다리는 사람이 하도 많아서
　　(4) 갈까 말까 고민 중이에요.
　　(5) 한국어는 물론이고 한국 문화
6　④
7　(1) ①　　　　(2) ③
8　③
9　(1) ①　　　　(2) ①

第06章 문제와 해결

① 과제 제출이 내일까지인 줄 알았어요.

듣기/말하기 听/说

1　준이치　밍밍 씨, 조금 전에 리타 씨와 싸우는 것 같던데, 두 사람 무슨 일 있어요?

　　밍밍　싸운 건 아닌데 리타 씨가 저에게 화가 많이 났어요. 어제 동아리 선배들과 모임이 있었거든요. 그런데 갑자기 장소와 시간이 바뀌어서 제가 리타 씨에게 연락을 해야 했는데 깜빡하고 리타 씨에게 이야기를 못 했어요.

　　준이치　그런데 왜 리타 씨에게만 얘기 못 했어요?

　　밍밍　저는 학교에서 리타 씨를 만나면 얘기해야겠다고 생각했는데 리타 씨를 계속 못 만났어요. 그래서 말 못 한 건데 리타 씨가 이렇게 크게 화를 낼 줄 몰랐어요.

　　준이치　요즘 리타 씨 부모님이 한국에 오셔서 그런지 리타 씨가 수업이 끝나자마자 집으로 가서 두 사람이 얘기할 시간이 없었나 봐요. 리타 씨에게 사과는 했어요?

　　밍밍　네, 미안하다고 했는데 리타 씨가 아직도 화가 많이 난 것 같아요. 리타 씨의 마음을 풀 수 있는 좋은 방법이 없을까요?

2　여자　왜 혼자 웃고 있어요?

　　왕리　조금 전에 라디오에서 외국인 연예인들의 한국어 실수에 대한 이야기를 들었는데 저와 비슷한 실수가 많았거든요. 갑자기 제가 한 실수도 생각이 나네요.

　　여자　어떤 실수를 했는데요?

　　왕리　제가 아르바이트하는 식당에 생선찌개를 주문한 손님이 있었는데 그 손님에게 찌개를 주면서 "선생찌개 나왔습니다. 맛있게 드세요."라고 했거든요.

　　여자　선생찌개요? 손님이 당황했겠어요.

　　왕리　네, 손님이 "외국분이신가 봐요. 선생찌개

잘 먹겠습니다."라고 말하기 전까지 제가 실수한 줄 몰랐어요. 손님한테 그 말을 듣고 나서 너무 부끄러웠어요.

　　여자　왕리 씨 이야기를 들으니 저도 실수한 일이 생각나네요. 한국에 처음 왔을 때 숫자 '1'과 '2' 발음 때문에 음식 주문할 때 실수한 적이 많았거든요. 한번은 감자탕 1인분을 주문했는데 2인분이 나와서 다 먹고 배탈이 난 적도 있어요. 계산할 때 이만 원을 내야 하는데 만 원만 낸 적도 많고요.

　　왕리　그랬군요. 저도 예전에 옷 가게에서 비슷한 일이 있었어요. 티셔츠를 사려고 돈을 내는데 주인 아주머니가 자꾸 "만 원을 더 내세요."라고 하는 거예요. 아주머니께서는 제가 가격을 잘못 듣고 만 원만 내서 그렇게 말하신 건데 저는 제가 외국 사람이라 더 비싸게 받는 줄 알고 아주머니께 화를 내 버렸어요.

　　여자　그러고 보니 외국어를 배울 때 다들 비슷한 실수를 하나 봐요.

② 휴대전화를 떨어뜨리는 바람에 액정 화면이 깨졌어요.

듣기/말하기 听/说

1　남자　어, 왜 갑자기 노트북이 꺼지지? 화면도 안 보이는데…. 고장 났나 봐.

　　여자　어디 좀 봐. 아까는 인터넷 연결이 안 된다고 하더니 갑자기 전원이 꺼졌다고? 하고 있던 과제는 저장은 했어?

　　남자　아니, 저장 안 했어. 아, 내일 아침까지 제출해야 하는데…. 얼마 전에도 이런 일이 있어서 수리비를 10만 원이나 내고 고쳤는데 왜 또 이러지?

　　여자　노트북 배터리는 충전했어? 혹시 충전이 안 된 거 아닐까?

　　남자　오늘은 학교 오기 전에 충전을 못 해서 노트북 전원 케이블을 챙겨 왔거든. 그래서 아까부터 전원 케이블을 책상 아래 콘센트에 꽂아서 쓰고 있었으니까 배터리 문제는 아닐 거야.

여자 그럼 혹시 전원은 확인해 봤어?

남자 어, 전원? 지금 확인해 봐야겠다. 아, 여기 플러그가 빠져 있었네.

여자 빨리 플러그부터 다시 꽂아 봐.

남자 다시 화면이 보이네. 정말 다행이다. 고마워. 이제 빨리 남은 과제 끝내야겠다.

여자 다음부터는 노트북에 이상이 생기면 배터리하고 플러그부터 먼저 확인해 봐.

2

여자 안녕하십니까! 한국홈쇼핑의 유민주입니다.

남자 안녕하세요? 저는 한국홈쇼핑의 김승민입니다. 반갑습니다.

여자 네, 승민 씨, 오늘 소개할 제품은 무슨 제품인가요?

남자 오늘 소개해 드릴 상품은 2m 높이에서 떨어뜨려도 화면이 깨지지 않는 아주 튼튼한 카메라입니다.

여자 정말 깨지지 않는다고요? 저도 얼마 전에 카메라를 식탁에서 떨어뜨려서 수리한 적이 있는데요. 수리 비용이 꽤 비싸더라고요. 이렇게 높은 곳에서 떨어뜨렸는데 고장이 안 나다니 정말 대단한데요. 또 어떤 기능이 있나요?

남자 또 수영장에 카메라를 빠뜨려도 카메라 안으로 물이 들어가지 않게 하는 방수 기능이 있습니다.

여자 정말 놀라운 제품인데요. 이제 수영장에서도 걱정하지 않고 사진을 찍을 수 있겠네요. 그런데 이런 여러 가지 기능을 가진 제품은 사용하기에 복잡하지 않을까요?

남자 전혀 걱정하지 않으셔도 됩니다. 사용하기에 아주 편리하게 되어 있습니다. 액정 화면에서 간단한 사진 편집도 가능한 디지털카메라입니다. 또 인터넷 연결이 되는 곳에서는 지금 찍은 사진을 바로 이메일로 보낼 수도 있습니다. 이렇게 다양한 기능이 있지만 가운데에 있는 이 버튼 하나로 모두 할 수 있습니다.

여자 그럼 아주 비쌀 것 같은데요.

남자 5월은 가족 행사가 많아 돈을 쓸 일이 많은데요. 그래서 이번 5월에 특별히 아주 저렴한 가격으로 나왔습니다. 오늘 구매하시면 이십구만 구천 원에 이 디지털카메라를 가방과 함께 드립니다. 또 1년 안에 어떤 고장

이 나도 수리할 수 있는 쿠폰도 함께 드립니다. 일주일간 무료 체험 기간도 드리고요.

🔟 가방을 못 찾을까 봐 걱정이에요.

1 공항에 도착하신 승객 여러분께 안내 말씀드립니다. 최근 비슷한 모양과 색깔의 가방이 많아 가방이 바뀌는 일이 많습니다. 가방을 찾으신 후에는 반드시 수하물 표를 확인하시기 바랍니다. 또한 분실물이 생긴 경우에는 가까운 분실물 센터에 신고해 주시기 바랍니다. 분실물 신고와 관련한 궁금한 사항은 안내 데스크에 문의해 주십시오. 분실물은 공항 홈페이지에서 24시간 내내 조회가 가능하며, 분실한 시간, 물건의 종류와 색깔, 분실한 장소 등으로 검색할 수 있습니다. 비행기 내에서 분실한 경우에는 각 항공사에 문의하십시오. 또한 공항 내에서 분실물을 습득한 경우에도 가까운 분실물 센터로 오셔서 신고해 주시기 바랍니다.

2

여자 여보세요?

남자 저, 학교 홈페이지에 올린 글을 보고 연락 드렸는데요. 제가 잃어버리신 지갑을 주운 것 같아요.

여자 아, 그래요? 어디에서 찾으셨어요?

남자 어젯밤에 학교 도서관 2층에서 주웠어요. 홈페이지에 올리신 글은 오늘 아침에 봤고요.

여자 못 찾을까 봐 걱정했는데 정말 감사합니다. 이렇게 빨리 찾게 돼서 정말 다행이에요. 저는 도서관에서 잃어버린 것도 모르고 강의실이랑 식당에서 열심히 찾았는데, 도서관도 찾아볼 걸 그랬어요.

남자 네, 그럼 어디에서 만나서 전해 드릴까요?

여자 제가 오전에는 수업이 있는데 괜찮으시면 오후 1시에 대학원 2층 사무실에서 만날 수 있을까요?

남자 제가 11시부터 2시까지 수업이 있어서 그때는 좀 힘들 것 같네요. 급하시면 오전에 대학원 사무실에 지갑을 맡겨 놓고 연락드릴까요?

여자 아니에요. 그럼 수업 끝나신 후에 도서관 앞에서 보면 어때요?

남자 네, 그럼 2시 반에 도서관 앞에서 봐요. 그때 뵙겠습니다.

❹ 하마터면 오늘 지각할 뻔했어요.

1 남자　어제 공연은 어땠어요?

여자　지난번에 봤을 때보다 더 감동적이었어요. 예약한 좌석도 마음에 들었고요. 기대했던 것보다 훨씬 더 좋았어요.

남자　그렇게 좋았어요? 저는 표를 못 구해서 못 갔는데 너무 아쉽네요. 이번에도 공연에 관객이 많았어요?

여자　네, 지난번보다 사람들이 더 많았어요. 그런데 사람이 너무 많아서 사고가 날 뻔했어요.

남자　사고요?

여자　콘서트가 늦게 끝나는 바람에 집에 빨리 가려는 사람들이 한꺼번에 공연장 밖으로 나왔거든요. 뒤에 있는 사람이 앞에 있는 사람들을 자꾸 밀어서 제 친구가 계단에서 넘어졌어요.

남자　친구는 괜찮아요?

여자　다행히 옆에 있던 안전 요원 덕분에 별로 다치지 않았어요. 안전 요원이 친구가 넘어지지 않게 잡아 줬거든요. 계단도 별로 높지 않았고요.

남자　정말 다행이네요. 지난번 공연에서는 크게 다친 사람도 있었대요.

여자　이번에는 곳곳에 안전 요원이 있어서 큰 사고는 없었나 봐요. 사람이 많은 곳은 크고 작은 사고가 날 수 있으니 항상 조심해야겠어요.

2 57분 교통 정보입니다. 어젯밤부터 수도권에 많은 비가 내리면서 곳곳에서 교통사고가 많았는데요. 5시 47분 현재 광화문 교차로에는 오토바이가 빗길에 미끄러지면서 건너편에서 오던 자동차와 부딪힌 사고로 오토바이와 자동차가 모두 교차로에 서 있습니다. 이 사고로 깨진 자동차 유리가 바닥에 떨어져 있어 매우 위험합니다. 광화문을 지나시는 분들은 피해를 입지 않도록 조심하십시오.

강남역 사거리 미래오빌딩에서 20분 전에 불이 나서 소방차가 많이 모여 있습니다. 현재 불은 모두 꺼졌지만 건물 주위에 소방차가 여러 대 서 있어서 길이 매우 복잡합니다.

마지막 소식은 서울역입니다. 서울역 근처에는 고장 난 버스가 서 있어서 차가 많이 밀리고 있습니다. 명동역에서 남산까지는 도로 공사 중이니

명동을 지나가시는 분들은 참고하시기 바랍니다. 지금까지 57분 교통 정보 김유리였습니다.

❺ 다시 공부해 봅시다

7 여러분도 지하철에서 물건을 잃어버린 경험이 있으신가요? 서울시 지하철 조사 결과에 따르면 지난 10년간 지하철에서 가장 많이 분실한 물건은 가방이라고 합니다. 그 다음으로는 휴대전화 같은 소형 전자 제품으로 나타났습니다. 그리고 옷, 서류가 그 뒤를 이었습니다. 또 현금을 잃어버린 사람도 많았습니다. 작년에 사람들이 잃어버린 현금은 약 2억 6천만 원으로 매년 현금을 잃어버리는 사람이 늘고 있다고 합니다. 이는 작년에 비해서 20% 이상 증가한 것으로 나타났습니다. 한 가지 재미있는 것은 나들이나 휴가를 많이 가는 5월과 7, 8월에 가장 많은 분실물이 발생한다는 것인데요. 들뜬 마음이 물건까지 잃어버리게 하는 모양입니다.

8 밍밍　리타 씨, 어떡하지요? 제가 선생님께 문자 메시지를 잘못 보냈어요.

리타　뭐라고 문자 메시지를 보냈는데요?

밍밍　선생님을 놀라게 하려고 선생님 몰래 파티를 준비하고 있었거든요. 그런데 선생님께 내일 스승의 날 파티를 하니까 일찍 오라고 보내 버렸어요.

리타　선생님은 학생들이 파티 준비를 하는 줄 몰랐어요?

밍밍　네, 그런데 제가 자르갈 씨 번호를 착각해서 선생님께 문자 메시지를 보냈어요.

리타　실수는 누구나 할 수 있잖아요. 어차피 선생님도 알게 되었으니까 즐겁게 파티하세요.

9 남자　조금 전 교통사고에 대해 조사하고 있습니다. 보신 것을 말씀해 주십시오.

여자　아, 네, 제가 길을 건너려고 기다리고 있었는데 건너편에서 '끼익'하는 큰 소리가 들렸어요.

남자　큰 소리요?

여자　네, 그리고 나서 '쾅'하고 자동차 3대가 동시에 부딪혔어요.

남자　혹시 맨 앞에 있는 자동차가 갑자기 멈췄나요?

여자　네, 흰색 차 앞에 자전거를 타고 지나가던 남자가 갑자기 넘어지는 바람에 흰색 차가 섰어요. 그 뒤로 빨간 차와 검정 차가 부딪

했어요. 하마터면 큰 사고가 날 뻔했어요.

남자 자전거를 타고 가던 남자는 흰색 차에 부딪혔나요?

여자 아니요, 흰색 차는 자전거와 부딪히지는 않았어요. 제가 119에 신고 했는데 혹시 사고 나신 분들이 많이 다치셨나요? 자전거 타신 분이 헬멧도 쓰지 않아서 크게 다쳤을까 봐 걱정이 돼서요.

남자 크게 다치신 분은 없으니 걱정하지 마세요. 자전거 타신 남자 분은 팔과 얼굴을 좀 다치셨고, 가운데 있는 빨간 차를 타신 운전자분이 허리를 좀 다치셨어요. 맨 앞의 흰색 차는 뒤 창문에 있는 유리가, 맨 뒤의 검정색 차는 앞 창문 유리창이 깨져서 차가 좀 망가졌지만 운전자분들은 다치지 않으셨고요.

여자 많이 다친 분이 없다니 다행이네요.

남자 네, 협조해 주셔서 감사합니다.

第07章 건강

❶ 발표 준비를 하느라고 밤을 새웠거든요.

듣기/읽기 听/读

1 **남자** 흐엉 씨, 김밥이 맛이 없어요? 안 드시네요.

흐엉 아니요, 김밥은 좋아하는데 김밥에 제가 싫어하는 오이가 들어 있어서요. 다른 채소는 잘 먹는데 제가 오이를 싫어해서 안 먹거든요.

남자 아, 그래요? 저도 어렸을 때 콩이나, 우유를 싫어해서 잘 안 먹었는데 편식을 하니까 영양이 부족해서 그런지 어렸을 때 자주 아팠어요. 그래서 지금은 골고루 다 먹으려고 해요. 우유도 하루에 한 잔 꼭 마시고요.

흐엉 맞아요. 건강을 위해서는 좋은 식습관이 중요한 것 같아요. 그런데 저는 편식을 하는 것도 문제지만 제가 좋아하는 음식이 있으면 너무 많이 먹어서 건강이 더 나빠졌어요.

남자 과식을 하면 소화가 잘 안돼서 건강에 안 좋을 텐데요. 뉴스에서 보니까 몸에 좋은 음식도 너무 많이 먹으면 안 좋더라고요.

흐엉 그러게요. 지금이라도 건강을 위해서 좋은 식습관을 갖도록 노력해야겠어요.

2 **여자** 왕리 씨, 오늘 학교 앞 식당에 가서 점심 먹을래요?

왕리 무슨 식당인데요?

여자 주로 채소를 이용해서 만든 음식들을 먹을 수 있는 식당인데요. 음식들의 종류도 다양하고 맛있어서 요즘 인기가 아주 많아요.

왕리 고기나 생선은 없어요? 채소 종류만 있으면 단백질 같은 영양소가 부족하지 않아요?

여자 고기는 없지만 콩이나 두부 같이 단백질이 많이 들어있는 음식들로 보충하면 되지요. 탄수화물은 감자나 고구마 같은 음식을 먹으면 되고요.

왕리 아, 그렇군요. 채소로 만든 음식이라서 소화도 잘되고 건강에도 좋겠네요. 요즘 일하느라고 바빠서 채소나 과일을 많이 못 먹었는데 잘됐네요. 가서 비타민도 좀 보충해야겠어요.

여자 네, 정해진 돈을 내면 먹고 싶은 음식을 마음껏 골라서 먹을 수 있으니까 많이 드세요.

❷ 실외에 있는 시간을 줄이는 것이 좋아요.

듣기/말하기 听/说

1 **리타** 민수 씨, 오랜만이네요. 잘 지냈어요? 그런데 지난번에 아버님께서 수술을 받으셨다고 들었는데 아버님 건강은 좀 어떠세요?

민수 리타 씨가 걱정해 준 덕분에 많이 좋아지셨어요. 요즘엔 음식도 잘 드시고 운동도 열심히 하고 계세요.

리타 아버님께서 건강해지셔서 정말 다행이에요. 수술받기 전에도 건강하셨으니까 금방 전처럼 건강해지실 거예요.

민수 고마워요.

리타 그런데 전에 아버님께서 담배를 많이 피우신다고 민수 씨가 걱정했잖아요. 요즘도 아버님께서 담배를 많이 피우세요?

민수 아니요, 요즘엔 건강관리를 위해서 담배도 끊으시고 술도 줄이셨어요.

2 **리타** 어? 자르갈 씨, 약을 드세요? 어디 아파요?

자르갈 아, 아니에요. 몸이 아파서 먹는 것이 아니라 건강관리를 위해서 먹는 비타민이에요.

리타 그래요? 건강관리를 하려면 운동을 하거

나 몸에 좋은 음식을 먹어야지요. 약을 먹는 것은 별로 도움이 안 될 것 같은데요. 맛도 별로 없을 것 같고요.

자르갈 평소에 과일을 많이 먹으면 좋은데 일하느라고 바빠서 잘 못 먹거든요. 시간이 없을 때는 이렇게라도 먹는 비타민도 도움이 돼요.

리타 저는 그래서 아침에 나올 때 과일을 싸 가지고 나와요. 또 일어나자마자 마시는 물 한 컵도 건강을 관리하는 데 좋다고 해서 아침마다 물을 마시고 있어요.

자르갈 리타 씨 말을 들으니까 건강관리하는 게 어려운 것이 아니었네요. 그런데 저는 습관이 돼서 그런지 이렇게 비타민을 먹는 것이 편하더라고요.

❸ 신문에서 읽은 대로 말해 준 것뿐이에요.

1 **왕리** 지난번에 리타 씨가 빈혈이 있다고 했는데 요즘에는 좀 괜찮아졌어요?

리타 네, 왕리 씨가 알려 준 대로 달걀노른자, 우유, 녹색 채소 같은 음식을 먹으니까 좀 좋아졌어요.

왕리 다행이네요. 그런데 리타 씨, 커피 많이 마시지 않아요?

리타 아니요, 전에는 커피를 많이 마셨는데 커피가 빈혈에 안 좋다고 해서 요즘에는 녹차를 마셔요.

왕리 하루에 몇 잔쯤 마셔요?

리타 하루에 다섯 잔이나 여섯 잔쯤 마셔요.

왕리 그렇게 많이 마셔요? 커피뿐만 아니라 녹차도 빈혈에 안 좋대요. 녹차도 조금 줄여 보세요.

리타 그래요? 녹차는 괜찮을 줄 알았는데 녹차도 좀 줄여야겠네요.

2 **여자** 안녕하십니까? 한국병원입니다. 무엇을 도와 드릴까요?

남자 안녕하세요? 3월 29일에 하는 알레르기 무료 강좌에 대해서 문의할 것이 있어서 전화 드렸는데요.

여자 네, 말씀하십시오.

남자 그날 어떤 내용에 대해서 강의를 하시나요?

여자 그날은 알레르기의 원인은 무엇인지, 알레르기 증상에는 어떤 것이 있는지, 그리고 증상이 있을 때에는 어떻게 해야 하는지, 또 어떻게 하면 알레르기를 예방할 수 있는지 등에 대해서 박수연 교수님께서 강의를 하실 겁니다.

남자 그래요? 그럼 강의는 몇 시쯤 끝나나요?

여자 강의는 2시간 정도 하는데 교수님의 강의가 끝난 후에 알레르기 검사를 해 드릴 예정입니다.

남자 알레르기 검사요?

여자 네, 원하시는 분들은 알레르기 검사를 해서 알레르기가 있는지, 그리고 있다면 어떤 알레르기가 있는지 알려 드립니다. 검사는 6시까지 하고 결과는 이메일로 알려 드릴 겁니다. 검사 비용은 없고요.

남자 아, 그래요? 잘 알겠습니다. 그런데 3월 29일에 그냥 가면 강좌를 들을 수 있나요?

여자 아니요, 전화로 예약하셔야 합니다. 지금 예약하시겠습니까?

남자 네, 그렇게 할게요.

❹ 소화가 안될 때 이 방법을 사용하곤 해요.

1 **여자** 토니 씨, 지금까지 딸꾹질을 하고 있는 거예요?

토니 네, 딸꾹질을 한번 시작하면 잘 멈춰지지가 않아요. 그래서 불편한 것이 한두 가지가 아니에요. 혹시 무슨 좋은 방법 없을까요?

여자 제가 알고 있는 방법은 민간요법들인데요. 설탕 한 숟가락 정도를 혀 위에 두면 단맛 때문에 딸꾹질이 멈춘다고 해요. 또 손가락으로 두 귀를 막는 것도 도움이 된다고 하고요.

토니 손가락으로 두 귀를 막는다고요? 제가 알고 있는 방법은 갑자기 깜짝 놀라게 하는 건데요. 이 방법도 가끔 효과가 있더라고요.

여자 맞아요. 친구들이 딸꾹질을 할 때 저도 그 방법을 가끔 사용하곤 해요. 친구들이 깜짝 놀라면서 딸꾹질이 멈췄다고 좋아하더라고요.

토니 민간요법이 위험하고 소용 없다고 하는 사람들도 많지만 민간요법 중에는 도움이 되는 것도 있으니까 꼭 나쁜 것은 아닌 것 같아요.

2	여자	자르갈 씨, 손이 왜 그래요? 어디에서 다친 거예요?
	자르갈	아, 이거요? 주말에는 제가 가끔 엄마를 도와서 요리를 하곤 하거든요. 그런데 어제 요리하고 있는데 갑자기 기름이 튀는 바람에 좀 다쳤어요.
	여자	튀김 요리를 하다가 다쳤다고요? 큰일 날 뻔 했네요. 기름이 뜨거웠을 텐데 많이 다치지는 않았나 봐요.
	자르갈	네, 기름이 튀자마자 엄마가 차가운 물을 틀어 주시면서 차가운 물에 손을 대고 있으라고 하시더라고요. 엄마가 시키는 대로 했더니 다행히 상처가 크지는 않네요.
	여자	한번 화상을 입으면 치료하기가 어렵다고 들었는데 정말 다행이에요.
	자르갈	맞아요. 병원에 갔더니 화상을 입었을 때 차가운 물에 대고 있었던 것이 효과가 있었대요. 의사 선생님이 연고를 발라 주시고 이틀 뒤에 다시 오라고 하셨어요.

🄝 다시 공부해 봅시다

7	남자	요즘 하루에 커피를 네다섯 잔씩 마셔서 그런지 속이 좀 쓰리네요.
	여자	커피를 하루에 네다섯 잔이나 마신다고요?
	남자	네, 회의를 할 때마다 커피를 마시게 되니까 그렇게 되네요. 요즘 새로운 업무를 준비하느라고 회의가 많거든요.
	여자	그래도 커피를 좀 많이 마시는 것 같네요. 커피는 적당히 마시면 건강에 좋지만 많이 마시면 안 좋다고 해요.
	남자	적당히라면 어느 정도 마시는 거예요?
	여자	커피를 하루에 한두 잔 정도 마시면 암도 예방할 수 있고 소화에도 도움이 되지만 다섯 잔 이상 마시는 것은 심장에 좋지 않대요.
	남자	그렇군요. 이제부터라도 건강을 생각해서 커피를 좀 줄이도록 노력해야겠네요.

8	여자	서울시에서 '뱃살 빼기 운동 교실'을 마련하여 수강생을 모집한다고 합니다. 서울시에서는 고혈압과 각종 성인병의 원인이 되는 비만을 예방하고 시민들에게 건강한 생활 습관을 길러 주기 위해서 이 프로그램을 준비했다고 합니다.
		수업은 각 지역 주민센터 교육실에서 다음 달부터 7월까지 매주 화요일과 목요일 저녁

8시부터 두 시간 동안 진행됩니다. 비만 때문에 고민하고 계시는 20세에서 65세 사이의 서울 시민이라면 누구나 이 프로그램에 참가하실 수 있는데요. 참가 신청은 서울시청 홈페이지에서 하시면 됩니다. 모집 인원은 각 지역 주민센터마다 30명씩이고 신청 마감은 이번 달 31일입니다. 관심이 있으신 분은 서울시 홈페이지에서 자세한 내용을 확인해 보시기 바랍니다.

9	남자	새해에 금연이나 다이어트와 같이 건강과 관련된 계획을 가지고 계시는 분들 많으시죠? 오늘은 김아름 박사님을 모시고 건강한 생활 습관에 대해 알아보겠습니다. 안녕하세요, 박사님. 요즘 건강에 관심이 있는 분들이 많은데요. 건강한 생활을 유지하기 위해서는 어떤 생활 습관이 필요할까요?
	여자	건강에서 가장 중요한 것은 무엇보다도 스트레스를 잘 푸는 것입니다. 일상생활을 하면서 스트레스를 안 받는 것은 어렵겠지요. 그래서 스트레스를 받았을 때 바로바로 스트레스를 푸는 것이 중요합니다.
	남자	스트레스를 풀려면 어떻게 해야 할까요?
	여자	일상생활에서 하기 쉬운 취미 활동을 찾는 것이 좋겠습니다. 그래야 그때그때 스트레스를 풀 수 있습니다. 산책이나 등산 같은 운동을 한다거나 악기 연주 같은 취미 활동도 좋습니다.
	남자	네, 그렇군요. 또 다른 생활 습관에는 어떤 것이 있을까요?
	여자	특별히 관리를 하려고 노력하지 않는 것입니다.
	남자	건강관리를 위한 노력을 하지 말라는 말씀이신가요?
	여자	네, 요즘은 건강에 대한 관심이 많아지면서 건강관리를 위해 특별한 음식을 먹거나 특별한 방법을 찾는 사람들도 많은데 그런 행동 때문에 오히려 스트레스가 쌓일 수 있습니다. 특별한 방법보다는 규칙적으로 식사를 하고 규칙적으로 잠을 자는 것이 건강에 도움이 될 수 있습니다.
	남자	그렇군요, 박사님. 오늘도 좋은 말씀 해 주셔서 감사합니다.

第08章 일과 보람

① 대기업 대신에 중소기업에 지원하면 기회가 있을 거예요.

말하기/듣기 说/听

3

파티마 왕리 씨는 졸업 후에 어떻게 할 생각이에요?

왕리 졸업 후에 한국 회사에서 일하고 싶은데 쉽지 않을 것 같아요. 요즘 한국 학생들도 취직하기가 어렵잖아요. 저는 한국 문화도 잘 알지 못하고 한국어 실력도 한국 사람만 못하니까 일자리를 구하지 못할까 봐 걱정이에요.

파티마 걱정하지 마세요. 왕리 씨는 한국어 대신에 중국어를 잘하잖아요. 꼭 취직할 수 있을 거예요. 그런데 어떤 회사에 지원할 생각이에요?

왕리 아직 어떤 회사에 지원해야 할지 잘 모르겠어요. 사실 제가 무슨 일을 해야 할지 잘 모르겠거든요.

파티마 그럼, 먼저 왕리 씨가 좋아하고 잘하는 일이 무엇인지 잘 생각해 보고 그런 일을 찾아보는 게 어때요? 자기가 좋아하는 일이 아니면 하기가 힘들 거예요. 저도 예전에 자동차 회사에서 판매직으로 일했는데 사람들을 만나는 것이 너무 힘들어서 회사를 그만뒀거든요. 그리고 대사관에 취직했는데 지금 하는 일은 저와 잘 맞고 재미있는 것 같아요.

왕리 파티마 씨 얘기를 들으니까 그게 맞는 것 같아요. 지금부터라도 제가 잘할 수 있는 일이나 적성에 맞는 일이 무엇인지 잘 찾아봐야겠어요.

4

남자 안녕하십니까? 저는 이민호라고 합니다.

여자 반갑습니다, 이민호 씨. 어떻게 우리 회사에 지원하게 됐습니까?

남자 예전에 텔레비전에서 자동차 광고를 본 적이 있습니다. 그때 그 광고를 보고 광고로도 사람에게 감동을 줄 수 있다는 것을 느꼈습니다. 그리고 그런 광고를 저도 함께 만들어 보고 싶다는 생각을 했습니다. 그래서 그때부터 그 광고를 만든 회사에 대해 알아보고 준비를 해서 지원하게 되었습니다.

여자 그렇군요. 전에도 이런 일을 했던 경험이 있습니까?

남자 네, 대학생 때 광고 회사에서 아르바이트를 한 적이 있습니다. 책으로 공부하는 것이 직접 몸으로 배우는 것만 못하다고 생각하기 때문에 경험을 많이 쌓고 싶었습니다.

여자 그럼 우리 회사에서 일하게 되면 특별히 하고 싶은 일이 있나요?

남자 저는 사무실에서 일할 때보다 현장에서 동료들과 함께 일할 때 더 큰 즐거움을 느낍니다. 그래서 사무실에서만 일하는 대신에 현장에서도 일을 하고 싶습니다.

여자 네, 알겠습니다. 우리 회사에 지원해 주셔서 감사합니다.

② 실수하지 않으려고 단어를 써서 책상에 붙여 놓았어요.

말하기/듣기 说/听

2

여자 민수 씨, 많이 피곤해 보여요. 어제도 야근했어요?

민수 네, 오늘 회의가 있어서 어제까지 정리해 놓아야 하는 업무가 있었거든요.

여자 한국 직장인들은 일을 많이 하는 것 같아요. 민수 씨뿐만 아니라 다른 사람들도 야근을 많이 하더라고요. 밤늦게까지 건물에 불이 켜진 곳도 많고요.

민수 사람마다 다르기는 하지만 일이 많으면 퇴근 시간이 지나도 일을 할 수밖에 없어요. 그렇지 않으면 주말에도 출근해서 일을 해야 하는 경우도 있거든요.

여자 주말에도 일을 한다고요? 주말에 쉬지도 못하면 일할 때 더 힘들잖아요. 그리고 가족들과 함께 보내는 시간도 부족해져서 가족들과 사이가 멀어질 거예요.

민수 모든 직장인이 야근을 많이 하는 건 아니에요. 그리고 요즘은 제시간에 퇴근하는 회사들도 많고 자신이 원하는 시간에 출퇴근하는 회사도 있어요. 제가 전에 다녔던 회사도 출퇴근 시간이 자유로운 회사였어요.

3

여자 영준 씨, 안녕하세요?

남자 미영 씨, 오랜만이에요. 얼마 전에 취직했다고 들었어요. 회사 다니는 건 어때요?

여자 출근한 지 얼마 안 돼서 아직은 일하는 게

익숙하지 않아요. 주로 서류 정리나 복사 같은 간단한 업무만 하고 있어요. 저도 빨리 중요한 업무를 하고 싶은데 아직은 업무를 잘 모르겠어요.

남자 저도 회사에 취직해서 처음에 일할 때는 무엇을 어떻게 해야 할지 몰라서 힘들었어요. 그때 같이 일하는 선배가 많이 가르쳐 줬어요. 미영 씨도 모르는 것이 있으면 선배들에게 물어보세요.

여자 저도 같은 부서 선배들이 이것저것 잘 가르쳐 주세요. 하지만 제가 너무 귀찮게 하는 것 같아서 물어보기가 힘들어요.

남자 아니에요. 걱정하지 말고 모르는 것이 있으면 그때그때 물어보세요. 선배들이 바쁘면 메모를 해 놓았다가 한꺼번에 물어보는 것도 좋아요. 선배들은 미영 씨가 질문을 많이 하면 열심히 한다고 칭찬해 주실 거예요. 전에 저와 같이 일했던 선배님께서도 그렇게 얘기하셨거든요.

ⓞ3 제가 만든 음식을 얼마나 잘 먹는지 몰라요.

3 여자 토니 씨, 혹시 봉사 활동을 해 본 적이 있어요?

토니 그럼요. 지금도 일요일마다 병원에서 통역 봉사를 하고 있는데요.

여자 통역 봉사를 한다고요? 병원에서 사용하는 말은 어려울 텐데 한국어를 잘해야겠네요.

토니 아니에요. 저도 아직 한국어를 잘 못하는걸요. 그냥 병원에 오는 외국인 환자들이 서류 작성하는 것을 도와주고 병원 안내를 해 주고 있어요. 가끔 약을 사는 것도 도와주고요. 한국어가 서툴러도 할 수 있는 것들이에요.

여자 그렇군요. 그런데 어떻게 병원에서 봉사를 하게 됐어요?

토니 한국에 처음 왔을 때 며칠 동안 배가 아픈 적이 있었어요. 그때는 한국말을 배운 지 얼마 안 됐기 때문에 어떻게 해야 할지 몰라서 걱정하면서 병원에 갔어요. 그런데 다행히 그 병원에서 통역 봉사를 하는 한국 학생이 저를 도와줘서 진료를 잘 받을 수 있었어요. 그때 그 학생이 정말 고맙더라고요. 그래서 저도 한국말을 배우면 꼭 병원

에서 통역 봉사를 해야겠다고 생각했어요.

여자 와, 예전에 도움 받은 것을 잊지 않고 다른 사람들을 도와주는 토니 씨도 정말 훌륭한 것 같아요.

4 여러분, 안녕하세요? 따뜻한 마음을 전하는 '함께하는 세상'입니다. 오늘은 강원도에 사시는 정미영 씨의 편지를 여러분께 전해 드리려고 합니다. 안녕하세요? 저는 지난여름 장마 피해를 입은 저희를 도와주신 많은 분들께 감사 인사를 드리려고 편지를 썼습니다. 지난여름 이틀 동안 내린 폭우로 저희 집과 이웃들의 집은 물에 잠기거나 흙 속에 묻혀 버렸습니다. 살던 집이 갑자기 사라진 저희는 우는 것밖에 아무것도 할 수 없었습니다. 그때 저희를 도와주려고 많은 자원봉사자들이 오셨습니다. 모든 것을 포기하고 울고 있는 저를 위로해 주시고 저 대신에 저희 집을 치워 주셨습니다. 집 안에서 사용할 수 있는 그릇들을 찾아서 깨끗이 씻고, 옷과 이불을 깨끗하게 빨아서 널어 주셨습니다. 어떤 분은 빨래를 너무 많이 해서 손이 빨갛게 부었는데 웃으면서 제 손을 잡고 힘내라고 말해 주었습니다. 그 말이 얼마나 고마웠는지 모릅니다. 저희를 도와주신 많은 분들 덕분에 저희는 희망을 잃지 않고 다시 기운을 낼 수 있었습니다. 여러분 정말 감사드립니다. 강원도에서 정미영 올림.

네~ 정말 마음이 따뜻해지네요. 어려울 때 함께하는 여러분이 있어서 세상은 아주 따뜻한 것 같습니다.

ⓞ4 기부하는 방법이 생각만큼 복잡하지 않아요.

1 남자 리타 씨, 옷에 단 액세서리 새로 샀어요? 예쁘네요.

리타 이건 액세서리가 아니고 '사랑의 열매'라고 하는 거예요.

남자 사랑의 열매요?

리타 겨울에 힘든 이웃을 돕기 위해 모금을 하는 곳이 있는데 모금에 참여하면 이 '사랑의 열매'를 받을 수 있어요. 어제 광화문 근처에 갔는데 모금함이 있어서 모금에 참여하고 받았어요.

남자 아, 그렇군요. 그러고 보니까 다른 사람들도 달고 있었던 것 같아요. 모두 모금에 참

여를 한 거군요. 그런데 리타 씨는 어떻게 이런 걸 알게 되었어요?

리타 저도 작년에 한국 친구가 가르쳐 줘서 알게 되었어요. 모금도 하고 사랑의 열매를 달고 다니면 사람들에게 알릴 수도 있으니까 더 좋은 것 같아서 매일 달고 다녀요.

남자 저도 모금에 참여하고 싶어요. 그런데 저는 광화문에 자주 가는데도 모금함을 본 적이 없어요.

리타 지난주부터 모금을 시작한 것 같아요. 모금함 옆에 사랑의 온도계가 있어서 쉽게 찾을 수 있을 거예요. 모금된 돈만큼 사랑의 온도가 올라가는데 아주 커서 잘 보여요.

남자 아, 그럼 내일도 광화문에 가니까 사랑의 온도계를 찾아봐야겠네요.

2 남자 유나 씨, 수업 전에 시간도 남는데 차 한잔 할까요?

유나 네, 좋아요. 그럼 길 건너편에 있는 커피숍으로 가도 돼요?

남자 네, 그래요. 그런데 여기에도 커피숍이 많은데 왜 길 건너편에 있는 커피숍에 가려고 해요?

유나 아, 그 커피숍에서 커피를 마시면 기부를 할 수 있거든요.

남자 커피를 마시면서 기부를 한다고요?

유나 네, 제가 커피를 마시면 커피값의 1%를 기부할 수 있어요. 그렇게 모인 기부금으로 물이 부족한 나라에 도움을 준다고 해요.

남자 유나 씨는 참 좋은 일을 하고 있군요. 저도 1% 기부 이야기를 들은 적이 있는데도 제가 직접 하기는 쉽지 않더라고요.

유나 돈이 많은 사람들만큼 큰돈을 기부하기는 어렵고 제가 커피를 좋아하니까 이렇게라도 기부를 하면 좋을 것 같아서 그 커피숍에 자주 가요.

남자 적은 돈도 모이면 큰돈이 되는 거죠. 그리고 생활 속에서 자연스럽게 기부도 하니까 더 좋은 것 같아요. 저도 앞으로 그 커피숍에서 커피를 마셔야겠어요.

⑤ 다시 공부해 봅시다

6 여러분, 안녕하십니까? 대학 뉴스, 1분 정보입니다. 오늘은 취업할 때 가장 어려운 면접시험에 대

해 말씀을 드리려고 합니다. 면접시험을 잘 보기 위해서는 어떻게 해야 할까요?

먼저 자신감 있는 목소리가 중요합니다. 그리고 얼굴 표정과 시선도 중요합니다. 자신감이 없어 보이는 지원자는 면접관에게 좋은 이미지를 주지 못합니다. 그렇기 때문에 어떤 질문을 해도 당황하거나 긴장하지 않고 부드러운 미소로 자신감 있게 대답하는 것이 중요합니다. 이런 자신감은 쉽게 나오는 것이 아니기 때문에 많은 연습을 해야 합니다.

두 번째로는 지원하는 회사에 대해 잘 알아보고 자신이 지원하려는 이유와 입사한 후에 회사에서 하고 싶은 일들을 잘 정리해서 말하는 연습을 해 놓으십시오. 그럼 어떤 질문에도 자신 있게 대답할 수 있을 것입니다.

여러분이 노력한 시간만큼 취업은 가까워질 것입니다. 오늘의 1분 정보였습니다. 감사합니다.

7 여자 여러분, 안녕하십니까? 저는 도시에서 멀리 떨어져 있는 한 시골 마을에 나와 있는데요. 이 마을에 3년 동안 의료봉사를 하러 오는 의사가 있다고 해서 만나러 왔습니다. 선생님, 안녕하세요?

남자 네, 안녕하세요?

여자 어떻게 의료봉사를 시작하게 되셨나요?

남자 처음에는 아는 분의 부탁으로 할머니 한 분을 진료해 드리러 이 마을에 왔었어요. 그런데 병원도 먼 데다가 나이 많은 노인들만 살고 계셔서 몸이 불편한데도 병원에 가지 못해 건강이 더 나빠진 분들이 많이 계셨습니다. 그래서 그때부터 병원에서 검사하는 것만은 못하지만 간단한 진료를 통해 급한 증상이 있는 분들은 병원으로 모셔서 검사를 받게 해 드리고 있습니다. 그리고 큰 증상이 없으신 분들은 건강을 꾸준히 관리해 드리고 있고요. 하지만 저와 같은 개인 대신에 큰 병원이나 사회복지 단체에서 의료 활동을 나오면 큰 도움이 될 겁니다.

여자 선생님께서는 언제 가장 보람을 느끼세요?

남자 한 달에 한 번 찾아올 때마다 할머니, 할아버지들께서 아들이 온 것처럼 얼마나 반가워하시는지 모릅니다. 건강하신 모습을 뵐 때 정말 큰 보람을 느낍니다.

8 남자 이것 좀 보세요. 영화배우 김승호 씨가 올해도 또 1억 원을 기부했대요.

여자 와! 그 배우는 작년에도 큰돈을 기부했던데 올해도 또 했네요. 그런데 기부할 때마다 기사가 나니까 홍보를 하는 것 같아서 좀 좋아 보이지 않네요. 사람들에게 알리지 않고 기부를 하거나 어려운 이웃을 돕는 유명인들도 많잖아요.

남자 그렇기는 하지만 유명인들은 일반인들에게 영향을 주기 때문에 먼저 다른 사람을 돕는 모습을 보여 주고 알리는 것도 좋은 것 같아요. 그래서 기부하는 문화를 만드는 데 도움을 줄 수도 있잖아요.

여자 하지만 가끔 기사를 보면 유명인들이 진심으로 하는 것이 아니라 형식적으로 하는 것처럼 보일 때가 있어요. 그러면 도움을 받는 사람들이 마음의 상처를 받을 수도 있잖아요.

남자 홍보를 위해서 하는 유명인들도 있겠지만 결과적으로는 어려운 사람들을 돕는 거니까 그것도 나쁘지 않다고 생각해요. 그리고 그 사람들도 다른 사람들을 도우면서 보람을 느낄 수도 있잖아요.

第09章 소식과 정보

01 비를 맞지 않도록 우산을 가지고 다니세요.

2 남자 장마철인 요즘 비가 많이 와서 생활하기 불편하시지요? 날씨는 사람들의 일상생활에 많은 영향을 주기 때문에 기업에서 물건을 판매할 때에도 날씨 정보를 활용한다고 합니다. 이 소식 김민주 기자가 전해 드리겠습니다.

여자 영화관에는 비가 오는 날이나 흐린 날에 관객이 많고, 떡국과 떡볶이는 기온이 영상일 때보다 0도에서 영하 2도 정도일 때 더 잘 팔린다고 합니다. 그래서 요즘 기업에서는 물건을 판매할 때 날씨 정보를 많이 활용하고 있는데요. 이렇게 물건을 파는 데에 날씨 정보를 활용하는 것을 날씨 마케팅이라고 합니다. 한 커피 전문점에서는 비가 오

는 날에도 많은 고객이 매장을 방문하도록 커피 한 잔을 사면 한 잔을 무료로 주는 행사를 하고 있습니다. 그리고 한 아이스크림 가게에서는 비가 오는 날 분홍색 우산을 쓰고 오면 아이스크림을 무료로 준다고 합니다. 또 한 백화점에서는 비가 오는 날에는 쇼핑하는 고객이 불편해하지 않도록 고객들에게 직접 우산을 씌워 주는 서비스를 하고 있습니다. 이처럼 기업에서는 물건을 더 많이 팔기 위해 날씨 마케팅을 더욱 적극적으로 활용하고 있습니다. SMBC 김민주였습니다.

3 하루 사이에 기온이 뚝 떨어져 날씨는 벌써 한겨울로 변한 것 같습니다. 오늘부터 기온이 더 떨어지고 서울 지역은 영하권 추위가 찾아오겠습니다. 바람도 강하게 불면서 체감 온도는 더 낮아질 텐데요, 감기에 걸리지 않도록 옷을 따뜻하게 입으셔야겠습니다.
내일 아침 서울은 영하 2도로 오늘보다 4도 정도 낮겠습니다. 서울 낮 최고 기온은 영상 1도로 낮에도 춥겠습니다. 금요일은 서울 아침 기온이 영하 6도까지 떨어지며 올 가을 들어서 가장 추운 날씨를 보이겠고, 일요일에는 제주도와 서해안에 많은 비가 내리겠습니다.

02 이번 지진으로 인한 피해는 별로 크지 않대요.

3 남자 어제 우리 학교 학생들이 도둑을 잡았다던데 흐엉 씨도 얘기 들었어요?

흐엉 아니요. 우리 학교 학생들이 도둑을 잡았대요?

남자 네, 어젯밤에 학교 앞에 있는 편의점에 도둑이 들었는데 마침 우리 학교 학생 두 명이 물건을 사러 편의점에 들어갔대요.

흐엉 그래서요?

남자 한 명은 주인을 도와서 도둑을 잡고 한 명은 경찰에 신고를 했대요.

흐엉 그 학생들은 안 다쳤대요?

남자 도둑을 잡다가 조금 부상을 입긴 했지만 그래도 크게 다치지는 않았나 봐요.

흐엉 다행이네요. 그리고 그 학생들의 용기가 정말 대단하네요.

남자 그렇지요? 이번 일로 그 학생들은 경찰서에서 상을 받게 되었대요.

4 남자 어제 뉴스에서 엘리베이터 사고 소식이 나오던데 너도 봤어?

여자 응, 봤어. 정전 때문에 엘리베이터가 멈췄다면서? 그 안에 갇힌 사람들이 정말 무서웠겠더라.

남자 응, 그랬을 것 같아. 엘리베이터 안에는 공기가 부족해서 숨도 못 쉬었을 텐데 얼마나 무서웠을까?

여자 숨을 못 쉰다고? 엘리베이터가 멈춰도 안으로 공기가 들어와서 숨은 쉴 수 있대. 가끔 공기가 안 들어올까 봐 문을 억지로 여는 사람들이 있는데 그게 더 위험한 거래.

남자 그렇구나. 그런데 난 엘리베이터 탈 때 가끔 무섭더라. 엘리베이터를 타고 올라가다가 엘리베이터가 아래로 떨어지면 어떡하나 하고 걱정이 될 때가 있거든.

여자 너, 어제 뉴스를 끝까지 안 들었구나. 엘리베이터는 떨어지지 않도록 안전장치를 여러 개 해 놓기 때문에 실내로 밑으로 떨어지지 않는대.

남자 그렇지만 엘리베이터가 멈추는 사고가 가끔 나잖아. 만약에 처음 간 건물에서 엘리베이터가 멈추면 어떡해? 119에 신고를 해도 내가 어디에 있는지 설명을 못 할 것 같아.

여자 어제 뉴스에서 들었는데 사고가 나면 119에 전화해서 엘리베이터 안에 쓰여 있는 엘리베이터 번호를 얘기하면 된대. 그럼 119에서 사고가 난 엘리베이터가 어디에 있는지 알고 찾아올 수 있대.

⑬ 스마트폰이 우리 생활에 편리함을 주는 것은 사실이에요.

말하기/듣기 说/听

3 여자 자르갈 씨, 발표 자료를 다 찾았어요?

자르갈 네, 다 찾았고 이제 정리도 거의 다 했어요. 도서관 홈페이지에 들어가서 검색해 보니까 자료가 많던데요.

여자 그렇군요. 저도 다음에 한번 들어가 봐야겠어요. 그럼 언제쯤 정리가 끝날 것 같아요?

자르갈 한 시간 정도 후에는 다 끝날 것 같은데요. 다 정리한 후에는 어떻게 할까요?

여자 음, 다른 친구들도 볼 수 있도록 카페에 자료를 올리는 게 좋을 것 같아요. 그런데 선생님 말씀에 의하면 아직 카페에 회원 가입을 하지 않은 친구들도 있다니까 빨리 카페에 가입하라고 해야겠어요.

자르갈 그럼 자료를 카페에도 올리고 이메일로도 보내면 어떨까요?

여자 그게 좋겠네요. 그럼 자료를 올리고 나서 저한테 문자 메시지로 알려 주세요.

4 여자 뭘 그렇게 열심히 하고 있어요? 과제가 그렇게 많아요?

남자 아니에요. 지난번 제주도에 여행 다녀온 사진을 블로그에 올리고 있었어요. 그때그때 사진을 정리해 놓아야 나중에 다시 보기도 편하더라고요.

여자 맞아요. 저도 부모님과 고향 친구들이 제가 잘 지내는지 궁금해서 사진을 찍으면 항상 SNS에 올려 놓아요. 저도 나중에 언제 무엇을 했는지 알 수도 있어서 좋더라고요. 그런데 이 글들은 뭐예요?

남자 아, 블로그에 사진뿐만 아니라 한국에 대한 소개나 제가 생활하면서 경험하고 느낀 점들도 올리고 있어요. 가끔 제 블로그를 보고 한국에 유학을 오고 싶어 하는 사람들이 질문을 하면 대답도 해 주고, 저도 모르는 것은 자료를 검색해서 알려 주기도 해요.

여자 정말 도움이 되겠네요. 그런데 이렇게 블로그에 글을 올리면 시간도 오래 걸리고 힘들지 않아요?

남자 저도 한국에 오기 전에 아는 사람이 아무도 없어서 혼자 정보를 검색하기가 힘들었거든요. 어느 사이트에 들어가야 필요한 정보를 찾을 수 있는지도 몰랐고요. 시간이 좀 걸리긴 하지만 블로그를 하면서 한국에 대해서 더 많이 알게 되고, 또 한국에 있는 다른 외국인 친구들을 사귀기도 할 수 있어서 좋은 것 같아요.

말하기/듣기 说/听

2

여자 준이치 씨, 아직 점심을 안 먹었으면 학교 앞에 새로 생긴 식당에 가서 같이 점심 먹을래요?

준이치 좋아요. 그런데 그 식당에 가 봤어요?

여자 저도 가 본 적은 없는데 그 식당이 인터넷에서도 소문이 난 식당이더라고요. 원래 다른 동네에 있었는데 식당이 유명해져서 학교 앞에도 식당이 또 생긴 거래요.

준이치 인터넷에 소문이 난 걸 보니까 정말 음식이 맛있나 봐요.

여자 네, 요리사가 매일 새벽에 시장에 직접 가서 신선한 재료를 사 온대요. 재료는 음식을 딱 100그릇을 만들 만큼만 사와서 100그릇을 팔고 나면 가게 문을 닫는대요.

준이치 그렇게 하기가 쉽지 않을 텐데 대단하네요.

여자 네, 맞아요. 유명한 연예인들도 많이 온다더니 며칠 전에는 그 식당이 텔레비전에도 소개가 되었대요.

준이치 그래요? 그럼 한번 가 봐야겠는데요.

3

흐엉 자르갈 씨, 요즘 리아 씨가 안 보이던데 혹시 리아 씨에게 무슨 일이 있어요?

자르갈 리아 씨요? 흐엉 씨에게 얘기한다더니 못 했나 보네요. 리아 씨는 지난주에 고향에 갔어요.

흐엉 고향에 가다니요? 갑자기 왜요? 2주 전 동호회 모임에서 봤을 때는 그런 얘기는 없었는데요. 다시 안 오는 것은 아니지요?

자르갈 네, 리아 씨가 예전부터 할머니께서 편찮으시다는 소식을 듣고 걱정했었잖아요. 그런데 지난주에는 할머니께서 건강이 더 안 좋아지셔서 갑자기 가게 되었대요.

흐엉 걱정이 많겠네요. 저는 리아 씨가 결혼한다는 소문이 있어서 결혼 준비 하느라고 모임에 안 나오는 줄 알았어요.

자르갈 리아 씨는 남자 친구 사귄 지도 얼마 안 되었잖아요. 그리고 리아 씨는 공부를 다 마치고 나서 결혼을 할 거라고 했고요. 할머니께서 괜찮으셔야 할 텐데 걱정이네요.

6

남자 유나 씨, 지금 바쁘지 않으면 잠깐 저 좀 도와주실 수 있으세요?

유나 네, 괜찮아요. 무슨 문제가 있으세요?

남자 도서관 홈페이지에 들어가서 자료를 찾으려고 하는데 아이디와 비밀번호가 생각이 나지 않아서 들어갈 수가 없어서요.

유나 아, 그랬군요. 여기 로그인을 하는 곳 아래에 보면 아이디 찾기가 있지요? 여기에 이름과 전화번호 또는 이메일 주소를 쓰면 아이디를 알려 줄 거예요.

남자 그럼 비밀번호는 어떻게 찾지요?

유나 먼저 아이디를 찾은 후에 아이디와 이메일 주소를 쓰면 그 이메일 주소로 비밀번호를 알려 주거나 비밀번호를 바꿀 수 있는 주소를 알려 줄 거예요. 그 주소를 누르면 새 비밀번호로 바꿀 수 있고요.

남자 그렇군요. 고마워요. 한국어가 아직 서툴러서 어렵네요.

유나 뭘요. 궁금한 게 있으면 언제든지 물어보세요.

7

남자 어제 일기예보를 보니까 다음 주까지 찜통더위가 계속된다고 하던데요. 날씨가 더워서 그런지 기운도 없고 힘드네요.

유나 날씨가 너무 무더워서 지쳤나 봐요. 한국 사람들은 여름철 무더운 날씨 때문에 기운이 없고 힘들 때 삼계탕을 먹어요.

남자 삼계탕요? 아, 닭으로 만든 음식 맞지요? 예전에 먹어 본 적이 있어요.

유나 맞아요. 삼계탕은 몸에 좋은 재료들로 만들어서 몸을 보호하는 데 좋다고 해요. 그래서 여름에 땀을 많이 흘려서 기운이 없을 때 많이 먹는 음식이에요. 계절이 바뀔 때도 일교차가 커서 감기에 걸리기 쉬운데 그때 먹기도 하고요.

남자 그렇군요. 그럼 다른 계절에 먹는 특별한 음식도 있어요?

유나 음, 봄에는 새로 난 봄나물을 먹고, 가을에는 새로 수확한 쌀과 잘 익은 가을 과일을 먹지요.

남자 한국은 사계절의 날씨가 다 달라서 계절마다 먹는 음식도 다양한가 봐요.

01 고등학교에 다닐 때 연극을 했었어.

듣기/쓰기 听/写

1 여자 연극 진짜 재미있었지?

남자 응, 재미는 물론이고 교훈도 있었어. 복을 받으려면 나도 흥부처럼 착하게 살아야겠어.

여자 음, 글쎄, 난 흥부처럼 살고 싶지 않은데. 흥부가 다른 사람들에게는 좋은 사람이었겠지만 가족들에게는 그렇게 좋은 아버지가 아니었던 것 같아. 흥부는 항상 가난했고, 그것 때문에 가족들이 항상 힘들어했으니까.

남자 그래도 흥부가 착하게 살았으니까 나중에 복을 받아서 부자가 됐잖아.

여자 하지만 흥부가 열심히 노력해서 부자가 된 게 아니잖아.

남자 하긴 그렇구나. 제비가 흥부 집에 오지 않았다면 흥부도 부자가 되지 못했겠네.

여자 사람이 착하게 살아야겠지만 노력이 더 중요하다고 생각해. 그래서 난 제비를 기다리기보다 열심히 노력해서 내 힘으로 성공할 거야.

2 밍밍 민수 씨, 제가 한국 옛날이야기 책을 읽어 보고 싶은데 추천해 줄 만한 이야기가 있나요?

민수 그럼요. '흥부와 놀부', '해님 달님', '호랑이 형님'. 이것 말고도 굉장히 많지요.

밍밍 '해님 달님'은 무슨 이야기예요?

민수 옛날에 오빠와 여동생이 있었는데, 호랑이가 그 둘을 잡아먹으려고 했었어요. 남매는 도망을 가다가 살려 달라고 기도했지요. 그때 하늘에서 줄이 내려왔고 남매는 그것을 타고 하늘로 올라갔어요. 하늘로 올라간 남매는 해와 달이 됐지요. 이건 한국인이라면 누구나 알고 있는 옛날이야기예요.

밍밍 어? 이건 중국에도 있는 이야기예요. 내용은 좀 다르지만 남매가 하늘로 올라가서 해와 달이 된 건 똑같은데요?

민수 네, 해와 달에 대한 이야기가 여러 나라에 있는 것 같더라고요.

밍밍 민수 씨의 이야기를 듣고 나니까 한국과 중국의 해와 달 이야기가 어떻게 다른지 알고 싶네요.

민수 도서관에 가면 이 책이 있을 거예요. 한번 읽어 보세요.

02 엄마가 바지를 버릴까 말까 하셨어요.

말하기/듣기 说/听

2 남자 며칠 전에 백화점에 갔는데 재미있는 행사를 하더라.

여자 무슨 행사를 했는데?

남자 백화점 안에 옛날에 유행했던 음악다방이 생겼는데 다방에 있는 사람이 신청 받은 노래를 틀어 줘. 그리고 이 다방에 갈 때 옛날에 유행했던 옷을 입고 오면 차를 무료로 주더라고. 몸에 붙는 옷 대신에 몸에 비해 큰 티셔츠와 통이 넓은 바지 같은 80년대 옷들을 입는 거지.

여자 요즘 옛날 물건도 인기가 있다고 하던데 정말 재미있었겠다.

남자 응, 그 다방에 사람도 정말 많았어. 그리고 그 백화점 엘리베이터에는 지금은 사라진 엘리베이터 도우미도 있는데 그걸 보고 엄마가 옛날이 생각난다고 하셨어.

여자 엘리베이터 도우미는 영화 속에서만 봤었는데. 이렇게 옛날에 있었던 사람들이나 물건을 보면 그때 있었던 일들이 생각나서 더 즐거운 것 같아. 요즘 이렇게 옛날 물건이 인기가 있는 건 힘들고 어려운 지금을 잊고 과거의 추억을 통해 위로 받고 싶어서 그런 게 아닐까?

남자 맞아. 그런 것 같아. 과거의 좋은 기억을 떠올리다 보면 복잡했던 마음도 편해지고 이런 이유 때문에 사람들이 옛날 물건을 찾는 것 같아.

여자 기성세대는 추억을 떠올리고, 젊은 세대는 신기해서 한 번 더 돌아보고. 나도 그 음악다방에 가 보고 싶다.

3 남자 리타 씨, 이 노래 들어 봤어요?

리타 네, 요즘 길거리에서도 자주 들을 수 있는 노래잖아요. 얼마 전에는 텔레비전에서도 들어 봤어요.

남자 아, 리타 씨도 이 노래를 아는군요. 원래 이 노래는 남자 가수가 불렀었어요. 제가 중학교에 다닐 때도 아주 유행이었는데 요즘 여자 가수가 같은 노래를 부르고 나서 다시 유행하고 있는 거죠.

리타 그래요? 오래된 노래인데도 요즘 노래 같아요. 촌스럽지 않고 듣기 좋은데요. 인기가 있고 유행하는 건 그만큼 좋기 때문인 것 같아요.

남자 네. 옛날에도 이 노래를 사람들이 참 좋아했어요. 저도 공부하면서 자주 들었었고, 이 노래를 부른 가수의 콘서트에도 가 봤는걸요. 하도 많이 들어서 지금도 그 가사를 잊지 않고 있어요. 다시 이 노래를 들으니까 중학교에 다닐 때가 생각나네요.

리타 이 노래를 처음 부른 가수의 노래도 한번 들어 봐야겠어요.

❸ 1년 만에 그렇게 많이 변했단 말이에요?

1 여자 이건 정말 옛날 사진이네요. 여기가 어디예요?

남자 한국공원 앞 사거리인데 십 년 전에 찍은 사진이에요.

여자 여기가 한국공원 앞이란 말이에요? 전에는 정말 지저분하고 더러웠네요.

남자 네, 십 년 전만 해도 한국공원 앞이 지금처럼 깨끗하지 않았었어요. 길이 더러우니까 사람들도 아무 데나 쓰레기를 버리고 질서를 지키지도 않았었어요.

여자 그런데 어떻게 이렇게 달라진 거지요?

남자 어느 날 공원 앞 꽃가게 할아버지가 매일 아침마다 거리를 청소하기 시작했어요. 거리가 깨끗해지니까 사람들이 쓰레기를 버리지 않더군요. 또 질서를 지키지 않는 사람들도 줄었고요. 할아버지의 노력으로 한국공원 앞이 달라진 거지요.

2 남자 아침에 뉴스를 봤는데 요즘 혼자 사는 사람이 많아져서 네 집 중 한 집 이상이 혼자 산다고 하더라고요.

여자 혼자 사는 사람이 그렇게 많단 말이에요?

남자 네, 앞으로도 1인 가구는 계속 증가할 거라는데요. 혼자 살면 불편한 게 많은데 왜 그렇게 혼자 사는 사람이 느는지 모르겠어요.

여자 요즘 결혼하지 않고 혼자 사는 사람이 늘고 있고, 또 평균 수명이 늘어나서 혼자 살게 된 노인들이 많아져서 그렇지 않겠어요?

저도 나중에 결혼을 하겠지만 그 전에는 혼자 살아 보고 싶어요.

남자 그래요? 혼자 살면 전에는 신경 쓰지 않던 집안일도 신경 써야 하고 해야 할 일도 많잖아요. 게다가 일하지 않는 날에는 늦게 일어나는 데다가 식사도 제대로 잘 안 하게 될 텐데….

여자 저도 그럴 것 같긴 해요. 그런데 부모님과 함께 사는 집에서 회사까지 너무 멀고 교통도 불편해서요.

남자 그렇다면 회사 근처로 이사 가는 게 좋을 것 같기는 하네요. 하지만 매달 생활비도 꽤 많이 들어가니까 계획적으로 준비해야 할 거예요.

❹ 로봇 청소기로 청소하면 깨끗하게 안 될지도 모르잖아요.

1 여자 이번에 한국회사에서 스마트폰이 새로 나왔는데 봤어요? 디자인이랑 색깔이 정말 예쁘네요. 새로운 기능도 있다고 하는데 어떤 기능인지 궁금해요.

남자 그래요? 스마트폰은 신제품이 정말 자주 나오는 것 같아요.

여자 사람들이 스마트폰을 자주 사용하고 가까이 하는 거라서 그런 게 아닐까요? 스마트폰이 있어서 우리의 생활이 아주 편리해졌잖아요.

남자 스마트폰이 전화 통화는 물론이고 인터넷 사용도 가능하게 해 주니까 편리한 건 사실이죠. 하지만 스마트폰이 생기고 나서 학교나 회사에서도 스마트폰을 보느라고 일에 집중을 못 하는 사람이 정말 많아졌어요. 스마트폰이 일이나 공부를 할 때는 도움이 되지 않는 것 같아요.

여자 글쎄요. 저는 스마트폰이 있어서 일을 하거나 공부를 할 때 오히려 도움을 받는다고 생각해요. 스마트폰에는 전자사전의 기능도 있고 필요한 자료나 정보도 빨리 찾게 해 주니까요. 이것 말고도 기능이 얼마나 다양하다고요.

남자 물론 좋은 점도 있지요. 하지만 요즘 스마트폰이 잠깐이라도 없으면 불안해하는 사람들이 있는데 이 사람들을 보면 스마트폰을 보느라고 많은 시간을 낭비하고 있다는 것을 알 수 있어요. 그만큼 자기 개발의 시간이 적어지는 거죠. 게다가 가족 간의 대화도 줄고. 스마트폰 사용을 자신이 조절하지 못하면 앞으로 더 큰 문제가 생길지도 몰라요.

🄞 다시 공부해 봅시다

6

여자 민수 씨, 이거 전자사전이죠? 정말 오랜만에 봐요.

민수 네, 이건 제가 고등학교 때부터 쓰던 거예요.

여자 요즘에는 휴대전화에 전자사전 기능이 있어서 전자사전을 잘 안 쓰는 것 같던데 민수 씨는 왜 전자사전을 계속 써요? 저는 한국어 공부할 때 항상 휴대전화로 단어를 찾거든요.

민수 공부할 때 휴대전화를 꺼내 놓으면 자꾸 사전은 안 보고 다른 것을 하게 돼서요. 게임을 하거나 인터넷을 하게 돼서 공부에 집중할 수 없더라고요.

여자 하긴 저도 모르는 단어를 찾으려고 휴대전화를 봤다가 다른 걸 한 적이 있어요.

민수 이 전자사전이 오래되기는 했지만 한국어는 물론이고 중국어, 일본어도 지원돼서 편해요.

7

남자 뉴스를 봤는데 얼마 전에 똑똑한 신발이 개발됐더라.

여자 똑똑한 신발이라고? 그건 어떤 신발이야?

남자 이 신발을 신고 걸으면 신발 바닥에서 빨간색, 파란색, 초록색 빛이 나와. 똑바로 잘 걸으면 빛이 안 나오고 반대로 똑바로 잘 걷지 않으면 빛이 나와.

여자 똑바로 걸을 때 빛이 안 나오고 제대로 걷지 않으면 여러 가지 빛이 나온다는 거야? 그럼 나쁘게 걷는 습관이 있는 사람들에게 좋은 걷기 습관을 길러 줄 수 있겠다.

남자 그렇지. 이 신발은 건강한 걷기 습관을 위해서 개발된 거야.

여자 참 재미있다. 신발에서 여러 가지 빛이 나오면 밤에 길을 걸을 때 위험하지도 않겠어.

第06章 문제와 해결

01 과제 제출이 내일까지인 줄 알았어요.

裕那	王力，教授说今天之前把电影感想交上来，你提交了吗？
王力	裕那已经都写完了吗？我现在正在写。可是不是十一号之前交吗？
裕那	你说十一号呀？是十号之前。
王力	那么到今天为止吗？我以为提交作业到明天为止。还没写完，该怎么办？
裕那	那么别让教授等，先联系教授，说明天之前会交。还有，可以的话，尽快完成。
王力	大概是我最近忙着准备学校活动，记错提交日期了吧。得好好向教授说一声才行。

02 휴대전화를 떨어뜨리는 바람에 액정 화면이 깨졌어요.

法提玛	我是来修理手机的。
维修员	好的，请坐这里。有什么问题吗？
法提玛	因为弄掉手机，液晶屏裂了。买来不到三个月，可以免费修理吗？
维修员	对不起。顾客使用错误导致故障时，必须支付维修费。
法提玛	啊，是吗？那么维修费多少钱？
维修员	因为得更换液晶屏，维修费可能会有点贵。我先确认有没有符合这个产品的液晶屏。

03 가방을 못 찾을까 봐 걱정이에요.

丽塔	怎么办？包包太重，放在地铁置物架上，忘记拿就下车了。早知道就不要把包包放在置物架上了。
王力	失物申报了吗？
丽塔	失物申报？还没有，该怎么做呢？
王力	在地铁或公交、出租车上弄丢的物品，可以利用网络申报。申报时，必须仔细填写失物的模样、颜色、内容物。
丽塔	好的，我得快点申报才行。话又说回来，里面有很多重要的资料，我担心找不回包包。

王力	我也曾经把手机弄丢在出租车上，又找回来了。丽塔也别太担心，再等等吧。

04 하마터면 오늘 지각할 뻔했어요.

皮埃尔	法提玛，早上立刻来机场上班，很累吧。济州岛旅行有趣吗？
法提玛	旅行虽然有趣，但是错过飞机，今天差一点就迟到了。
皮埃尔	咦，为什么？飞机出了什么问题吗？
法提玛	不是那样的。是在去机场的路上，发生了交通事故。我搭的公交车和前面的出租车相撞了。
皮埃尔	是吗？出了意外，肯定吓了一大跳吧。没有受伤吧？
法提玛	是的，没有受伤。因为等下一班公交车来，花了三十分钟，好不容易才搭上飞机。幸好还是准时到了公司。

第07章 건강

01 발표 준비를 하느라고 밤을 새웠거든요.

丽塔	王力，刚才才喝了咖啡，现在又喝呀？
王力	是的，太犯困了。昨天晚上为了准备发表，熬了夜。
丽塔	是吗？很累吧。早餐吃了吗？
王力	没吃。早上没有胃口，饿了一顿。
丽塔	那么早餐也没吃，咖啡又喝那么多啊？空腹不可以喝太多咖啡。吃不下饭的话，至少也吃点牛奶。
王力	就算你没说，我也觉得肚子不舒服，正想吃点什么。我想去便利店，买点什么吗？

02 실외에 있는 시간을 줄이는 것이 좋아요.

王力	赫昂，感冒了吗？咳嗽很严重呢。
赫昂	没有，不是感冒，只是最近经常咳嗽。打喷嚏也很严重。

王力   最近空气中的灰尘多，所以才那样的。我身旁也有很多像赫昂一样咳嗽的人。

赫昂   是吗？那么在外面运动，对健康不好吧。已经和朋友约好周末去汉江，该怎么办？

王力   咳嗽那么严重，得在家休息才行。像最近这样空气不好的时候，最好减少在室外的时间。

赫昂   确实是那样。外出的时候，一定要戴上口罩才可以。外出回来的时候，手也要好好洗干净。

03 신문에서 읽은 대로 말해 준 것뿐이에요.

王力   下周有重要的考试，因为压力大，不但没胃口吃饭，晚上也睡不着。

丽塔   从你出现失眠症状来看，应该是压力太大。这种时候，适当的运动会有帮助的。我来留学之前，也有过失眠，运动后好了一些。

王力   那么正如丽塔所说的，得开始运动了呢。

丽塔   还有，像咖啡一样含有咖啡因的食物，最好避免。

王力   到考试之前，咖啡也要减少才行。但是，丽塔怎么这么了解失眠？

丽塔   我不过是照报纸上读到的说出来而已。每周三报纸上有健康信息，因为有点兴趣，很认真地读了。

04 소화가 안될 때 이 방법을 사용하곤 해요.

托尼   裕那，你的手受伤了吗？为什么那样压着手？

裕那   消化不太好。消化不良的时候，像这样用力压第一根手指和第二根手指中间，肚子会比较舒服。

托尼   你说压这里吗？这我还是第一次听到，这可能是裕那国家的民间疗法吧？

裕那   是的，没错。是奶奶教我的方法。消化不良的时候，我偶尔会使用这个方法。

托尼   哇，有这种方法啊。不必特别准备什么，也不难，真不错。

裕那   是的，虽然民间疗法不是全都正确，但是紧急的时候，还能派上用场。

01 대기업 대신에 중소기업에 지원하면 기회가 있을 거예요.

裕那   王力，听说尚宇前辈的事了吗？说是这回找到工作了。

王力   是吗？最近就业不如过去，大家都很担心，真是太好了。裕那现在也得准备就业了吧？

裕那   是的，我也正在一点一点地准备。最近大家不是都忙着准备就业嘛。

王力   我也想在韩国工作，好像不可找工作，很担心。

裕那   别担心。累积多一点经验，不要应聘大企业，应聘中小企业会有机会的。如果有在韩国就业的前辈，请去问问他们该怎么办才好。

王力   好的，就那么办吧。

02 실수하지 않으려고 단어를 써서 책상에 붙여 놓았어요.

明明   皮埃尔，公司生活怎么样？不辛苦吗？

皮埃尔   和在法国实习的时候做的工作差不多，业务还算可以，但是还没熟悉公司生活，有点辛苦。

明明   职场生活是第一次，再加上法国和韩国的职场文化也不同，肯定更辛苦。

皮埃尔   是的，再加上在公司使用的单词困难，真的很难背起来。不想犯错，所以把单词写好贴起来。但是我每次犯错的时候，同事都觉得很有趣。

明明   就算是这样，一起工作的同事应该是好人吧。

皮埃尔   是的，多亏我们单位的同事，我更喜欢现在工作的公司了。

03 제가 만든 음식을 얼마나 잘 먹는지 몰라요.

丽塔   敏洙，敏洙喜欢的歌手办演唱会，周末要不要一起去？

敏洙   怎么办？这个周末要去保育院做志愿服务。

丽塔   哇，敏洙也做志愿服务呀。

敏洙   不是自己去，是和公司一起去的。一个月去一次保育院，为他们打扫、洗衣，也做饭和孩子们一起吃。

丽塔   真的在做好事呢。就算这样，周末不能休息，有些辛苦吧。

敏洙　不辛苦。反倒是去做志愿服务回来，心情
　　　变好了。孩子们不知道有多么喜欢吃我做
　　　的菜呢。

04 기부하는 방법이 생각만큼 복잡하지 않아요.

顺一　裕那，什么行李那么多呀？去旅行吗？
裕那　不是的，我打算把不穿的衣服捐出去，所以
　　　带了出来。尽管我算是不太买东西的人，还
　　　是有很多不穿的衣服。
顺一　你说要把穿过的衣服捐出去？
裕那　是的，有间商店把人们捐赠的衣服卖掉，用
　　　赚来的钱帮助贫困的人们。以前不穿的衣服
　　　就那样丢掉了，现在知道那间商店后，都把
　　　旧衣服捐到那里去。
顺一　可以整理不穿的衣服，又可以帮助别人，真
　　　是一石二鸟。我也有很多不穿的衣服，看来
　　　该捐到那里去了。
裕那　顺一也那么做吧。捐赠方法没有想象的复
　　　杂，也可以感受到价值，真的很棒。

第09章　소식과 정보

01 비를 맞지 않도록 우산을 가지고 다니세요.

吉日嘎拉　裕那，如果有不使用的雨伞，可以借我一支吗？
裕那　哎呀，淋了好多雨呢。雨下这么大，没撑伞
　　　过来吗？
吉日嘎拉　是的，不知道雨会下这么大，没有带雨伞就
　　　出来了。
裕那　是吗？我还有一支雨伞，请用这支。
吉日嘎拉　谢谢。可是韩国本来这么就下雨吗？最近好
　　　像几乎每天下雨。
裕那　不是这么经常下雨的。最近因为是梅雨季，
　　　所以才这样。听说梅雨下周才结束，为避免
　　　淋雨，请将雨伞带在身上。

02 이번 지진으로 인한 피해는 별로 크지 않대요.

丽塔　皮埃尔，听说你的故乡附近发生了地震，皮
　　　埃尔的家没事吧？
皮埃尔　这次发生地震的地方离我的故乡比较远，所
　　　以我们家没问题。地名很像，所以人们经常
　　　混淆。
丽塔　啊，真是万幸啊。我以为皮埃尔故乡发生地
　　　震，很担心。
皮埃尔　就算你没有说，今天朋友们也打了很多电话
　　　来，问我故乡的家没事吧。
丽塔　原来如此。但是发生地震的地方怎么说？据
　　　说受伤的人不太多吗？
皮埃尔　因为是突然发生，所以很多人受到惊吓，但
　　　幸好这次地震所引发的灾害不太大。

03 스마트폰이 우리 생활에 편리함을 주는 것은 사실이에요.

丽塔　最近搭地铁，大家好像都只看着智能手机。
顺一　是吧？之前搭地铁，很多人在看报纸或读
　　　书，最近好像很难看到那样的人。
丽塔　没错。但是好像不只是在地铁。不久前去餐
　　　厅，有一家子都不说话，只是边看手机边吃饭。
顺一　我也曾经看过。从互联网上的新闻报导读到
　　　的，根据那篇报导，说是10多岁的人一天
　　　使用智能手机七个小时以上。
丽塔　是吗？比我想的用得更久呢。
顺一　智能手机为我们生活带来方便是事实，但是
　　　使用智能手机那么久，可能会是个问题。

04 장학금은 두 학기 이상 못 받는다더니 꼭 그런 건 아닌가 봐요.

丽塔　顺一，听到王力的消息了吗？
顺一　听到消息？什么消息？
丽塔　听说王力这学期又拿到奖学金了。
顺一　是吗？太好了。听说奖学金不能拿两个学期
　　　以上，看来不一定是那样。
丽塔　我也以为是那样，原来不是呀。王力一边打
　　　工，一边学习，过得很辛苦，但因为拿到奖
　　　学金，他真的很高兴。
顺一　王力的父母也一定十分引以为傲。看到那
　　　样，该说是辛苦有了代价吧。

❶ 고등학교에 다닐 때 연극을 했었어.

皮埃尔　这次庆典决定演出"兴夫与孬夫"了。
丽塔　　哇，是吗？我上高中的时候也演过戏，非常
　　　　有趣。可是"兴夫与孬夫"的内容是什么？
皮埃尔　这是贪心的哥哥和善良的弟弟的故事。我饰
　　　　演孬夫，孬夫是贪心的哥哥。
丽塔　　这次的表演只有皮埃尔参加吗？
皮埃尔　不是的，我当然参加，我们班的朋友也全部
　　　　参加。详细的内容请来看表演。会很有趣的。
丽塔　　好，真的很期待呢。一定会去看的。

❷ 엄마가 바지를 버릴까 말까 하셨어요.

裕那　　明明，这件裤子怎么样？看起来很俗气吗？
明明　　不会。因为这条裤子非常漂亮，我还正想问
　　　　问是在哪里买的呢！这件裤子第一次看到，
　　　　是新买的吗？
裕那　　不是，这是妈妈年轻时穿过的衣服。妈妈犹
　　　　豫着要不要丢掉裤了，我很喜欢，就拜托妈
　　　　妈给我。
明明　　看来妈妈也曾经是赶时髦的人啊。听说最近
　　　　这种裤子正流行。
裕那　　是吗？20年前流行过的衣服，听说现在又
　　　　开始流行，真的很有趣呢。
明明　　没错。不是说时尚轮流转嘛。

❸ 1년 만에 그렇게 많이 변했단 말이에요?

王力　　法提玛，这趟回故乡顺利吗？
法提玛　是的，见到了家人，也尽情吃了想吃的故乡
　　　　菜才回来。
王力　　我因为学习没能回故乡，你一定很高兴吧。
　　　　真羡慕。
法提玛　可是回到了故乡，到处都变得认不出来，
　　　　吓了一大跳。仅仅1年前还在的老市场消失
　　　　了，在那里出现了高楼大厦。
王力　　你是说1年内变化那么大吗？
法提玛　是的。每次回故乡都变得不一样，有时觉得
　　　　故乡比韩国还陌生。

❹ 로봇 청소기로 청소하면 깨끗하게 안 될지도 모르잖아요.

托尼　　丽塔，请看看这个广告。是扫地机器人的广
　　　　告，只要按下开关，就会自己绕着家里帮你
　　　　全部打扫好。真的很方便吧？
丽塔　　我觉得不怎么样。用扫地机器人打扫，也许
　　　　没打扫干净也不一定呀。
托尼　　不会那样的。说是不只是清除灰尘，甚至用
　　　　抹布帮你擦地。
丽塔　　就算那样，我还是觉得亲自打扫好些。
托尼　　当然也许比不上人打扫，但是我得买一个。
　　　　打扫不知道有多么麻烦呢。

문화 번역 文化译文

第06章 문제와 해결

● 서울건강콜센터 首尔健康呼叫中心

서울시에서는 의료에 대한 상담을 하고 긴급 상황을 돕기 위해 서울건강콜센터를 운영하고 있다. 서울건강콜센터에서는 외국어 통역 서비스를 제공하고 있어서 내국인들뿐만 아니라 외국인들도 의료 기관 안내와 구체적인 질병 및 증상에 대한 상담을 받을 수 있고 긴급 상황 시 도움을 받을 수 있다. 서울건강콜센터에서는 영어, 중국어, 일본어, 베트남어, 몽골어 등 다섯 개 언어로 24시간 전문 의료·건강 상담 서비스를 제공해 주고 있다. 상담 분야는 만성 질환 상담, 투약 상담, 검사 및 검진 상담, 장애인 상담, 주변의 문을 연 병의원 및 약국 안내, 외국어 진료가 가능한 병의원 안내 등이다. 또한 응급 상황이 발생했을 때에는 구급 대원과 구급차를 보내 환자를 병원으로 빨리 이동할 수 있도록 도와준다.

이용 방법은 간단하다. 119로 전화하면 바로 전화 상담과 긴급 구조 요청이 가능하다. 구급차를 이용하는 비용은 무료이다. 건강 상담과 구조 요청은 119안전신고센터(www.119.go.kr)와 서울특별시청 홈페이지(www.seoul.go.kr)에서 신청할 수 있다.

第07章 건강

● 민간요법 民间疗法

많은 민간요법들이 질병을 예방하고 치료하는 데에 효과적이지만 오히려 건강에 해로운 것들도 있다. 그렇기 때문에 우리 몸에 이로운 민간요법인지 해로운 민간요법인지를 잘 구별해서 사용해야 한다. 그렇다면 의사들도 병을 치료하는 데에 인정하는 민간요법에는 어떤 것들이 있을까?

먼저, 감기 증상을 치료하는 데에 효과적인 민간요법으로는 다음과 같은 것들이 있다. 감기에 걸려서 기침이 심할 때에는 도라지나 생강을 갈아 즙을 낸 후 꿀과 함께 끓여 먹으면 좋다. 또, 감기로 코가 막혔을 때는 맵지 않은 싱싱한 무를 갈아서 탈지면에 그 즙을 묻힌 후 코 속에 가볍게 넣으면 막힌 코가 쉽게 뚫린다. 그리고 감기에 걸려서 열이 많이 날 때에는 두부와 밀가루를 섞어 이마에 붙이면 열이 내린다.

그리고 다음은 소화가 잘되지 않는 경우에 효과적인 민간요법들이다. 음식을 급하게 먹거나 과식을 해서 체했을 때에는 바늘로 엄지손톱 밑을 피가 살짝 나올 정도로 따면 체한 것이 내려가서 소화가 잘된다. 피가 나는 것이 무섭고 싫다면 엄지와 검지가 갈라지는 부분을 여러 번 누르는 것도 효과적이다. 또 아기들이 배가 아프다고 할 때에는 손으로 아기의 배를 문질러 준다.

감기에 자주 걸리거나 배가 자주 아픈데 그럴 때마다 약을 먹기가 꺼림칙하다면 이런 민간요법들을 한번쯤 써 보는 것도 좋을 것이다. 하지만 민간요법으로 증상을 완화되지 않을 때에는 반드시 병원에서 전문적인 치료를 받아야 한다.

第08章 일과 보람

● 김장 나눔 越冬泡菜分享活动

한국에서는 다양한 나눔 활동이 이루어지고 있는데 연말이 되면 더욱 특별한 나눔 활동을 볼 수 있다. 바로 '김장 나눔'이다. 김장 나눔은 한국인의 식탁에서 빠질 수 없는 반찬인 '김치'를 함께 만들어 나누는 것이다.

한국에서는 예부터 초겨울에 3~4개월 동안 먹을 김치를 담가 저장하는 풍습이 있는데 이것을 '김장'이라 한다. 김장은 준비부터 마무리까지 2~3일이 걸리며 많은 김치를 한꺼번에 담그기 때문에 혼자서는 하기 어려운 일이다. 그래서 과거에는 이웃끼리 서로 도와가며 김장을 했고 김장 후에는 김치를 나누어 먹었다.

해마다 초겨울 김장철이 되면 수많은 기업체 및 사회 복지 단체 등에서 자원봉사자들이 모여 함께 김치를 담가서 직접 김치를 담가 먹을 수 없는 홀로 사는 노인이나 소년 소녀 가장 등에게 나눠 주는 '김장 나눔' 활동을 한다.

'김장 나눔'이야말로 한국의 문화를 보여 주는 특별한 나눔 문화라 할 수 있다.

● 서울글로벌센터 首尔国际中心

서울글로벌센터는 외국인 종합 지원 기관으로 서울에 거주하는 외국인들이 자국에서와 같이 생활할 수 있도록 돕는 역할을 하며 영어, 중국어, 일본어, 베트남어, 몽골어, 타갈로그어, 태국어, 러시아어, 우즈베키스탄어 등 다국어로 상담을 받거나 도움을 받을 수 있다. 서울 시내에 외국인들이 많이 살고 있는 7개의 지역에 글로벌 빌리지센터를 운영하고 있으며 이곳에서는 외국인들의 서울 생활 정착을 돕고 한국 문화 교육을 통해 한국을 알리는 역할을 한다.

주요 업무로는 생활 지원 및 정보 제공, 교육 프로그램, 문화 프로그램, 자원봉사 프로그램 등이 있으며 방문 상담, 온라인 상담, 전화 상담이 가능하다. 또한 서울글로벌센터, 주한외국대사관, 외국인 커뮤니티, 근로자센터, 경찰서 등과 상호 정보 교류 및 연계를 통해 외국인들의 불편 사항을 해소해 준다. 자세한 사항은 http://global.seoul.go.kr에 들어가면 확인할 수 있다.

第**10**章 생활의 변화

● 한국의 건국신화 韩国的建国神话

옛날 하늘의 신인 환인에게 환웅이라는 아들이 있었다. 환웅은 하늘에서 살기보다 인간 세상에 내려가 살기를 바랐다. 그래서 환인은 환웅에게 "널리 인간을 이롭게 하라(홍익인간)."고 당부하며 인간 세상을 다스리기 위한 천부인 3개를 주며 땅으로 내려 보내 줬다. 환웅은 그를 따르는 무리 3천여 명을 이끌고 태백산 자락으로 내려갔는데 이 무리에는 비를 주관하는 비신, 바람을 주관하는 바람신, 구름을 주관하는 구름신 등 다양한 여러 신들이 있어서 인간의 삶에 필요한 많은 일을 담당했다.

그러던 어느 날 곰과 호랑이가 환웅을 찾아와 사람이 되게 해 달라고 빌었다. 환웅은 곰과 호랑이에게 쑥과 마늘을 주면서 100일 동안 햇빛을 보지 않고 쑥과 마늘을 먹으면 사람이 될 거라고 했다. 그래서 곰과 호랑이는 동굴 속에서 쑥과 마늘만 먹으며 지냈다. 하지만 호랑이는 배고픔을 참지 못하고 굴 밖으로 나왔고 곰은 100일을 견뎌서 사람이 되었다. 환웅은 이 곰에게 웅녀라고 이름을 지어 줬고 웅녀와 결혼해서 아들을 낳았다. 그 아들이 바로 고조선의 첫 번째 왕인 단군왕검이다.

ㅅ

ㅈ

ㅋ

ㅌ

ㅍ

ㅎ

기타

著作者	祥明大学国际语言文化教育学院教材开发部
	赵恒录, 金银卿, 孙智英, 柳承沅, 李顺爱, 郑慧兰, 郑好善
翻译	林侑毅
初版发行	2016年 10月
发行人	郑圭道
编辑	李淑姬, 孙如蓝, 崔淑泳
封面设计	金娜敬, 尹智映
内部设计	金娜敬, 崔英兰
校对	卢鸿金
插图	AFEAL
配音	李东恩, 崔在镐

DARAKWON

地址: 韩国京畿道坡州市文发路 211, 邮编: 10881
电话: 02-736-2031, 传真: 02-732-2037
(销售部 分机: 250～252, 编辑部 分机: 420～426)

定价　**18,000** 元 (含本书, MP3光盘一张)

ISBN: 978-89-277-3173-3 18710
　　　 978-89-277-3102-3 (set)

http://www.darakwon.co.kr
http://www.darakwon.co.kr/koreanbooks
可登录DARAKWON网站查阅其他出版品及书籍介绍，附上的CD光盘可下载MP3。